2014–2015年中国战略性新兴产业发展
蓝皮书

The Blue Book on the Development of Strategic Emerging Industries in China（2014-2015）

中国电子信息产业发展研究院　编著

主　编／罗　文
副主编／乔　标

人民出版社

责任编辑：邵永忠

封面设计：佳艺堂

责任校对：吕　飞

图书在版编目（CIP）数据

2014～2015年中国战略性新兴产业发展蓝皮书 / 罗文 主编；

中国电子信息产业发展研究院 编著 . —北京：人民出版社，2015.7

ISBN 978-7-01-014992-9

Ⅰ . ① 2… Ⅱ . ①罗… ②中… Ⅲ . ①新兴产业—产业发展—白皮书—中国—

2014～2015 Ⅳ . ① F279.244.4

中国版本图书馆 CIP 数据核字（2015）第 141358 号

2014-2015年中国战略性新兴产业发展蓝皮书
2014-2015NIAN ZHONGGUO ZHANLUEXING XINXING CHANYE FAZHAN LANPISHU

中国电子信息产业发展研究院　编著
罗　文　主编

人民出版社 出版发行
（100706　北京市东城区隆福寺街 99 号）

北京艺辉印刷有限公司印刷　新华书店经销

2015 年 7 月第 1 版　2015 年 7 月北京第 1 次印刷
开本：710 毫米 × 1000 毫米　1/16　印张：14.75
字数：250 千字

ISBN 978-7-01-014992-9　定价：68.00 元

邮购地址　100706　北京市东城区隆福寺街 99 号
人民东方图书销售中心　电话（010）65250042　65289539

代 序

大力实施中国制造2025　加快向制造强国迈进
——写在《中国工业和信息化发展系列蓝皮书》出版之际

制造业是国民经济的主体，是立国之本、兴国之器、强国之基。打造具有国际竞争力的制造业，是我国提升综合国力、保障国家安全、建设世界强国的必由之路。新中国成立特别是改革开放以来，我国制造业发展取得了长足进步，总体规模位居世界前列，自主创新能力显著增强，结构调整取得积极进展，综合实力和国际地位大幅提升，行业发展已站到新的历史起点上。但也要看到，我国制造业与世界先进水平相比还存在明显差距，提质增效升级的任务紧迫而艰巨。

当前，全球新一轮科技革命和产业变革酝酿新突破，世界制造业发展出现新动向，我国经济发展进入新常态，制造业发展的内在动力、比较优势和外部环境都在发生深刻变化，制造业已经到了由大变强的紧要关口。今后一段时期，必须抓住和用好难得的历史机遇，主动适应经济发展新常态，加快推进制造强国建设，为实现中华民族伟大复兴的中国梦提供坚实基础和强大动力。

2015 年 3 月，国务院审议通过了《中国制造 2025》。这是党中央、国务院着眼国际国内形势变化，立足我国制造业发展实际，做出的一项重大战略部署，其核心是加快推进制造业转型升级、提质增效，实现从制造大国向制造强国转变。我们要认真学习领会，切实抓好贯彻实施工作，在推动制造强国建设的历史进程中做出应有贡献。

一是实施创新驱动，提高国家制造业创新能力。把增强创新能力摆在制造强国建设的核心位置，提高关键环节和重点领域的创新能力，走创新驱动发展道路。加强关键核心技术研发，着力攻克一批对产业竞争力整体提升具有全局性影响、带动性强的关键共性技术。提高创新设计能力，在重点领域开展创新设计示范，推广以绿色、智能、协同为特征的先进设计技术。推进科技成果产业化，不断健全以技术交易市场为核心的技术转移和产业化服务体系，完善科技成果转化协同推进机制。完善国家制造业创新体系，加快建立以创新中心为核心载体、以公共服务平台和工程数据中心为重要支撑的制造业创新网络。

二是发展智能制造，推进数字化网络化智能化。 把智能制造作为制造强国建设的主攻方向，深化信息网络技术应用，推动制造业生产方式、发展模式的深刻变革，走智能融合的发展道路。制定智能制造发展战略，进一步明确推进智能制造的目标、任务和重点。发展智能制造装备和产品，研发高档数控机床等智能制造装备和生产线，突破新型传感器等智能核心装置。推进制造过程智能化，建设重点领域智能工厂、数字化车间，实现智能管控。推动互联网在制造业领域的深化应用，加快工业互联网建设，发展基于互联网的新型制造模式，开展物联网技术研发和应用示范。

三是实施强基工程，夯实制造业基础能力。 把强化基础作为制造强国建设的关键环节，着力解决一批重大关键技术和产品缺失问题，推动工业基础迈上新台阶。统筹推进"四基"发展，完善重点行业"四基"发展方向和实施路线图，制定工业强基专项规划和"四基"发展指导目录。加强"四基"创新能力建设，建立国家工业基础数据库，引导产业投资基金和创业投资基金投向"四基"领域重点项目。推动整机企业和"四基"企业协同发展，重点在数控机床、轨道交通装备、发电设备等领域，引导整机企业和"四基"企业、高校、科研院所产需对接，形成以市场促产业的新模式。

四是坚持以质取胜，推动质量品牌全面升级。 把质量作为制造强国建设的生命线，全面夯实产品质量基础，提升企业品牌价值和"中国制造"整体形象，走以质取胜的发展道路。实施工业产品质量提升行动计划，支持企业以加强可靠性设计、试验及验证技术开发与应用，提升产品质量。推进制造业品牌建设，引导企业增强以质量和信誉为核心的品牌意识，树立品牌消费理念，提升品牌附加值和软实力，加大中国品牌宣传推广力度，树立中国制造品牌良好形象。

五是推行绿色制造，促进制造业低碳循环发展。 把可持续发展作为制造强国建设的重要着力点，全面推行绿色发展、循环发展、低碳发展，走生态文明的发展道路。加快制造业绿色改造升级，全面推进钢铁、有色、化工等传统制造业绿色化改造，促进新材料、新能源、高端装备、生物产业绿色低碳发展。推进资源高效循环利用，提高绿色低碳能源使用比率，全面推行循环生产方式，提高大宗工业固体废弃物等的综合利用率。构建绿色制造体系，支持企业开发绿色产品，大力发展绿色工厂、绿色园区，积极打造绿色供应链，努力构建高效、清洁、低碳、循环的绿色制造体系。

六是着力结构调整，调整存量做优增量并举。把结构调整作为制造强国建设的突出重点，走提质增效的发展道路。推动优势和战略产业快速发展，重点发展新一代信息技术产业、高档数控机床和机器人、航空航天装备、海洋工程装备及高技术船舶、先进轨道交通装备、节能与新能源汽车、电力装备、新材料、生物医药及高性能医疗器械、农业机械装备等产业。促进大中小企业协调发展，支持企业间战略合作，培育一批竞争力强的企业集团，建设一批高水平中小企业集群。优化制造业发展布局，引导产业集聚发展，促进产业有序转移，调整优化重大生产力布局。积极发展服务型制造和生产性服务业，推动制造企业商业模式创新和业态创新。

七是扩大对外开放，提高制造业国际化发展水平。把提升开放发展水平作为制造强国建设的重要任务，积极参与和推动国际产业分工与合作，走开放发展的道路。提高利用外资和合作水平，进一步放开一般制造业，引导外资投向高端制造领域。提升跨国经营能力，支持优势企业通过全球资源利用、业务流程再造、产业链整合、资本市场运作等方式，加快提升国际竞争力。加快企业"走出去"，积极参与和推动国际产业合作与产业分工，落实丝绸之路经济带和21世纪海上丝绸之路等重大战略，鼓励高端装备、先进技术、优势产能向境外转移。

建设制造强国是一个光荣的历史使命，也是一项艰巨的战略任务，必须动员全社会力量、整合各方面资源，齐心协力，砥砺前行。同时，也要坚持有所为、有所不为，从国情出发，分步实施、重点突破、务求实效，让中国制造"十年磨一剑"，十年上一个新台阶！

工业和信息化部部长

2015 年 6 月

前　言

近年来，全球新技术、新产业迅猛发展，新一轮科技革命和产业变革孕育兴起，新兴产业正在成为引领未来经济社会发展的重要力量。世界主要国家纷纷制定新的发展战略，大力培育新兴产业，试图抢占未来竞争的制高点。2014年，全球新兴产业发展势头强劲，产业相互融合渗透更为迅速深入。发达国家凭借其在技术创新、资本积聚、人才培养等方面的优势在全球新兴产业发展中处于主导地位，众多发展中国家的相关产业也呈现良好发展态势。

我国高度重视培育和发展战略性新兴产业，自《国务院关于加快培育和发展战略性新兴产业的决定》发布以来，各级政府建立了多层次的政策框架体系，制定实施了一批规划和政策推动战略性新兴产业发展，推出了一系列举措，如组织实施相关重大研发工程，推动重点领域技术创新和标准化工作，加快新兴产业园区建设，推进战略性新兴产业试点示范等。2014年，党的十八届三中全会指出，要推动战略性新兴产业健康发展，实施创新驱动发展战略，加快建设创新型国家。中央经济工作会议也明确提出要大力发展战略性新兴产业，逐步增强其对经济发展的支撑作用。正在编制的"十三五"规划和《中国制造2025》中，新一代信息技术、高端装备制造、生物、新材料等战略性新兴产业也成为重中之重。

在一系列政策措施的引导下，我国战略性新兴产业呈现蓬勃发展的态势，成为国民经济发展的重要引领力量，为稳增长、调结构做出了重要贡献。总体看来，战略性新兴产业重点行业主营收入及其占工业总体的比重持续上升，从2011年主营业务收入12.4万亿元、占工业总体比重的14.8%上升到2013年的16.7万亿元、占比16.3%，上市企业占比从2009年的10.6%上升到20.7%。具体来看，专用设备制造业、环境监测专用仪器仪表制造业主营收入同比增速17.1%和17.7%，高于工业企业8.6%的总体增速水平；自主研发的TD—SCDMA和TD—LTE分别成为第三代、第四代国际移动通信主流技术标准并实现大规模商用；载人航天、载人深潜、高速轨道交通、北斗卫星导航等实现重大突破；建设了全球第一条超材料生产线，高纯硅、碳化硅材料、钛合金、碳纤维、纳米绿色印刷材料等关键材料实现了规模化生产；玉米芯纤维素制乙醇等生物炼制技术实现商业化，生物基材料及化学品的微生物合成技术部分进入商业化阶段；高炉炉顶压差发电、低热值煤气燃气轮机、纯低温余热发电等高效节能技术和装备得到推广。尽管战略性新兴产业近年来表现良好，但仍面临着体制机制、创新能力、产品市场、资金等方面仍面临着亟待解决的问题。

2015年是"十二五"规划的收官之年以及《中国制造2025》的开局之年，也是《国务院关于加快培育和发展战略性新兴产业的决定》中确定的近期目标年份。在全球经济持续复苏，国内经济增长方式转型、产业结构优化与升级的背景下，我国战略性新兴产业在新的一年中也将呈现出多领域新技术的融合创新步伐加快、市场空间不断扩大、政策支持进一步加强、空间集聚效应进一步强化等良好的发展态势。

致力于为社会各界了解战略性新兴产业的发展现状、空间布局、应用趋势、产业政策以及发展方向提供参考和帮助，中国电子信息产业发展研究院赛迪智库规划研究所编撰了《2014—2015年中国战略性新兴产业发展蓝皮书》。本书在结合全球新兴产业发展新形势的背景下，全面梳理了本年度我国战略性新兴产业的发展现状，深入探讨了我国战略性新兴产业发展中亟须关注的重要问题，详细解读了战略性新兴产业发展的各大热点，具体阐述了七大战略性新兴产业的发展动态和新时期下的发展趋势。全书共分4部分19章内容。

综合篇，对全球新兴产业发展的新情况、新特征、新动向和新趋势进行了详细介绍，深入分析了目前我国战略性新兴产业的发展情况以及面临的典型和突出问题，详细解析了我国促进战略性新兴产业发展的重点政策。

产业篇，从节能环保、新一代信息技术、生物、高端装备制造、新能源、新材料、新能源汽车等七大重点产业入手，详细分析了各产业的发展动态、重点领域、产业布局以及重点企业等情况。

热点篇，围绕着战略性新兴产业发展的新技术、新思维和新方式，总结了目前新兴产业发展中的若干热点问题，并提出对我国的思考和启示。

展望篇，在对2015年我国战略性新兴产业总体形势进行判断的基础上，分别对节能环保产业、新一代信息技术产业、生物产业、高端装备制造产业、新能源产业、新材料产业的未来发展趋势进行了展望。

工业和信息化部规划司司长 肖华

目　录

第三部分　热点篇

第四部分　展望篇

第一部分　综合篇

第一章　2014年全球新兴产业发展概况

科技创新是推动历史进步和国家发展的根本动力。美、德、日等发达国家都高度关注新兴产业的发展，围绕新一代信息技术、高端装备制造、新能源、新材料、生物医药等进行前瞻部署，力图抢占新一轮科技革命和产业变革新的制高点。全球新兴产业发展方兴未艾，成为带动经济发展的重要力量之一。

第一节　全球新兴产业发展新特征

一、跨界融合不断催生新的经济增长点

新一轮科技革命和产业变革向着多技术领域、多学科领域高度交叉、深入融合的方向发展。全球创新最活跃、带动性和渗透性最强的新一代信息技术，如物联网、云计算等，都已更深更广泛地融入到了矿石开采、钢铁制造、轻工纺织等传统产业中。以物联网在汽车产业中的应用为例，发达国家的科技巨头纷纷涉足，推出了 Car Play（苹果）、windows in the Car（微软）、Hear 地图系统（诺基亚）等新形式的车联网技术，将车、人、路、网络之间相互联动，旨在实现智能化交通管理、智能动态信息服务和车辆智能化控制的一体化。信息技术与制造技术之间的互动也更为紧密。比如物联网能够串起周围的所有物品，3D 打印让各种想象物品得以实体化，而大数据和云计算则能储存物联网络上所有资料，这些技术联手合作，也给当前医疗领域带来了革命性的成果。英国一研究机构结合 3D 打印技术，开发了名为 InfraStruct 的 3D 辨识标签，通过这项技术，能随时在物品中植入标签，并以兆赫扫描器扫描，让物品进入物联网。借助新一代扫描机器人，能协助辨识具有 3D 标签的物品。当 3D 标签逐渐毁损，也能透过扫描机侦测出来，

这对医疗技术相当有利，尤其是心脏医疗器材，只要适当搭配物联网和巨量资料，可以随时打印和维护。

二、产业标准的国际化进程迈入加速期

为保证拥有高端科技的自主知识产权，继续引领未来世界经济社会发展，各国都在大力推进新兴产业标准的国际化。在国际上制定有利于本国的标准体系，是发达国家建立有利于本国经济秩序的重要举措。以电动汽车为例，美日欧中四国的充电标准均不统一，不仅在充电接口上，通信协议也存在不同，如果希望实现电动汽车在世界各国广泛普及的话，充电标准的统一或是能够相互兼容的问题就必须尽快解决。德国的汽车制造业是命脉产业，中国是德国汽车的消费大国，为使德系电动汽车能够顺利进入中国，抢占新能源汽车市场，德国政府积极谋求与中国的合作联盟。2014年7月，德国总理默克尔在"中德电动汽车充电项目发布仪式"上表示，中德双方将共同推进电动汽车的发展，其中就意味着希望与中国共同解决充电标准不统一的难题。日本车企对中德这一举措十分关注，日本的直流充电采用的是CHAdeMO标准，尽管通信协议与中国同用CAN通信，但实质上无论通信协议还是充电接口的连接形状都有本质不同。中国作为日本汽车销售的重要市场之一，日本的重要车企，例如日产，也都在积极推动两国电动汽车充电标准的制定。

三、政府进一步加大对产业的扶持力度

新兴产业的发展关乎一个国家的未来，如果完全依靠市场力量发展会较为缓慢。因此新兴产业在面对投入大、投资回收期长的状况下，需要依靠政府的支持和补贴。发达国家在对新兴产业的财政投入力度上是极为庞大的。2009年12月，美国政府出台《重振美国制造业框架》，并配合出台《2009年美国复苏和再投资法案》，推出总额为7870亿美元的资金扶持方案，重点投向可再生能源、节能项目、智能电网、医疗信息化等新兴产业领域。2012年，欧盟审核通过了新工业政策，在促进新技术和创新投资方面，主要涉及先进制造技术、关键使能技术、基因产品、可持续产业政策及原材料、清洁车辆和智能电网六大产业。2013年12月，欧盟批准实施"地平线2020"研究与技术开发框架计划，预算总额为702亿欧元，涵盖基础研究、应用技术和应对人类面临的共同挑战这三大内容。欧洲投资银行还将提供600亿欧元的中长期额外贷款，主要用于中小企业的创新和提高资

源利用效率。在框架计划的推进下,欧盟将同大数据价值协会共同出资 25 亿欧元,用于大数据产业的研究和发展。2013 年,法国政府提出《工业重振计划》,努力建设"新工业法国"。2014 年 7 月,法国完成了"重振计划"的 34 个项目的实施路线图。该重振计划拟向 34 个重点行业投资 35 亿欧元,涵盖了多个重要工业领域,总体可以归为三类:第一类是改变生产方式的前沿技术。比如,发展未来工厂、物联网、机器人、大数据。第二类涉及环保和新能源。比如,开发低于 2 升/百公里油耗的节能汽车,研制能耗节省 20%—30% 的高速列车等,目前已启动了 1.2 亿欧元的高铁项目。第三类涉及医疗和健康。比如,建立数字医疗医院,发展新型医疗卫生设备,发展安全、健康和可持续的食品工业等。

第二节　主要国家新兴产业发展新动向

一、美国

2014 年,美国经济持续复苏,主要表现在以下四个方面。第一,2014 年前三季度美国 GDP 同比名义增长 3.9%,扣除价格因素后同比增长 2.3%,三季度同比实际增长 2.3%,2014 年全年 GDP 增速可达到 2.4%,高于 2013 年的 1.9%。第二,美国就业形势明显好转,美国失业人数从 2014 年年初的 1024 万下降到 911 万,失业率从 6.6% 下降到 5.8% 左右。第三,投资者信心回升,2014 年采购经理人指数(PMI)保持在产业扩张线(50)以上并从 51.3 上升到 58.7,其中制造业 PMI 指数除 1 月与 12 月外均保持在 55 以上,非制造业 PMI 指数从 54 上升到 59。第四,虽然美国国际贸易逆差没有缩减,但是美国进出口贸易总额均实现增长。经济复苏过程中,新兴产业扮演了十分重要的角色,不仅增加了经济活力,而且创造了许多新的就业岗位。

(一)优势领域的最新动向

新一代信息技术。美国长期以来处于行业发展领头羊地位,2014 年仍然保持这一优势。农业领域的物联网应用取得了一系列成果,大农场对物联网技术的采用率高达 80%,通过农业物联网,美国农场实现了资源的节约利用和智能化管理。例如,利用通过不同传感器检测系统,根据温度、空气湿度、光线强度和土壤湿度等数据采集,自动启动浇水或通风等操作,实现对不同地块与作物的智能灌溉以及施用农药;利用 SmartBob 自动检测粮仓环境成分的电子仪器,帮助农民远程管理散装货物库存；利用 CheckItOut 超温告警提示装置，帮助农民在线监控粮仓温度。

智能制造。在智能制造领域，美国的工业机器人产业取得了长足进步。根据美国机器人行业协会（RIA）公布的数据，2014 年上半年美国机器人市场订单量为 14135 台，销售 7.88 亿美元，创历史同期新高，同比分别增长 30% 和 16%。近几年，工业机器人和自动化技术发展很快，已经在重物搬运、危险操作，以及喷漆焊接等高重复性、高精确性等领域得到了应用。低成本机器人可以提高操作的准确性，提高生产效率、减少对工人的需求。

新能源。美国在太阳能发电、清洁燃料等领域进一步推广应用。根据美国太阳能协会发布的《2014 年第二季度美国太阳能市场透视报告》显示，2014 年上半年美国 53% 的新增发电量来自太阳能（新增 1133 兆瓦，同比增长 21%），截至第二季度，美国太阳能发电总量增至 15.9 吉瓦，能够充足供给 320 万户家庭。虽然页岩气开采技术并不属于制造业领域的技术革新，却对美国的制造业产生了深远影响。很多企业都为了利用天然气的价格优势，陆续在美国建厂。同时，美国的交通运输系统正逐步转为以天然气为主要动力。通用、纳威司达等公司正在开发天然气动力卡车；由于价格便宜，很多企业选择天然气动力汽车用于短途运输，可以预料，随着充气设施的进一步完善，天然气动力汽车将在长途运输市场中推广。

新材料与生物技术。目前，美国在这两个方向已经实现了重大技术突破，虽然这些新技术大面积推广的时间表仍不完全确定，但注定将推动行业水平大幅度提升。例如，利用碳纳米和石墨烯技术，可以生产出高性能的传感器和超强超轻材料的合金材料；荧光纳米粒子已经应用于生物标识和太阳能电池领域。不过，将这些技术进步转化为经济增长尚需时日，仍需要大量的资金投入。

（二）政府采取的主要措施

提供持续的资金支持。从 2009 年出台《美国复兴与在投资法案》以来，美国政府一直保持高额度的政府投入及资金支持。以 2014 年美国联邦通信委员会（FCC）所做出的国家宽带计划为例，FCC 先后拨款 21 亿美元，用于加大偏远地区的网络覆盖；同意在 2015 年之前提供 20 亿美元用于升级中小学校和公共图书馆的 WiFi 覆盖；还表示拨款 1 亿美元，资助企业研究低成本的农村宽带解决方案，并为此提供服务。

创新推动计划稳步推行，多家国家制造业创新中心投入运行。美国国家制造业创新网络通过政府、企业以及研究机构的共同参与，有力推动了先进制造技术、工艺以及产品的快速发展。2014 年，有 4 家专注于不同领域的制造业创新研究中心成立并投入运行，包括 2014 年 1 月在北卡罗来纳州成立的下一代电子电力制造中心，2 月在芝加哥成立了数字制造及设计创新中心，在底特律成立的轻质金属制造中心以及 2 月 25 日由奥巴马宣布启动筹备建设的复合材料和结构的清洁能源制造中心。

二、德国

2014 年德国经济回暖。在欧元区经济增长，特别是市场投资普遍乏力的大背景下，德国经济顶住了经济萎缩的压力，主要表现在以下四个方面。第一，2014 年德国经济经历了第一季度的意外增长以及第二季度的萎缩，在第三季度实现了 0.1% 的微弱增长，确保了经济免于陷入衰退的危机。德国统计局公布的数据显示，2014 年德国 GDP 增长 1.5%，创下三年来的最高增长水平。第二，德国就业形势稳定，并且有好转的趋势，失业人数从 2014 年年初的 313.5 万下降到 271.7 万，失业率下降 0.1%。第三，投资者信心稳定，2014 年采购经理人指数（PMI）保持在产业扩张线（50）上的月份不低于 10 个，商业信心指数全年保持在积极以上。第四，德国进出口贸易不断增长，并且贸易顺差从每月 150 亿欧元上升到每月 219 亿欧元，贸易顺差对于 GDP 的贡献达到 0.2%。新兴产业对于德国经济的复苏以及继续保持欧元区经济增长火车头的地位发挥了重要的作用。

（一）优势领域的最新动向

高端装备制造。2014 年 7 月，德国机械设备制造联合会与麦肯锡进行了一项联合调查。调查结果显示，德国本土制造业已经大量向国外转移，中等价位的机械产品将越来越多地在销售所在地区进行生产。目前，留在德国本土的制造业中，生产高端机械产品的企业约占企业总数的 60%。未来德国高端制造业将受到人工成本和税负成本高、法律规则条例复杂等的挑战，企业面临着海外转移生产线的选择。德国机械设备制造联合会与麦肯锡认为德国高端装备制造未来发展战略的核心内容是国际化、巩固"德国制造"的品牌形象、扩建服务网点、更多地按照顾客的意愿和需求完成生产过程的标准化。

新能源汽车。德国依然坚持着不给予消费者补贴的发展道路，将政策性补贴的重点放在科研以及市场服务（城市规划、产业链）上。为了实现 2020 年新能源汽车保有量实现 100 万的目标，德国政府决定奋起直追，进一步通过研发减少新能源汽车成本，通过锂电池创新联盟（LIB2015），联合巴斯夫（BASF）、博世（Bosch）、赢创工业（Evonik）、Li-Tec 和大众等企业，以及高校和研究所在内共 60 家机构，计划在 2015 年做出消费者可以轻松负担的电池。并且酝酿在免除 10 年行驶税的基础上，给予新能源汽车免费停车的优惠政策。

可再生能源。德国对于可再生能源法律制定非常精细。经过 2004、2008、2012 年三次大规模修订后，2014 年 8 月 1 日，第四次大规模修订的德国《可再生能源法》颁布出台，重点改动为五方面：（1）优先资助竞争力高、成本低的可再生能源；（2）取消过高资助，并降低新建设备资助额度；（3）通过招标方式确认低成本能源制造技术、确定资助额度；（4）推进可再生能源市场一体化，推行直接销售义务；（5）今后，大型自产自销的发电设备原则上必须全额缴纳可再生能源分摊税。

（二）政府采取的主要措施

将推动创新作为新兴产业发展的核心。把坚持开放创新作为培养竞争优势的源泉，培养官产学研创新体系。与美国等一些国家相比，德国的产学研创新体系更具有长期性、实践性和开放性。通过政府、企业、高校和相关机构的紧密结合，将国家的经济发展战略、技术创新和产业现实相结合。2014 年，德国继续执行"十大远见计划"，不仅包括人人皆知的"工业 4.0 计划"，还包括建设节能、适应气候、二氧化碳中性的智能城市计划，石油替代可再生能源计划，能源供应智能转化计划，个体定制医药计划，个体平衡膳食计划，老年人独立生活计划，新能源汽车计划，电子商务计划以及个人信息保密计划。

加强与企业、欧洲其他国家之间的合作。德国政府要求企业与政府之间就研发建立长期、稳定的合作关系。德国政府通过"研究与创新"联合计划，向企业提供额度不等的资金支持。除了资金以外，德国政府还为相关企业提供一系列相关的咨询建议，确保企业得到全方位的支持。与此同时，德国加强与欧洲其他国家的合作，积极参与欧洲新兴产业的框架。2014 年 7 月，德国加入了"地平线 2020 计划"，该计划将为德国创新引入国际性战略合作伙伴，使得德国可以进一步开展"基础科学"、"工业技术"、"社会挑战"三大领域的技术创新，并且与其他欧洲国家一起分享科研创新的成果。此外，德国还非常重视与欧盟政策的统一，

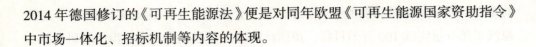

2014年德国修订的《可再生能源法》便是对同年欧盟《可再生能源国家资助指令》中市场一体化、招标机制等内容的体现。

三、日本

2014年是日本首相安倍晋三上任的第三年，也是安倍经济增长计划"射出第三支箭"的一年。但日本经济并没有因为"安倍经济学"实现复苏，反而在安倍推出一揽子经济改革计划后重新表现出增长乏力甚至是经济衰退的态势，主要表现在以下三个方面。第一，2014年日本经济受到消费税变动的显著影响，在4月1日消费税上调之前，第一季度对消费的刺激较为明显，GDP实现了1.5%（剔除价格因素）的增长。但随着4月1日消费税从5%上调到8%，第二季度与第三季度GDP均为负增长。日本民间智库分析认为，2014年日本GDP可能会时隔五年后再次出现负增长。第二，日本就业形势没有好转的迹象，失业人数仍然在230万与250万之间波动，失业率保持在3.5%。第三，日本进出口贸易逆差没有随着日元贬值而好转，贸易逆差仍然维持在每月1万亿日元。尽管经济增长乏力，但新兴产业的发展并没有遭受影响，并且继续得到日本政府的重视。

（一）优势领域的最新动向

新一代信息技术产业。日本在全球电子信息产业中的地位正在不断下降，特别是日本半导体市场在世界范围内竞争力和市场占有率不断下降。日本半导体曾经占据世界总市场份额的一半以上，但随着美国、中国等其他国家半导体产业的发展，以及受到近年来自然灾害的影响，日本半导体市场已经大不如前。特别是2011年"311"日本东京特大地震，导致东京电子、尼康、佳能、日立高科等设备厂商的工厂直接受灾，进而导致厂商因供应链混乱而被迫停止生产。根据2014年市场分析预测显示，日本半导体产业在产值上已经被韩国赶超，退后到世界市场份额的第三位。

新能源。日本长期以来对外部资源的长期依赖，推动了日本政府对新能源巨大的需求。但福岛核电站事故发生以来，日本民众对于核电的负面态度无限放大，日本政府于2014年5月10日宣布将放弃之前做出的到2030年核能占能源总量从30%增长至50%的规划，并将积极推动可再生能源的发展，到2030年实现可再生能源发电量在发电总量中的比例将从目前的约10%增加到约30%，从而替代减少核电投入造成的损失。为了弥补二者前期不协调发展的真空期，日本政府决定对当前占日本总能源供给的火电站进行技术改造，以减少能耗和污染。据日本2014年新成长战略报告披露，火电站的更新主要针对当前使用40年左右的旧设备（约占总发电能力的20%）。日本政府希望通过技术改造，将煤炭发电的效率从39%提升到43%，将LNG发电的效率从38%提升到53%。同时，日本光伏发电产业也取得了进展，2014年3月底的光伏发电设备认证容量超过68GW，设备认证容量超过市场预期，光伏发电的电源构成比例将会达到18%至19%，仅此1项就接近日本能源基本计划中提出的20%的目标。

新能源汽车。日本汽车业正以"安全、环保、舒适"为理念，重点发展纯电动汽车、混合动力汽车、燃料电池汽车等新能源汽车。随着电动汽车生产成本和售价降低，其低污染、噪音小等优点越来越受到消费者青睐。根据2014年对于日本新能源汽车的调查，日本市场上排量在1.8到2.0升的中档电动汽车售价在380万至440万日元之间。由于行驶费用较燃油汽车低，电动汽车已具备价格竞争能力。据预测，2014年全球销售电动汽车在40万辆以上，比上年增长67%；到2018年销量将达到70万辆以上。与此同时，30多家日本相关企业正大力研发电动汽车核心技术锂离子电池，并已研制出价格相对低廉的多种新材料。丰田、日产、三菱和本田四家汽车公司还共同出资成立了为电动汽车和混合动力汽车提供服务的"日本充电服务公司"。该公司利用政府资金补助，在高速公路休息站、连锁超市、交通道路旁等设立1.7万个充电设施，加快完善基础设施。官方政策投资银行也决定参股该公司，以增强日本车企在国际市场的竞争力。

生物、医疗产业。日本社会是当前世界公认的人口老龄化问题最为严重的社会，为此，日本政府对于生物、医疗产业非常重视，并且在2014年新成长战略中提出"将日本建设为世界为之惊叹的长寿社会"。为了达到这一目标，日本政府加强对生物医药和医疗产业的投入，将研究的重点放在iPS细胞培养与细胞加工技术以及再生医疗技术。

（二）政府采取的主要措施

通过实施大胆的规章制度改革、彻底的投资减税等措施，促进企业投资，最大限度地调动、发挥民间积极性。例如，税政方面，日本政府希望通过推行减税措施，来提升企业的竞争力，提出2014年3月底废止振兴特别法人税，从4月起下调2.4%的法人时效税率，并预计到2016年下调至31.33%。在对高端设备的投资上，日本政府决定在2017年年底前均使用简化手续办理相关的缴税事项，截至 2015 年 2 月底，政府已接受了约 18 万件符合简化手续办理的申请。国家战略特区建设方面，日本政府决定通过建设 6 个国家级战略特区，提升区域竞争力，特区中可通过便捷的手续进行创业，会拥有更方便的投资环境，指定区域包括了东京圈国际商务改革创新特区、关西圈医疗改革创新和人才培育特区、新泻县新泻市大规模农业改革特区、兵库县养父市中山间农业改革特区、福冈县福冈市创业雇佣改革特区、冲绳县国际观光特区。

加强对新兴产业的市场引导。一方面，为了促进新能源的发展，日本大力推行电力新政，不仅放开了对电力市场的部分限制，2014 年 7 月起"电力全量购入制度"全面实施，要求日本各大电力公司以固定价格购入利用可再生能源产生的电力，这一制度不仅促进了可再生能源的普及，更有助于培育日本在可再生能源产业领域的技术和管理优势。另一方面，日本政府调整了对新能源汽车的补贴，日本经济产业省预计，到 2015 年日本混合动力汽车产销将达到 150 万辆。由于销量增加和成本下降，日本的混合动力汽车售价已大幅下降。政府取消了购买混合动力汽车部分优惠政策，只保留免征消费税的优惠。而更具市场应用前景以及更清洁的燃料电池汽车，日本政府仍然提供每辆最高 85 万日元的补贴。政府还决定设立燃料电池汽车补助机制，在推广期间政府至少要给每辆燃料电池汽车补助 200 万日元。营造更为适合女性、年轻人、老年人等多群体贡献社会的工作、生活环境。以调动女性国民工作积极性为例：已婚女性是日本社会重要的潜在劳动力，日本政府积极宣传"育儿工作两不误"，鼓励企业增加女性员工，并通过规定企业女性管理职员比例、增设适合女性工作的岗位、为采用婚育女性的企业提供补贴等方式，要求女性员工数量。

四、印度

2014 年印度经济并没有成为世界经济复苏中的亮点，但仍然逐步从世界经济危机的影响中走出，实现稳定的增长。主要表现在以下四个方面。第一，2014 年受到 CPI 处于高位以及汇率下跌的影响，以美元计量的印度 GDP 没有显著变化，但印度名义 GDP 前三季度增长率为 4.8%，印度财政部预计年度增长可以实现 5.5%。第二，投资者信心稳定，2014 年采购经理人指数（PMI）全年保持在产业扩张线（50）之上，并从 51 逐渐升高至 53。第三，印度的进出口贸易逆差没有得到根本性的好转，国际贸易对印度经济的贡献率较低。2014 年 9 月印度莫迪政府推出了一揽子"印度制造"战略（Make in India Campaign），意图确立全球制造工厂的地位，并将新兴产业发展纳入到国家制造业发展中。

（一）优势领域的最新动向

新一代信息技术产业。印度长期以来在新一代信息技术产业中占据一席之地，主要得益于印度有着优秀的软件服务能力。印度班加罗尔被誉为全球最大的软件外包中心。2014 年，印度 IT 产业收入达 1180 亿美元，比 2013 年增长 8.8%，提供了包括女性雇员在内的 310 万直接就业人口，促进间接就业 1000 万人；IT 产业也是印度第一大出口创汇、服务出口以及吸收 PE/VC 的部门，跨国并购额占到全印跨国并购的 25%。当前，印度 IT 行业逐渐由 BPO（商务流程外包）转向BPM（商务流程管理），2014 年，IT-BPM 出口超过 860 亿美元，BPM 已经成为印度 IT 行业的最新增长点。

新能源产业。印度的能源结构与我国较为相似，煤炭比重高达 50% 以上，因此高排放、高污染的环境问题也十分严重。2014 年 5 月莫迪就任印度总理，提出将大力推进新能源，特别是太阳能产业的发展。印度政府推出"2022 太阳能光伏发展规划"，计划到 2022 年实现 1000 亿瓦的装机总量，这将是目前印度太阳能装机总量的 33 倍。2014 年，印度在新能源上的投入累计达到 79 亿美元，位居全球第七，预计 2015 年将有望超过 100 亿美元。

（二）政府采取的主要措施

强调国际力量的参与和支持。2014 年 9 月印度政府提出的"印度制造"战略，构建了德里—孟买工业走廊、清奈—班加罗尔工业走廊、东海岸工业走廊、阿姆利则—加尔各答工业走廊及班加罗尔—孟买工业走廊等 5 大工业走廊。这些工业走廊在设计、建设方面积极吸引国际财团设计和参与。例如，工业走廊首批 6 大节点区域建设的咨询顾问分别由英国、荷兰、新加坡、南非、中国香港等地财团领导。国际财团参与战略实施将有利于提高对重大决策的科学性和先进性，并使得工业走廊的建立更容易与世界接轨。

增强技术创新能力。鼓励技术引进和研发，设立技术发展基金，用于技术获取、专利池建设、设备研发；鼓励节能减排等设备研发。加强知识产权保护，新建 1033 个知识产权机构；推行知识产权线上申请；开展知识产权体系与世界标准接轨。提高劳动者技能水平，为新设立培训机构提供资金支持，计划每年培训

14.4 万人。

注重工业化与城镇化、信息化的协同发展。为降低就业人员成本，印度政府大力开展城市建设，包括在城市工业园区附近建设大量供工作人员居住的经济适用房；为加快城镇化进程、将城市附近村镇并入城市建设范围，着力打造 100 个智慧城市；推进印度电子信息产业发展目标时，着重强调通过电子信息产业发展，打造汽车、航天工业、铁路、智能交通系统等基础设施的核心能力。

针对不同产业发展的实际情况制定战略规划。2014 年印度政府将制造业的核心放在 4 大类 15 个行业发展。其中，对于航空航天、造船、电子信息、军工、光伏等战略性产业，开展投资补贴、减免税费，鼓励国内企业积极进入。对于汽车、制药、医疗器械等具有比较优势的产业，鼓励自主创新，拓展国内市场。

第二章 我国战略性新兴产业发展形势

2014 年我国战略性新兴产业进入平稳增长、提质增效的发展阶段，各地纷纷推出创新扶持手段，推动区域优化发展，行业发展呈现差异化，涌现出一批优势企业，形成若干产业集聚区。但是新兴产业发展中也面临部分体制机制尚未解决、产业高端突破难等问题，未来建议进一步完善产业配套政策体系，着力优化新兴产业空间布局，构建完善高效的新兴产业融资体系，加快培育支撑新兴产业发展的经营管理人才、专业技术人才和技能人才等。

第一节 我国战略性新兴产业发展概况

2014 年，我国战略性新兴产业增速较往年有所回落，发展模式逐步调整，结构不断优化。同时，受国民经济深度调整和产业政策密集发布的双重影响，新兴产业发展进入提质增效的新阶段，面临一系列新情况和新特点，但仍是引领国内经济增长的重要引擎。

一、整体进入平稳增长、提质增效的发展阶段

新兴产业增速有所回落，由高速增长进入中高速增长区间。2014 年 1—11 月份高技术制造业增加值同比增长 12.2%，快于工业整体增速 3.9 个百分点，高技术制造业增加值占制造业增加值比重由 2013 年同期的 12.3% 上升到 12.6%。装备制造业和电子制造业增加值增速分别达到 10.3% 和 12%，都快于工业整体增速，占全部规模以上工业比重分别达到 18.6% 和 6.6%。新能源汽车累计生产 5.67

万辆，同比增长 5 倍。从 2014 年前三个季度的统计数据来看，全国规模以上高技术制造业同比增长 10% 左右,高于规模以上工业增加值增速,低于 2013 年增速,由高速增长进入中高速增长区间。原因有两方面：一是受国民经济整体下滑的影响。2014 年一至三季度 GDP 增长 7.4%、三季度是 7.3%,相比 2013 年同期均有所回落；二是产业增长的内生动力不足,仍未形成可持续拉动新兴产业高速增长的驱动力。战略性新兴产业进入相对平缓的增长区间,面临结构优化和提质增效的现实要求。

产业发展模式进入深度调整期,逐步由无序状态进入有序发展阶段。部分新兴产业领域频频发生企业破产事件为各级政府敲响了警钟,大干快上的盲目投资、不断突破底线的兜底现象正在逐渐减少,一些行业在政府引导下,开始探索建立健全行业自律机制,逐步规范市场秩序。如, 国内光伏产业上下游企事业单位自愿发起成立中国光伏行业协会,标志着我国光伏行业将逐步走上自律、协调、可持续发展的道路。另外民营企业成为战略性新兴产业发展主体。有数据显示, 截至 2014 年上半年民营企业在战略性新兴产业上市公司中比重高达 63.5%,高于上市公司总体 11.6 个百分点,国有企业在战略性新兴产业上市公司中占比仅为 26.8%。

相关改革不断深化,产业发展环境进一步改善。生物、新能源、新一代信息技术等领域的改革取得新进展,增强了产业发展活力。国家食品药品监督管理总局发布《创新医疗器械特别审批程序（试行）》,针对创新医疗器械设置了优先审评审批通道, 将有力促进医疗器械新技术的推广和应用。国家能源局印发了《新建电源接入电网监管暂行办法》,为可再生新能源公平接入电网提供了有力保障,并豁免了部分新能源发电项目电力业务许可证,进一步简化流程,减轻企业负担。工业和信息化部公布了第二批获得虚拟运营商牌照企业名单,多家运营商陆续放号, 上线各自特色业务,为下一步构建产业良好格局奠定了基础。国家电网公司全面放开分布式电源并网过程与电动汽车充换电设施市场,为民营企业投资发展新能源和新能源汽车产业提供了新的机会。

二、各地创新扶持手段，推动区域差异化发展

转变政府支持方式,积极探索新兴产业发展新途径。面对复杂多变的产业格局和市场环境,各地积极探索新兴产业发展新途径,逐步转变扶持方式。例如,

安徽省合肥市出台扶持产业发展的"1+3+5"政策,提出政策调整的"四个转变":"由事后为主向事中事前介入为主转变、由分散使用向集中使用转变、由无偿使用为主向有偿使用为主转变、由直补企业为主向创造外部环境为主转变",实现"拨款变投资、资金变基金",进一步优化财政资金投入结构,提高资金使用效益。2014年以来,四川、上海、广东、重庆等多地新设或增加新兴产业引导基金,鼓励通过市场行为推动产业发展。

地区差异化发展趋势显现,力图形成特色产业基地。一些地方认识到仅依靠企业个体,推动多种新兴产业发展,往往力有不逮。基于对当地产业基础、区位优势、发展环境等认识的不断深化,会倾向于聚焦若干重点领域,出台符合自身产业特色的发展规划和政策措施。比如贵州省凭借丰富的医药资源、民族药品种和一批著名的制药企业,提出打造"贵阳新医药产业圈",并印发了《贵州省新医药产业发展规划(2014—2017年)》和《关于加快推进新医药产业发展的指导意见》。

三、行业发展情况各异,分化现象愈加明显

新一代信息技术、高端装备制造、新能源汽车、节能环保等产业呈现快速增长态势。沪深两市公布三季报显示,信息通信、节能环保等新兴产业领跑前三季度股票市场。1082家上市公司累计净利润合计4386.35亿元,同比增长8.26%;而26家通信类公司前三季度实现净利润68.16亿元,同比增长63.86%。

生物医药、新材料等产业保持平稳发展,新能源产业复苏逐步迎来转机。生物医药和新材料产业普遍存在投入大、见效慢的特点,因此,推进速度较为缓慢,在2014年保持相对平稳的发展速度。对新能源产业来说,在资金与政策的双驱动下,正迎来复苏转机。国内A股上市公司2014年三季报数据显示,前三季度,20家新能源概念公司实现净利润合计30.42亿元,较2013年同期合计亏损3.43亿元大有改观,资本市场对新能源板块的态度,经历了由冷转暖的迅速扭转。

四、部分领域技术水平领先,涌现一批优势企业

从总体看,我国战略性新兴产业部分领域先后取得重大技术突破。例如,环保行业中膜技术和膜生物反应器应用、烟气脱硫和除尘技术应用和设备制造已达到或接近国际先进水平。风力机组设计能力、多兆级风电机组研制和多晶硅生产、提炼技术取得突破,部分关键风电设备和晶硅太阳电池生产设备基本实现国产化。

新材料产业的超大规模集成电路关键配套材料、大截面预拉伸铝合金、钽铌铍合金、高性能纤维等生产技术已达到国际先进水平。医疗器械产业中包括高强度超声聚集、高性能全自动生化分析仪在内的若干重要领域打破了技术壁垒，产出了一批重大成果。转基因种棉、转基因水稻等方面的生物育种技术基本与世界同步。此外，在锂电池产量跻身世界三甲的同时，在动力性铁电池技术研发和产业化领域进入了国际领先行列。

部分领域涌现出一批成长迅速、实力较强的大型企业和中小企业群。比如，新能源产业，一方面涌现出包括金风科技、华锐风电、东方汽轮机等一批风电设备龙头企业，以及河北力诺、保定英立等若干光伏和太阳能热利用大型企业；另一方面，快速形成若干从事零部件生产、服务配套的上下游中小企业群。

五、形成若干产业集聚区，拥有一批专业人才队伍

我国战略性新兴产业已呈现出集聚发展的态势，初步形成了若干集群和产业集聚区。一是涌现出若干具有国际竞争力和较大发展潜力的产业集群。总体来说，新兴产业分布与经济发达程度基本一致，呈现"东高西低"的格局，基本形成了"一带一轴"的总体分布特征，即以环渤海、长三角、珠三角三大核心区也集聚发展的"沿海发展带"，和东起上海的沿长江至四川等中部省份的"沿江发展轴"。

主要有北京中关村科技园、湖北武汉东湖国家自主创新示范区，以及上海、深圳、西安、长株潭综合技术产业基地等。二是部分领域开始新一轮产业布局。比如，在高端装备领域，依据新兴产业发展需求，在原有基地布局的基础上，正在进行新一轮的产业园布点和建设。

拥有一批基础性研究和专门性研究机构和人才队伍。我国通过实施"863"、"973"等国家重大科技专项重点科研项目，落实"长江学者奖励计划"、"新世纪优秀人才支持计划"等人才政策，引进和培养了一大批优秀的相关专家。另外国家层面设立了国家自然科学基金、国家重点基础研究发展机会，投资建成多个重点实验室，为高技术人才提供良好的科研创新环境。到 2014 年，国家认定的企业技术中心已有 1098 家，研发人员数量仅次于美国，居世界第二。科技论文不仅在数量上大幅增长，在质量和影响力上也有显著提高。随着大量高素质、高学历人才涌入战略型新兴产业，大幅度提升了战略性新兴产业的人才水平和质量。

第二节 我国战略性新兴产业发展中存在的问题

2014年我国战略性新兴产业发展取得了一定进展，但部分体制机制问题尚未得到有效解决，产业高端突破面临重重困难，融资难制约战略性新兴产业发展，企业自主创新能力薄弱，使得成长后劲不强等，在一定程度上这些问题限制了我国战略性新兴产业的发展，未来需要克服并逐步完善产业发展环境，进一步推动我国新兴产业的发展。

一、部分体制机制问题尚未解决

我国的体制改革已走过近30年的历程，曾提出多种改革的计划，但效果都不是十分理想，对于战略性新兴产业来说，我国体制机制问题仍是首先需要解决的问题。

一是缺乏有效的协调和决策机制。政策部门条块分割、分工交叉重叠、责任主体和实施主体不明确，导致传统产业发展中存在的政策碎片化、产能过剩、服务配套跟不上等老问题在新兴产业发展过程中开始显现。从空间上看，地区间存在相同领域重复建设的现象。从各地产业布局来看，超过90%的地区选择发展新能、新材料、电子信息和生物医药行业，近80%的地区选择发展节能环保业，约60%的地区选择发展生物育种业。从产业技术层次看，低水平重复建设，低档次产品过剩，竞争无序问题开始显现。比如，全国70%—80%的半导体照明企业都在从事下游应用的开发，同时，部分地区在功能性照明技术还不成熟的情况下，盲目对道路和景观照明等进行改造，造成了新的浪费。

二是财政资金支持方式有限。当前，国家和地方政府对战略性新兴产业的支持仍多以奖励、贴息、补助等直接补贴形式为主，政府财政资金对社会资金的引导、撬动作用未能得到充分发挥，利用市场力量支持种子期、初创期、早中期创新型企业的成效仍很有限。

三是部分领域仍存在地方保护和行业壁垒。有些地方在发展战略性新兴产业时，对外地企业或产品设置不合理障碍；一些中央企业从自身利益出发，在门槛和标准上限制地方和民营企业发展等。例如基因测序临床应用和干细胞治疗由于

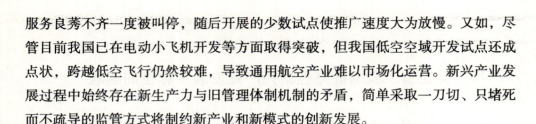

服务良莠不齐一度被叫停,随后开展的少数试点使推广速度大为放慢。又如,尽管目前我国已在电动小飞机开发等方面取得突破,但我国低空空域开发试点还成点状,跨越低空飞行仍然较难,导致通用航空产业难以市场化运营。新兴产业发展过程中始终存在新生产力与旧管理体制机制的矛盾,简单采取一刀切、只堵死而不疏导的监管方式将制约新产业和新模式的创新发展。

二、产业高端突破面临重重困难

近年来,在良好产业发展环境和潜在市场需求刺激下,我国战略性新兴产业获得长足发展。2014年前三季度全国主要省(市)战略性新兴产业增加值增速普遍高于同期规模以上工业增加值增速。但是,新兴产业整体上仍处在产业价值链低端,面临向高端突破的困境。

一是缺乏关键核心技术。由于国外对相关技术标准的垄断,价值链高端环节仍严重依赖国外技术或产品,产业发展仍缺乏自主知识产权和核心技术,被锁定在价值链低端环节。比如新一代信息技术产业,我国虽然是电子信息产品生产第一大国,但核心芯片、基础软件、核心电子元器件仍高度依赖美、日、韩等国家。汽车工业核心技术不多,新能源汽车在高端技术方面跟国外差距比较大。比如在整车电池及控制技术,振动和噪声技术。我国单机电池性能、电池成组技术等方面都落后于发达国家。生物医药产业的高端设备、核心部件和关键技术仍大量依赖进口,大型医疗设备还有很多属于国产空白,医药出口主要是医药中间体和大宗原料药,生物技术药物、疫苗和诊断试剂出口尚处于起步阶段,企业国际化程度低,呈现产业集中度偏低的"小、散、乱"现象。

二是创新产品进入市场难。近年来,我国战略性新兴产业发展环境不断完善,工信部印发的《关于开展2014年工业强基专项行动的通知》中也明确提出"促进新型产品技术首次示范应用和推广应用",但是,创新产品进入市场难的问题仍是制约战略性新兴产业发展的重要因素。如我国企业生产的大规模生产型LED MOCVD设备已达到世界先进水平,但面临国内厂商不愿在大生产线上应用的境遇。

三是部分行业低端产能过剩问题依然严峻。不断完善的产业发展环境,引发了多地战略性新兴产业新一轮投资热潮。但是,部分省市不顾技术积累和区域实际条件,在产业定位方面存在较为严重的产业结构趋同现象,产品同质化与低水平发展现象极为严重，使得细分领域出现较大的产品过剩性累积。如在海洋工程装备制造领域，造船企业纷纷涉足使得国内外产能过剩矛盾已逐步显现，如不加以正确引导，低端恶性竞争将在所难免。

三、融资难制约战略性新兴产业发展

资本市场对战略性新兴产业发展具有重要意义。国内经济较为发达的省市或园区都加大了对战略性新兴产业的资金支持力度，在一定程度上促进了新兴产业的发展。但是，产业发展仍面临较为严重的融资难题，制约了新兴产业的快速发展，并导致阿里巴巴、聚美优品、京东商城、途牛、乐居等多家优质互联网企业到境外上市。

一是金融创新能力不强。以商业银行为主体的金融机构，倾向于将资金投到安全度较高、流动性较好的房地产等传统产业行业。商业银行在金融类产品设计上更多地采用技术含量较低的模仿创新，自主创新和再创新能力不足，与国家对新兴产业的扶持政策相比，金融机构针对新兴产业的金融创新严重滞后，同时产业基金、各类金融性中介机构等也严重缺乏。

二是对战略性新兴产业的金融服务明显不足。新兴产业的研发投入、运行方式、盈利模式等都与传统产业有明显区别，但是受到我国资本市场现有体制机制的制约，专门针对新兴产业的金融服务明显不足，新兴产业发展所需资金较难从金融机构得到满足，这在大量从事新兴产业的创新型中小企业上体现得更为明显。

三是众筹、互联网金融等新兴金融仍不能满足产业发展需要。近年来，众筹、互联网金融等新兴金融业态不断涌现，对解决处于初创阶段的创新型中小微企业融资难题起到了积极的促进作用，如联合光伏发起建立全球最大的太阳能电站项目，通过众筹成功融资 1000 万元。但是，与战略性新兴产业发展大量的资金缺口相比，新兴金融业态提供的资金可谓是杯水车薪。

四是融资成本明显上升。由于发达国家制造业回归、其他低成本发展中国家的一系列挑战，我国高技术制造业利率持续下滑。特别是从事低附加值加工组装环节的中小企业，利用自我积累的内源性融资功能本来就弱，赖以生存的外源性信贷融资成本的上升阻碍我国高技术中小制造企业的快速扩张。另一方面，由于资金链断裂而倒闭的风险会陡然增大，部分高技术企业很难从银行获得贷款，即便获得贷款，基准利率普遍上浮 30%—50%，且提高担保条件、审批时间拉长，

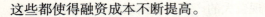

这些都使得融资成本不断提高。

四、企业自主创新能力薄弱

目前，以企业为主的技术创新体系尚未建立，产、学、研结合不够紧密，对产业发展有重大带动作用的关键和共性技术缺乏，一些核心技术尚未完全掌握，部分关键设备依靠进口。

一是现行科研体制下基础研究投入不足。从投入规模上来说，中国已经位居世界前列。但是中国的R&D投入强度与投入规模极不相称，美国、日本、德国等国家的投入强度都在2.5%以上，同样是亚洲国家的日本和韩国则都在3%以上，中国R&D投入强度在2%左右，与发达国家存在一定差距。我国专利申请数量庞大，但转化成功率明显偏低。据世界知识产权组织统计，中国的专利申请量每年都以两位数的增长率在增长，2012年中国在世界范围内的专利申请数量远远高出了美国、日本、德国和法国的专利申请数。但是庞大的专利申请数量，并没有带来相应的成功转化率，2010年到2012年，中国的PCT专利授权率都低于美国和日本，其中2012年日本和美国的授权率分别为56%和54%，而中国的专利授权率仅为39%，与美国和日本的专利授权率存在较大差距。

二是企业利润快速下滑严重削弱研发积极性。比如，新材料产业的创新能力较弱，导致大量成套设备技术引进后又不能很好的消化吸收，已经成为我国新材料及材料工业发展的瓶颈；建材行业也存在同样情况，一些节能减排绿色化技术的研究深度和开发推广力度不够，导致国际上一些成熟的节能减排技术在国内应用和消化吸收速度非常缓慢。

三是尚未形成产学研用的协同创新机制。目前我国的技术创新体系建设还不健全，以企业为主体的、产学研用相结合的协同创新体系尚未形成，创新发展的支撑要素发展明显不足，创新中介、风险投资、创业平台建设等环节薄弱。

第三节　我国战略性新兴产业发展的若干建议

面对目前战略性新兴产业的发展现状和遇到的问题，未来我国新兴产业的发展建议从体制机制、发展环境、人才培养等方面进行改善，进一步完善产业配套政策体系建设，着力优化新兴产业空间布局，加快促进新技术新产品的产业化推广，加强商业模式创新激活市场需求，构建完善高效的新兴产业融资体系，为我国新兴产业发展提供良好的发展环境。

一、进一步完善产业配套政策体系建设

产业政策的有效性在于能有一系列配套政策与之相呼应，单独某一项政策很难发挥出最好的效果。当前，要从战略性新兴产业发展的实际需求出发，根据产业发展的阶段性特点，进一步完善战略性新兴产业政策体系。一是在产业起步阶段，要加强前瞻性部署，通过国家科技重大专项，加大对前沿技术和关键共性技术的支持，实现重大技术瓶颈的突破。推动企业、高校、政府共同组建技术联盟，加强产业共性技术研发，提升行业整体竞争力。二是在产业推广阶段，规范行业准入标准，建立行业监管机制，完善产品标准体系和质量控制体系，形成良好的市场秩序。建设区域内先导性新兴产业，政府可通过招标、参股等形式加大对本地区基础好、发展潜力大、具有明显带动作用的产业进行投资，推进重点领域的快速发展。三是在市场应用阶段，完善软硬件配套设施，建立战略性新兴产业的一条龙服务体系。加大政府采购力度，探索首台（套）产品的倾斜扶持，适时调整进出口目录，促进新产品推广应用。有效整合并完善科技政策、投融资政策、财税政策以及对外合作政策，充分发挥各种相关政策对新兴产业发展的辅助作用，充分发挥高新产业的辐射带动作用。

二、着力优化新兴产业空间布局

经过几年的规模扩张之后，我国新兴产业在各地逐步形成了百花齐放、激烈竞争的分布格局。在新一轮产业发展过程中，应更加注重从全局角度引导新兴产业合理布局。一是从宏观层面加强调控。受制于消费习惯、成长周期等因素，未来一段时期，新兴产业的市场容量有限，必须要树立全国一盘棋的思想，政府要做好整体规划，制定科学合理的新兴产业布局规划，加强监督检查，减少盲目投资和低水平重复建设，避免产能过剩。二是从区域层面要体现比较优势，充分考虑各地区的区位优势、资源优势、产业优势和科技优势，选择在本地区基础较好、具有一定优势、可以实现率先突破的细分领域优先发展。三是鼓励开展区域合作，以产业链、价值链为纽带，通过上下游配套合作，共建区域性产业集聚区，打造产业特色。

三、加快促进新技术新产品的产业化推广

近年来，我国战略性新兴产业已经在部分领域取得了显著成绩，形成了一批具有世界影响力的核心技术成果。下一步，要重点突破新兴产业技术创新的产业化瓶颈，推动新兴产业规模化发展。一方面，要加强科技研发与市场需求的紧密结合，选择附加值高、带动性强、在未来能够形成庞大产业规模和应用市场的产业来发展；另一方面，紧抓主导产品，加快形成拥有自主知识产权的新兴产业链条，推动新兴产业向"高端、高效、高辐射"的方向发展。此外，要重视保障机制建设，如加强本土品牌的培育，重视知识产权保护，完善配套设施建设等。

四、加强商业模式创新激活市场需求

商业模式创新有利于促进新产品新服务的不断涌现、应用领域边沿的逐步扩大，进而带动产生新的业态，推进新兴产业迅速成长和扩张。创新商业模式，转变公众消费理念。传统的低成本竞争的商业模式容易将我国产业锁定在低端环节。企业是商业模式创新的主体，而创新氛围培育的关键则在于政府的积极引导和全社会的共同努力。比如，在节能环保领域需要推行合同能源管理、现代废旧商品的回收利用等新型模式，以发展商业性的增值服务新业态。因此，在新兴产业发展过程中，要鼓励企业创造符合产业发展规律的商业模式、盈利模式和组织运营模式，以新的方式满足客户需求以及需求结构的变化，积极撬动国内外市场。

五、构建完善高效的新兴产业融资体系

新兴产业的发展离不开金融的支持，建议打造"政府、金融机构、社会"三位一体的金融支持体系。政府层面，通过完善金融机构考核体制、贴息贷款、对风险投资机构给予税收补贴、设立战略性新兴产业投资基金等方式，形成多渠道资金支持新兴产业发展的格局，鼓励商业银行加大对战略性新兴产业的支持力度；鼓励商业银行将一定比例的信贷资金用于支持新兴产业发展，在风险可控的前提下，发展符合创新型企业特点的信贷产品；金融机构层面，建立合理的项目评级授信体系，考虑企业和项目的成长性，信贷重点向战略性新兴产业领域倾斜；社会中介层面，提高对无形资产的评估能力，完善融资担保体系，大力发展知识产权质押融资担保模式，鼓励各类担保机构加大对新兴产业融资提供担保，通过再担保、联合担保以及担保与保险相结合等多种方式分散风险。积极发展统一监管

下的场外交易市场，满足不同发展阶段创业型创新型企业的需求。

六、加快战略性新兴产业所需人才的培育

没有大量的专业高端人才，就难以实现新兴产业的快速发展。必须要建立合理的吸引人才和培育人才机制，以加强新兴产业人才队伍建设。一是改进人才培养模式。不同于一般传统产业的人才要求，新兴产业对于人才有不同的需求，对人才的要求也更高。要以重大工程和专项的实施和管理为载体，依托高校、科研院所和骨干企业进行联合培养。要在团队产品开发、生产、服务实践中培养人才。另一方面，推动企业和科研院所共同设立实训基地，改革高校教育体系，培养创新实践型人才。二是鼓励引进高端人才。重点引进高层次创新创业型人才，建立人才引进专项资金和高端人才项目资金，积极吸引全球优秀人才来华创新创业。三是完善人才评价和考核机制。通过探索建立技术、专利入股等政策，将人才引进、培养与创业、创新有机结合起来，充分调动科研机构和人才创新创业的积极性。

第三章　我国战略性新兴产业发展需要关注的问题

经过近几年的发展，我国战略性新兴产业发展呈现出良好的发展态势，在带动经济发展和产业结构调整方面发挥了重要的作用，已成为我国经济发展新的增长点。但同时，受制于产业发展规律、政策体系配套、市场环境等多方面的原因，我国战略性新兴产业发展中也出现了诸多不可避免的问题，亟待引起高度关注。

第一节　谨防战略性新兴产业发展"走老路"的倾向

在国家一系列政策规划的强力推动下，各地发展新兴产业的热情高涨，但不少地方对于新兴产业形成的规律认识不足，急于抢占先机，仍然以短期内形成大规模产能为主要目的，基本上延续了走低水平外延式扩张的老路。这种发展路线如不能及时调整，不仅会影响新兴产业自身健康发展，而且会给整个工业发展带来不利影响。

一、新兴产业发展"走老路"的主要表现

新兴产业"走老路"的具体表现主要有三个方面：

（一）仍将着力点主要放在投资拉动和产能扩张上

目前，不少地方发展新兴产业，仍然热衷于铺摊子、上项目、拉投资，依靠资金、土地等投入迅速扩大产能，较少考虑区位、企业、技术、人才等基础条件。据统计，我国多晶硅产量2005年仅有60吨，2006年也只有287吨，2008年狂飙到4000吨以上，2009年上半年，在各地的推动下，在建、扩建和筹建的多晶

硅生产线总建设规模达 10 万吨，是 2005 年的 1000 多倍。

（二）仍然以引进技术、设备和生产线为主要途径，忽视自主创新

不少企业依靠引进成套技术和设备发展加工制造能力，甚至直接购买国外的生产线进行规模化生产，往往忽视了引进技术的消化吸收，更谈不上基础研究和技术积累。比如，在发展 LED 产业中，各地竞相补贴进口设备，导致 MOCVD（金属液相沉积设备）大量进口，生产厂家在全国遍地开花。

（三）仍然以加工组装、出口导向为主要模式，走"两头在外"的发展道路

部分新兴产业主要依靠购买国外的原材料、零部件，利用本土低价劳动力和土地资源，在国内加工组装后将大部分产品和服务销往海外。例如，我国光伏产业多集中在电池原料和组件生产上，2011 年，我国太阳能电池板产量已超过 1200 万千瓦，但太阳能电站的装机容量仅为 220 万千瓦，新增装机容量只占全国太阳能电池产量的 16.95%。

二、新兴产业"走老路"带来的严峻后果

采用这种大干快上、急功近利的方式来发展新兴产业，正在带来一系列严峻后果。

（一）部分新兴产业领域出现了一哄而上、重复建设、无序发展的局面，为国家层面统一规划和布局增加了难度

在"抢摊子、占位子"等急功近利思想的冲动下，投资驱动、产能扩张的发展方式必然会导致某些领域一哄而上、无序发展的局面。据不完全统计，全国超过 90% 的地区重点发展新能源、新材料、电子信息和生物医药产业；近 80% 的地区选择重点节能环保产业；约 60% 的地区重点发展生物育种产业；另外有 50% 的地区重点发展新能源汽车。这种产业无序发展为国家层面统一布局增加了难度。

（二）部分产业领域陷入了产业价值链低端锁定、关键核心技术受制于人的局面

在缺乏自生技术来源和有效产业配套的情况下，部分领域产业规模的盲目扩张容易形成高端产业低端制造的局面。例如，生产一部苹果手机所需的 179 美元

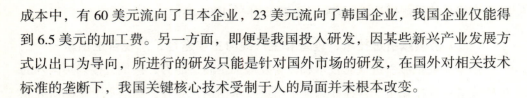

成本中，有 60 美元流向了日本企业，23 美元流向了韩国企业，我国企业仅能得到 6.5 美元的加工费。另一方面，即便是我国投入研发，因某些新兴产业发展方式以出口为导向，所进行的研发只能是针对国外市场的研发，在国外对相关技术标准的垄断下，我国关键核心技术受制于人的局面并未根本改变。

（三）部分产业未经历充分成长就面临一定程度的产能过剩

由于各地抢占发展机遇，纷纷出台产业扶持政策，推进大项目落地。使得我国很多新兴产业尚未发育成熟，就面临过剩的问题。例如，我国多晶硅生产成本是国外的 3 倍，但产能出现一定的过剩，2008 年的多晶硅片实际产量为 2222 兆瓦，生产能力却达 3333 兆瓦。也应看到，这是一种结构性过剩，符合新兴产业发展的特点，新兴产业的很多领域仍处于不断探索中，供给大于需求将强化市场竞争，"倒逼"企业寻找合适的技术路线和商业模式。因此，当前的产能过剩是我国所处发展阶段、现行体制机制、产业创新水平下各主体互动的一个必然结果，我们应避免错过发展模式转变的大好时机。

第二节　我国战略性新兴产业发展模式的再思考

近年来，我国战略性新兴产业发展涌现出了一些新亮点，为促进新兴产业开拓了新的思路和新的模式。同时，随着卡邦、安迪光电等一批知名 LED 企业的倒闭、无锡尚德破产等负面事件的发生，对我国战略性新兴产业发展带来致命打击。当前，我国战略性新兴产业发展有何特点？部分新兴产业领域发展到底存在什么问题？又该如何促进战略性新兴产业发展模式的转变？这些问题都值得我们认真研究和深入思考。

一、当前新兴产业发展中的新模式

（一）产业投资基金成为各地支持新兴产业发展新方式

我国自 2009 年 10 月设立新兴产业创投计划，以培养和促进战略性新兴产业发展为宗旨，重点投资处于初创期、早中期的创新型企业发展。据《2014 新兴产业创业投资发展报告会》披露，截至 2013 年年底，全国 29 个省（区、市）共设立新兴产业创业投资基金 141 只，规模达 390 亿元，直接和间接带动地方政府、社会资本及其他机构投资、银行贷款约 700 亿元，在新一代信息技术、生物、节能环保、新材料、新能源、高技术服务业等战略性新兴产业和高技术产业领域累计投资创新型企业 538 家，实现社会就业 16.3 万人。2014 年年底新兴产业创业投资计划支持基金总规模达到 570 亿元以上，这些资金按进度完成投资后，将直接和间接带动机构投资、银行贷款等近 3000 亿元，可扶持 3000 家左右创新型企业成长。各地围绕这一方面，积极设立产业投资基金用以支持新兴产业发展。如山东省已先后设立新兴产业创投计划参股创业投资基金 7 只，总规模达到 18.13 亿元，重点支持新能源、新材料、新信息、生物医药、节能环保、海洋等产业。宁夏先进装备制造业基金成功争取国家新兴产业创投计划 5000 万元的参股资金。海南省 10 亿元新兴产业创业投资基金获得国家批复，集中支持生物科技、生物医药、智慧城市、软件与信息服务业等领域。深圳市发布《深圳市机器人、可穿戴设备和智能装备产业发展规划（2014—2020 年）》，设立专项资金 5 亿 / 年扶持 3 大产业。

（二）产业联盟成为新兴产业发展重要凝聚力

技术创新是战略性新兴产业形成和发展的内在引擎。为促进战略性新兴产业发展，各个地区围绕相关产业积极设立产—学—研联盟。如，在机器人产业领域，由亚洲制造业协会、沈阳新松机器人自动化股份公司、安徽埃夫特智能装备有限公司、哈尔滨工业大学、北京航空航天大学、北京机械自动化研究所、昆山华恒焊接股份公司、常州铭赛机器人有限公司等 40 多家权威科研单位和机器人企业共同发起成立了"中国机器人产业创新联盟"，将在深化与国际先进机器人企业间的对话合作、推动我国机器人及智能装备产业发展方面发挥重大作用。电子信息产业领域，保定成立了中国电谷第三代半导体产业技术创新战略联盟，这一联盟聚集了第三代半导体材料的所有相关企业、科研院所及高校，将在第三代半导体材料的相关技术与产品的研究、开发、生产、制造、服务等方面形成有效互动。南京市围绕节能环保、现代通信、生物医药、新材料等重点产业领域新建战略性新兴产业创新中心 13 个，市级以上战略性新兴产业创新中心累计已达 40 多个；这些创新中心面向产业链各个环节的创新需求，集成各类创新资源，开展产业关键技术和共性技术的研发与产业化，取得了积极成效。

（三）企业海内外并购如火如荼

近期，我国企业在国内外的并购活动较为频繁。如通信设备制造企业——华为投资 2500 万美元收购了英国蜂窝物联网芯片和解决方案提供商——Neul 公司，该收购案例是华为在英国 13 亿英镑投资计划的一部分，收购完成后，华为将以 Neul 为核心，扩大在物联网市场的发展，为客户提供新的服务和解决方案。电线电缆生产企业——宝胜科技创新股份有限公司 2 亿元收购上海安捷矿物绝缘电缆业务，意在做强做大矿物绝缘电缆业务、进行产业整合、巩固企业在矿物绝缘电缆这一细分市场的占有率。电容器及石英晶体元件生产企业——安徽铜峰电子股份有限公司拟 7000 万元控股中威光电，增强对 LED 封闭支架产品的经营能力。电机行业上市企业——江西特种电机股份有限公司拟出资 3000 万元控股上海交鸿，推动企业加快向机器人电机等智能电机转型。混合集成电路上市公司——华天科技拟不超过 2.6 亿元收购美国 Flip Chip 公司，以进一步提高华天科技晶圆级集成电路封装及 FC 集成电路封装的技术水平，改善客户结构，提高在国际市场的竞争能力。

（四）国外市场开拓取得新进展

随着全球产业的发展，全球价值链的不断演变，诸如智慧医疗、新能源汽车、云计算等众多的新兴产业成为未来发展的新动力。不少有预见性的企业，都把目光投向新兴产业。2014 年前三季度数据显示，高端装备投资活动产生的现金流量净额合计为 271.38 亿元，比 2013 年同期增加了 61.14 亿元；云计算投资活动产生的现金流量净额为 204.97 亿元，比 2013 年同期对外投资增加了 80.49 亿元。部分产业领域涌现出一批"走出去"企业。如在轨道交通装备领域，中俄签署"莫斯科—喀山"高铁发展合作备忘录，中国南车向美国加利福尼亚州提交参建该州高铁的投标意向书，中国南车四方股份公司与德国德累斯顿工业大学、德国斯图加特大学签署成立了"中德轨道交通技术联合研发中心"[1]，中国北车获得美国马萨诸塞州 284 辆地铁车辆采购定单。航空航天领域，中航工业与南非签订 100 架小鹰 500 飞机框架收购协议签约仪式暨 10 架小鹰 500 出口南非 AIFA 航校合同，中航工业哈尔滨飞机工业集团有限责任公司与美国维信航空公司签署 20 架运 –12 系列飞机销售合同。

---

[1] 《中国高铁加速驶向全球市场》，《经济日报》2014年10月27日。

二、关于探索新兴产业发展模式的建议

部分新兴产业领域企业破产事件频发为各级政府敲响了警钟，大干快上的盲目投资、不断突破底线的兜底等现象有望逐渐减少。但适合于战略性新兴产业的发展模式仍待在试错中进一步探索，建议重点注重以下几个方面：

（一）加强功能性政策对创新环节的有效引导

创新是新兴产业持续健康发展的重要源泉。当前，我国亟须加大对新兴产业发展中创新环节的功能性政策支持力度。对于政府而言，应着力为企业营造公平有序的发展环境，维护公平竞争，降低社会交易成本，创造有效率的市场环境，使市场功能得到充分发挥。补贴等政策应该是用于基础性的研究与开发、信息服务、人力资本投资等。政府还应更加重视人才培养，加大教育补贴，为企业发展提供人才支撑。

（二）促进新技术新产品的产业化推广

当前，我国战略性新兴产业已经在部分领域取得了显著成绩，形成了一批具有世界影响力的核心技术成果。下一步，突破新兴产业技术和产品的产业化瓶颈，推动战略性新兴产业大规模发展成为重要任务。一方面，要加强科技研发与市场需求的紧密结合，选择附加值高、带动性强、在未来能够形成庞大产业规模和应用市场的产业来发展；另一方面，以主导产品为核心，加快延伸和拓展产业链条，推动产业向高端化方向发展；第三，要重视保障机制建设，如加强本土品牌的培育，重视知识产权保护，完善配套设施建设等。

（三）加强商业模式创新激活市场需求

商业模式创新有利于促进新产品新服务的不断涌现、应用领域边沿的逐步扩大，进而带动产生新的业态，推进新兴产业迅速成长和扩张。例如在节能环保领域需要推行合同能源管理、现代废旧商品的回收利用等新型模式，以发展商业性的增值服务新业态；新能源发电需要储能等相关设施的配套；物联网产业发展需要组织实施智能交通、智慧城市等示范工程，为新兴产业的产业化、商业化搭建平台[1]。因此，在发展战略性新兴产业过程中，要鼓励企业创造符合产业发展规律的商业模式、盈利模式和组织运营模式，以新的方式满足客户需求以及需求结构

[1] 《技术突破 商业融合 体制创新——苗圩谈中国发展战略性新兴产业路径》，中华人民共和国工业和信息化部，2011年3月12日。

的变化，积极撬动国内外市场。

第三节　我国战略性新兴产业产能过剩了吗

当前，在传统产业产能普遍过剩的同时，战略性新兴产业也出现了重复投资、结构趋同的现象。碳纤维、风电、多晶硅、锂电池、光伏等产业很快形成产能过剩的局面，许多企业陷入了发展困境。一时之间，新兴产业产能过剩的论调甚嚣尘上。实际情况是否真的如此，应该如何客观分析新兴产业的"产能过剩"，又如何理性看待和应对这一现象，对新兴产业的持续健康发展至关重要。

一、对部分新兴产业产能过剩的总体判断

（一）从总量来看，多晶硅、风电装备、碳纤维等部分行业存在产能过剩的现象

据统计，2012年我国多晶硅产能15.8万吨，产量6.5万吨；光伏组件产能37GW，产量22GW。由于供过于求，导致价格不断下跌，企业利润率大幅下降。光伏组件由2012年年初的0.85美元/吨降到年底的0.65美元/吨，整个光伏行业的利润率已经从2007年的139%下滑到20%。同样的现象也先后出现在风电装备、平板玻璃、碳纤维、LED、云计算数据中心、工程机械等新兴产业领域。比如，2004年我国从事风电整机生产企业仅有6家，到2008年年底已达70多家，有研究估算，现有风电设备产能是目前市场需求的5倍。又如，碳纤维产能的激增，也引发业内担忧。据统计，2010年我国碳纤维产能仅有1000吨左右，2011年8月份的统计就达到5000吨，2012年已建成产能约有1万吨。大量的重复建设和产能过剩不仅占用能源、原材料、资金等，造成社会资源浪费，还将导致行业陷入价格战等恶性竞争，大量企业利润下降甚至倒闭。

（二）从结构上看，部分行业的产能过剩是一种典型的结构性过剩

结构性过剩是总供给结构和总需求结构不匹配出现的产能过剩。新兴产业的结构性过剩突出表现为低端产能过剩，而高端产能不足。在我国的众多多晶硅生产企业中，能生产出纯度达11个9的多晶硅高端产品的厂家少之又少，一些高附加值品种严重依赖进口。据海关统计，2012年我国累计从美国、德国、韩

国等进口多晶硅 82760 吨，同比增长 27.42%。再如 LED 产业，目前我国大部分 LED 照明产品的芯片，仍主要依靠进口。造成部分新兴产业低端产能严重过剩、高端产能相对不足的主要原因是多数企业通过技术引进获得非核心生产技术，依靠买图纸进行简单组装。这一方面导致国内大批生产企业因产品纯度不足、技术指标不达标而无法满足市场需求面临亏损倒闭，另一方面，市场对高纯度、高品质产品需求不断增加，国内高端产品进口不断攀升[1]。这种结构性过剩与新兴产业技术研发周期长、组装制造门槛低、前期市场容量小的特点密切相关，符合新兴产业发展特点和成长规律。

专栏　我国工业机器人产业结构性过剩情况

习近平总书记曾经在两院院士大会上指出，机器人是"制造业皇冠上的明珠"，其研发、制造和应用已经成为衡量一个国家科技创新和高端制造业水平的标志。近年来，我国工业机器人发展处于快速增长阶段，已成为全球第一大工业机器人市场。

从总量来看：2002—2012 年，中国工业机器人从 2152 台发展到超过 10 万台，每年累计安装量增长速度超过 30%。据中国机器人产业联盟（CRIA）统计数据显示，2013 年，中国市场共销售工业机器人近 37000 台，约占全球销量的五分之一，总销量超过日本，成为全球第一大工业机器人市场。

从结构来看：国内市场上销售的工业机器人中，外资机器人普遍以 6 轴或以上高端工业机器人为主，基本上垄断了汽车制造、焊接等高端行业领域，占比达到 96%；国产机器人主要以三轴和四轴为主，主要应用还是以搬运和上下料机器人为主，处于行业的低端领域。

从布局来看，上海、重庆等将近 40 个城市提出了打造机器人产业基地的构想，相当于平均每个省拥有一家以上的工业机器人产业园，且更多的园区仍在筹备中。

（三）从实质上看，必须看到这些行业和近年来钢铁、建材等行业的过剩不完全一样

改革开放以来，我国工业走出了一条依靠要素驱动和出口导向的快速增长之

---

[1]　蒙丹：《我国新能源产业链的低端产能过剩问题研究》，《经济纵横》2010年第5期。

路，至 20 世纪 90 年代中后期，服装加工、纺织、家电、钢铁、水泥、电解铝、汽车、造船等行业相继出现产能过剩。近几年来，多晶硅、风电设备等新一轮过剩开始显现。但不能把新兴产业的过剩同这些传统产业的过剩等量齐观。一方面，新兴产业正处于快速成长期，市场需求还没有释放出来，现阶段的产能过剩主要源于需求的阶段性萎缩，不是绝对需求不足。另一方面，相对过剩带来的充分竞争，成为促使企业提升技术水平，提高效率降低成本的重要原因。比如，行业内的激烈竞争使得我国光伏企业在短短的 3—5 年内就基本掌握了高纯多晶硅材料的生产技术；2011 年，全球太阳能电池组件产量前 10 大企业中我国占据 5 席，海外上市企业达 16 家，太阳能电池组件产能占全球总产能的 50%，光伏产业已成为我国为数不多的可以同步参与国际竞争并有望达到国际领先水平的行业之一。

二、部分新兴产业产能过剩的成因

当前，部分新兴产业领域的"产能过剩"，不仅仅是简单的生产能力与实际需求脱节的问题，它与新兴产业成长发展的内在规律、缺乏有效引导布局、国内市场有效需求不足、不完善的制度安排、市场失灵等因素都密切相关。

（一）缺乏统筹规划和有效引导，造成了部分行业的产能过剩

企业的投资冲动和地方政府的政绩冲动，使得部分领域投资行为日趋不理性化，逐渐演变成投资的全面过热，最终导致产能过剩。一方面，在部分新兴产业爆发性增长的诱惑面前，企业往往急于抢占先机、扩大产能，出现了盲目投资、一哄而上的现象，导致部分领域低水平、低档次产品供应过剩。另一方面，不少地方热衷于拿土地和税收优惠等吸引投资，出现了布局重复、规划趋同的现象，使得中短期潜在产能过剩的风险愈发明显。据高工 LED 产业研究所统计，2011 年中国 LED 产业全年新增亿元以上投资项目达 132 个，较 2010 年增加 58 个。大多"过剩"产生的原因是地方政府"一哄而起"导致的"规划过剩"，这反映了我国在新兴产业发展初期缺乏冷静思考和有效引导布局。

（二）国内市场启动缓慢导致有效需求不足，加剧了部分行业的产能过剩

加强政策扶持和价格补贴，是发达国家发展新兴产业的有效手段。近年来，我国先后出台了节能惠民、十城万盏、十城千辆、金太阳等重大应用示范工程，但由于成本偏高、国内市场认知度较低、国民消费水平偏弱等原因，新兴产业领域的产品在国内市场的推广应用还存在诸多障碍。由于产能快速扩张极大地增加

了供给，在国内需求不足以消化的情况下，只能依赖国际市场，而变幻莫测的国际市场又进一步加剧了国内的过剩。以光伏为例，我国光伏产能约占全球产能的80%，而光伏应用市场约占全球市场的0.8%。悬殊的比例差距，反映出我国光伏产业供需失衡的现状，只有打开市场应用的大门，才能找到解决产能相对过剩的办法。

（三）政府的过度干预，助长了部分行业的产能过剩

当前，以增长为导向的政绩考核制度和重规模轻消费的税收制度激发了地方政府过度参与经济建设的热情，是造成各地产业结构趋同和部分行业产能过剩的根源。在这种制度安排下，不少地方政府往往热衷于见效快的政绩工程、面子工程，决策的出发点往往是产值、税收、就业等指标，而忽视技术成熟度、市场容量等关键要素。政府的过度干预必然导致市场的失灵，埋下重复建设、无序竞争、发展失控和产能过剩的隐患。

需要指出的是，新兴产业技术发展迅猛，产品更新换代快，可以为消费者提供更高性能、更低成本、更加环保、更多享受的新产品新服务，应该鼓励在技术进步支撑下的有利于消费者利益的产能扩张。但产能过快扩张可能会带来企业利润下滑，关键在于企业能否跟上技术进步的步伐，提升自我发展能力。当前，光伏等部分新兴产业遇到的困难由多方面因素造成，不能简单地归结为产能过剩的原因，更不能因噎废食，错过加快产业升级、发展模式转变的大好时机。

三、避免新兴产业产能过剩的建议

我国新兴产业还处于发展初期，市场竞争导致的"产能过剩"，反映了产业在发展初期缺乏冷静思考和整体规划。发展新兴产业，企业方面应该注重技术突破和市场培育，而不是产能建设的突飞猛进；政府方面应注重分析新兴产业的分布现状和发展趋势，而不能疏于引导放任低水平重复。总体来说，应从以下几方面着手：

（一）完善投资项目管理审核体制

要在减少政府对经济活动行政性干预的基础上，探索建立新开工项目管理部门联动机制、项目审批问责制和政府投资项目的风险管理机制，加强对新开工项目特别是政府投资项目的考核和监管，规范地方政府的投资行为。同时，提高投资项目环保准入门槛，严格项目审核、土地审批、环境评估、市场分析以及绩效

预测，合理引导企业投资方向。

（二）加快建立战略性新兴产业统计监测体系

建立健全新兴产业统计监测体系是促进新兴产业持续健康发展的一项基础性工作。当前，关键是加快制定出台战略性新兴产业统计监测指标和统计体系，认真做好战略性新兴产业产能、产量和市场需求情况的监测、分析和预警，及时发现产业发展中的倾向性、苗头性问题，加强信息引导，提出针对性的政策措施。

（三）完善行业准入制度，规范行业技术标准

如果没有严格的市场准入制度和行业技术标准的规范和约束，一个行业就容易陷入低水平过度竞争、混乱经营的局面。应围绕新能源、新材料等新兴产业发展的需要，尽快建立符合我国产业发展和资源环境条件的行业准入制度，规范行业技术标准，推行行业强制性检测和认证制度，阻止低水平、低效率的生产能力进入和扩张。

第四节　对发展能够培育新经济增长点的新兴产业的思考和建议

新兴产业已经脱胎于实验室技术，经过市场的概念炒作，稳步发展成为与传统产业共同支撑社会经济发展的重要力量。越来越多的企业投身新兴产业的各个领域，随着生产规模的扩大，经济效益的显现，新兴产业不再是仅限于引领产业转型升级的高大上，而是与社会经济各个领域密切相关，其产品不仅涉及国防安全，如卫星通信应用系统、下一代信息网络安全防护产品等，而且关乎社会运转的质量和效率，如资源再生利用、城市轨道车辆制造等，更是融入现代生活，如新一代信息终端设备、医学影像设备、新能源汽车等。因此，在新兴产业发挥调结构的重要作用的同时，有必要充分挖掘并发挥新兴产业平稳增长的积极作用。

一、部分地区将发展新兴产业作为培养新经济增长点的主要途径

2009 年 5 月，李克强在北京出席财政支持新能源与节能环保等新兴产业发展工作座谈会上提出"要瞄准未来产业发展的制高点，选择潜在市场大、带动能力强、吸收就业多、综合效益好的产业作为新兴产业加以培育，开辟新的发展空间，增强经济发展的后劲"。经过几年的探索实践，上海、深圳等地探索出了适

合地方特色的成功模式，并且取得了显著的成效。

（一）上海：发展"四新"经济，构建以"高端化、集约化、服务化"为特征的产业体系

上海充分发挥科技、人才、金融、信息、品牌等优势条件，以率先转变工业发展方式为核心，大力发展以"新产业、新技术、新业态、新模式"为核心的"四新"经济，着力构建以高端化、集约化、服务化为特征的产业体系。在装备制造领域，聚焦先进重大技术装备、航空航天装备、高端船舶和海工装备、大型成套设备等。目前，上海百万千瓦级超超临界火电机组国内市场占有率近 50%，核电装备国内市场占有率达 40%；大型港口起重机械全球市场占有率达 70%[1]。石化领域，在培育化工新材料的同时，大力发展精细化工，加快推动装置大型化、产品高端化、产业基地化。2011 年，上海自主建造了我国第一座 3000 米深水半潜式钻井平台。钢铁领域，着力发展高档汽车板、硅钢、电工钢、不锈钢等高端产品，延伸发展钢铁贸易、加工配送、电子交易、工程技术等服务。汽车领域，以自主创新、打造品牌为重点，突破自主品牌汽车整车机变速器、汽车电子等先进零部件。如汽车电子领域，集聚了国际排名前 10 位的跨国公司及其技术中心，特别是在车身电子、车载电子等方面形成了较强的竞争优势。

（二）深圳：实施六大发展战略，引导工业从速度优先向质量优先转变

深圳 20 世纪 80 年代以"三来一补"加工业为主要形式"铺摊子、上项目、打基础"，90 年代以培育高新技术产业为主要战略"抓高新、上规模、重效益"，新世纪头十年以延伸产业链为主要手段"重创新、引总部、促集群"。进入"十二五"以来，着力实施"科技引领、高端抢占、服务提升、优势延伸、湾区带动、集群发展"六大发展战略，重点发展通信、数字视听、软件、新型储能材料、生物医药及医药器械、化合物半导体六大战略产业，以"深圳质量"统领发展全局。在新兴产业领域，超前部署、统筹安排，重点突破生物、互联网、新能源、新材料、文化创意、新一代信息技术等产业。2012 年，深圳电子信息制造业增加值2772 亿元，居全国大中城市首位；软件实现软件业务收入 2770 亿元，占全国的11.07%，软件出口 165.5 亿美元，连续多年居全国第一。先进制造领域，加快培育自主品牌和先进技术研发，重点推进通信设备、机械装备制造、计算机等产业

---

[1] 《上海全力打造中国装备制造业新高地》，中国行业研究网，2012年11月7日。

发展。培育出了华为、中兴通讯、腾讯、金碟、迈瑞、三九、中广核、比亚迪等一批行业领军企业。

（三）杭州：大力发展块状经济，着力把七大重点产业打造成为经济增长新引擎

据统计，以开发区、工业功能区为平台的块状经济已占杭州工业经济总量的70%，形成了萧山纺织化纤、余杭家纺、富阳造纸、临安装备制造等一批超百亿元的块状经济。近年来，杭州把工业作为带动经济发展和"生活品质之城"建设的重要支柱，积极发展信息软件、电子商务、物联网、新能源、生物医药、先进装备制造、节能环保七大重点产业，促进块状经济向现代产业集群转型升级。信息软件领域，加快推动新一代移动通信和下一代互联网核心设备的研发与产业化，着力发展现代通讯、集成电路、高端软件、云计算、数字电视等领域。电子商务领域，依托"中国电子商务之都"的品牌优势，重点发展电子商务服务体系、网络化创新服务体系、电子商务支撑体系。目前，B2B行业电子商务网站数量占比超过全国的1/6，位居全国第一。物联网领域，构建物联网感知层、网络层和应用层三层网络构架体系，重点发展先进传感器及无线传感器网络、网络传输、数据存储与分析决策、物联网系统集成、物联网应用与服务。生物医药领域，以现代生物技术开发为先导，重点发展生物工程药物、新型化学药物、现代中药等创新药物领域，积极培育生物医学工程、生物制造、生物服务等产业。先进装备制造领域，重点培育发展高端装备制造、汽车暨新能源汽车、基础装备三大领域。目前，杭州装备制造业在全省处于领先地位，在全国大中型城市中位列第六位。

（四）宁波：实施企业自主创新提升的"5+5+5战略"，推动"宁波制造"向"宁波智造"转变

宁波是我国产业创新能力较强的一个地级城市。2012年，宁波专利授权量超过2.5万件，在全国15个副省级城市中位居首位；市级企业工程（技术）中心达500家，省级企业技术中心54家，国家级企业技术中心7家；主持和参与国际、国家和行业标准制定超过500个；拥有驰名商标297个、中国名牌61个，在全国同类城市中名列第一，并三次荣获"中国品牌之都"称号。近年来，宁波市提出大力实施企业自主创新提升的"5+5+5战略"，突出延伸产业链、提升价值链、强化创新链，加快推动从"宁波制造"向"宁波智造"转变。实施五大创新工程，以产学研与政金介有效聚合为重点的创新资源聚合工程，以专利产业化为重点的创新资源聚合工程，以政府首购为支撑的创新资源聚合工程，以长三角区域合作为重点的创新合作推进工程，以创新团队培育和高端人才引进为重点的创新人才集聚工程。构筑五类创新平台，面向新兴产业培育和传统产业升级，构筑高端研发平台、公共技术平台、公共服务平台、技术交易平台和资本支撑平台。培育五大创新产业群，新材料、新能源、新装备等战略性新兴产业群，汽车及零部件、纺织服装等传统优势产业群和节能环保、设计创意等先导型新兴产业群。

二、发展能够培育新经济增长点的新兴产业的思考

（一）新兴产业培育新经济增长点的瓶颈

一是地方产业"抢位"现象突出，以投资拉动产能扩张，忽视了经济增长的内在规律。为实现地方新兴产业的快速增长，地方政府倾向于采用见效最快的投资拉动方式，通过铺摊子、上项目，依靠资金和土地等要素投入迅速扩大产能，这种揠苗助长的方式极容易造成产能过剩，如全国 18 个省提出打造新能源基地，近百个城市把太阳能、风能作为支柱产业，风机企业快速扩张的结果是行业的产能利用率不足 70%。二是产业发展模式以加工组装和出口导向为主，走"两头在外"的发展道路，经济增长的内生性和稳定性不够。部分产业领域依靠购买国外的原材料、零部件，利用本土低价劳动力、自然资源，在国内加工组装后将大部分产品和服务销往海外。以光伏产业为例，上游的晶体硅材料主要为欧美和日本的传统七大厂商所垄断；下游光伏发电市场则主要集中在欧洲；我国仅仅是"电池和组件制造大国"。在外部市场萎缩及国外政府"双反"的打击下，我国过半光伏企业倒闭，产业迅速萎缩。三是企业热衷引进技术、设备和生产线，忽视自主创新，经济增长的动力不足。不少企业主要依靠大量引进成套技术和设备提高发展能力，甚至直接购买国外的生产线进行规模化生产，往往忽视了引进技术的消化吸收和再创新，更谈不上产业基础研究和技术积累。组装加工式生产模式的路径依赖，削弱了我国新兴产业的技术创新能力，限制了新兴产业的健康发展。

（二）新兴产业培育新经济增长点的路径

新兴产业发展的不同阶段，产业扶植方式应有侧重。在产业幼稚期，新技术的经济价值和市场价值具有很强的不确定性，只有少数企业愿意投资新兴产业，而且需要承担较高的初期研发成本和项目建设成本，如果仅依靠市场的力量培育

和发展处于幼稚期的新兴产业，可能周期较长，甚至会半途而废。因此，政府有必要对幼稚产业发展进行干预，给予直接的研发资金支持或整合多方资源优势突破重大关键共性技术。比如德国政府投入巨资进行纳米技术研发；美国集合联邦政府、学术界和企业界的资源打造制造业创新网络，致力于创造并推广新的技术。在产业成长期，技术进步快，市场容量和潜力不断凸显，企业数量迅速增加，涌现出大量中小企业，有效的市场需求对成长期的新兴产业而言至关重要。一方面，政府可通过需求侧管理，培育产业和市场的规模。比如美国的航空航天技术、计算机和半导体技术就是主要依赖政府采购的推动而建立和发展起来的。另一方面，由于企业规模较小，市场竞争能力和抗风险能力较弱，需要政府给予保护。比如日本鼓励将大宗政府采购合同按比例分包给中小企业，以促进中小企业发展。在产业成熟期，技术相对成熟，市场较为稳定，企业逐渐形成相互协作的组织网络，有能力维持产业的稳定发展。这个阶段，应充分发挥市场的作用，逐步降低政府对产业的干预程度，侧重发挥监管职能。

三、发展能够培育新经济增长点的新兴产业的若干建议

（一）加大研发投入，增强经济增长内生动力

一是选定技术路线，制定科技攻关计划。从国家战略高度，选定各个新兴行业的技术发展路线图，确定技术壁垒，在政府强力推动和资金扶持下针对核心共性技术开展有目的的技术攻关。二是加强知识产权保护，吸引民间资本投入。加快金融体制改革，创新金融工具，引入风险投资机制，为民间资本介入新兴产业提供资金渠道。加大知识产权保护，确保民间科技投资获得应有的收益。三是革新科技管理体制，提高研发效率。改革科技资金申请、管理模式，加快传统研发单位产权制度改革，尝试建立政府参股、研发机构自负盈亏的科技研发机制。加大科技成果转化效率，加大产学研用结合。在基础研究领域，建立以科研院所为主导，企业为辅助的研发组织结构；在应用研究领域，建立以企业为主导，科研院所为辅助的研发和成果转化组织结构。

（二）加强推广应用，提高产业扶持针对性

一是利用好政府采购，做好需求端补助。支持新兴产业产品进入政府采购目录，同等条件下，政府投资工程和项目优先采购列入目录产品，支持新兴产业推广应用。鼓励使用国产新兴产业产品，给予首次使用国产新兴产业产品的企业

以税收优惠或资金补贴。二是提高下游行业应用标准，加强新标准使用监管。许多行业为了节约成本，往往采用传统工艺下生产出来的产品。例如在建筑领域，300MP 以上的钢筋，如果没有强制规定，很难应用到市场。因此，未来应本着绿色、安全等要求，提高下游企业应用标准，同时加大对新标准执行的监管。三是实施试点示范，提升公众使用信心。试点示范是新兴产业发展中发现问题、解决问题以及提高公众信心的重要过程。例如，厦门市环保局推广应用水煤浆的工艺，提高了燃料利用效率，在社会上产生了积极反响，使许多企业感受到了新工艺的好处。因此，未来应根据产业特征，选择城市、区域、企业等加大示范。

（三）推动行业整合，加强市场监管

一是加强统筹协调，优化区域布局。加强对各地新兴产业进展情况的梳理，厘清节能环保、新一代新兴技术、生物、新能源、新材料等领域的产业链条在全国分布情况，缺失环节最有可能在哪些区域出现突破，并予以政策支持。二是避免政府过度干预，鼓励企业兼并重组。在相对成熟的新兴产业领域，中央政府应加大对地方政府的监管，杜绝不计成本的支持与恶性竞争。同时要发挥企业重组市场的力量，建立市场分工与企业内部分工相互配合的高效机制，优化行业组织结构，提升新兴产业整体竞争力。三是加大市场监管，保护消费者权益。对于逐渐成熟的新兴产业，如消费电子等，应加大市场监管，杜绝因垄断而产生的霸王条约，保护消费者权益。对于因国外企业垄断而造成的消费者损失，应依照我国反垄断法，对其进行相应的惩罚和规制。

第二部分　产业篇

第四章　节能环保产业

从"新环保法"的出台、到全国土壤污染调查结果公布，到"APEC 蓝"的全民热议，节能环保已经成为 2014 年最受关注的热点话题之一。随之而来的是大量的政策、法规和标准的出台，以及各地方政府相关举措和行动方案的陆续公布，为节能环保产业的快速发展提供了强劲的内生动力，在各种利好条件下，节能环保产业得到前所未有的发展。

第一节　节能环保产业发展动态

一、整体情况

（一）节能环保产业已经成为全球最重要的投资热点之一

世界范围内节能环保产业发展环境良好，美国等发达国家对节能环保领域的重视程度与投资强度不断提高。2015 年，美国财政预算中，美国环保局将投资 78.9 亿美元用于环境和健康保护，比 2014 年增加了 4100 万美元。发展中国家随着经济实力的增强，对环境保护的要求也与日升温，节能环保市场增长明显。2013 年，亚洲市场占据全球总份额的 38%，美洲与欧洲分布占据 30% 和 28%，其中，中国、印度和巴西节能环保产业规模分别位居世界的第 2、4 和第 8 位。目前，发展中国家在城市污水、垃圾处置、环保技术服务等方面市场仍有较大空间，全球节能环保设备产业将逐步从发达国家向发展中国家转移的态势愈发明显，越来越多的节能环保设备制造厂、节能环保服务提供商将向发展中国家布局。

（二）节能环保产业已成为我国制造业发展的重要支撑

当前，国家对节能环保产业的重视达到前所未有的高度，推动我国节能环保行业总体规模逐步扩大，产业领域不断扩展，已经为我国国民经济不可或缺的新兴产业。从产业链的上游来看，节能环保装备涉及钢铁、有色金属、新材料、电子、纺织服装、生产性服务业等多个产业，它的快速发展将在一定程度上带动其他行业的提升。从当前产业链的下游分析，节能环保产业的研发水平、产品质量、产品价格、服务层次，都将影响下游产品的节能减排、绿色环保水平，直接关乎下游产品的市场竞争力。因此，在上下游共同驱动的作用下，节能环保产业的受关注程度将持续提高，行业地位有望进一步得到提升。

（三）服务化已成为节能环保产业发展重要方向

节能环保服务业得到快速发展，已经成为与节能环保装备同等重要的发展方向。《环境污染第三方治理指导意见》等政策的出台，进一步为我国节能环保领域的服务化发展提供了契机。在余热回收利用、电力系统优化、控制系统节能改造、锅炉节能改造、污水整理、环保综合整治等领域，已经形成一批专业化分工明细、专业处理能力较强的节能环保服务中介企业。也涌现出中节能、盛运集团等一批龙头企业，这些企业积极对节能环保产业的服务模式进行探索和尝试。不过，环保领域中，企业规模偏小、服务模式创新不足等方面影响，全方位的服务体系不完善，环保服务业在产业中所占的比重偏低等问题依然存在，工程承包服务、环保设计与研发、绿色运营服务等方面仍需要进一步提高。

二、存在问题

（一）环境监管与查处力度仍有较大提升空间

节能环保产业是典型的政策主导型行业，随着我国各项政策与标准的提高和执法力度的加强，各企业单位逐步加大投入，以满足各项规定的节能环保要求。近几年，我国出台和修订了一大批节能环保的法律法规体系，并出台了一系列鼓励产业发展的政策措施，在促进行业发展完善方面取得了一定的成效。不过，整体上我国法律法规体系仍不健全，相关标准滞后的问题依然突出，节能环境违法成本低、守法成本高的问题依然普遍。新《环保法》生效两个月左右的时间里，实施按日计罚案共15件，实施查封、扣押案共136件。可以看出，环境违约成本仍显过低，个案最高罚款数额为190万元，与企业得实际获益相距甚远。

（二）节能环保产业政策扶持力度与扶持方式仍显不足

在财政政策支持方面，虽然国家及地方近年来相继出台了一系列推动产业发展、完善产业环境的政策措施，但整体上，节能环保产业的长效激励机制还未建立，由于违法成本依然低于环境治理成本，部分排污企业仍然持观望态度。同时，产业发展扶持政策仍不完善。在金融支持方面，由于节能环保类企业多为中小企业，而目前节能环保企业融资模式较为单一，而金融机构对相关产业盈利水平、未来发展预期缺乏认识，对企业发展的金融支持力度明显不足，节能环保企业的融资环境并不乐观，资金渠道阻塞问题制约着企业的发展。虽然目前国家部委和各地政府都寄希望于 PPP 模式发展，但企业方面反应较为冷淡，仍持保守观望态度者居多。同时，国家在高端技术引进政策、鼓励机制方面也存在一些问题等，与产业发展难以适应。

（三）缺少具有国际影响力和行业话语权的大企业集团

据统计，我国目前拥有节能环保类企业几万家，也涌现出龙净环保、碧水源、中节能等一批具有行业影响力的龙头企业，带动和引领全行业的发展。但由于行业门槛相对较低，缺乏技术创新的中小型企业仍占据了节能环保产业的大多数，仍没有形成赛默飞之类具有国际影响力和竞争力的节能环保产业企业集团。造成我国的节能环保产业市场规模虽然逐步增大，但产业话语权仍旁落他国的问题依然突出。而中小型环保企业多数没有长远期的发展规划，企业规模整体偏小，企业产品的性能、结构方面的差别化程度不大，技术和产品的低层次重复问题突出。尤其在水处理领域，小工程、小项目仍是行业多数企业的重要内容，行业的无序竞争仍未得到有效解决，限制了行业技术水平的整体提升。

（四）核心技术与高层次产品与国外仍有差距

我国节能环保制造业缺乏核心技术的问题仍是产业竞争力提升的重要瓶颈。与国外龙头企业相比，我国节能环保企业一方面缺乏在高端、前沿技术的基础技术储备，另一方面，在研发投入，研发人才、配套科技条件等方面也存在不小的差距。从而形成了中低端技术和产品扎堆发展，低水平重复，而高技术含量和高附加值产品大多依赖进口，可参与国际市场竞争的企业和品牌少之又少，产品水平和品牌亟待提升。以水污染控制技术为例，水污染控制的核心专利主要集中在美国、韩国等国家，其中，美国占据三分之一以上。中国学者虽然在该领域发表了多篇理论与技术论文，但掌握的核心专利数量与各国差距依然明显[1]。

三、政策动态

国家相关部委陆续出台并修订了一批节能环保相关的法规和标准，节能环保产业的政策法规体系进一步完善。其中，影响最广的是 2014 年 4 月 24 日十二届全国人大常委会第八次会议通过了修订后的《环境保护法》（简称"新环保法"），该法将于 2015 年 1 月 1 日起正式实施。新环保法增加了按日计罚、查封扣押、行政拘留等条款，处罚力度空前，被认为是中国环境立法史上的重要里程碑。而《国务院关于创新重点领域投融资机制社会投资的指导意见》、《国务院关于加强地方政府性债务管理的意见》、《关于加强地方政府融资平台公司管理有关问题的通知》、《政府和社会资本合作模式操作指南》、《关于同意开展环保服务业试点的通知》和《关于开展政府和社会资本合作的指导意见》等政策的出台，对于充分发挥民间资本的积极作用、开展第三方治理服务、促进节能环保企业金融能力等方面，起到积极的促进作用。2014 年发布的相关政策法规具体见下表。

表 4-1　2014 年中国节能环保领域相关政策

序号	文件名称	发布单位
1	《石化和化学工业节能减排指导意见》	工信部
2	《燃煤发电机组环保电价及环保设施运行监管办法》	国家发改委
3	《中华人民共和国环境保护法》	国务院
4	《能源行业加强大气污染防治工作方案的通知》	国家发改委等
5	《印发2014—2015年节能减排低碳发展行动方案》	国务院
6	《关于促进生产过程协同资源化处理城市及产业废弃物工作的意见》	国家发改委等
7	《锅炉大气污染物排放标准》、《生活垃圾焚烧污染控制标准》《锡、锑、汞工业污染物排放标准》和《非道路移动机械用柴油机排气污染物排放限值及测量方法(中国第三、四阶段)》等四项污染物排放新标准	环境保护部
8	《危险废物处置工程技术导则》	环境保护部
9	《关于加强废烟气脱硝催化剂监管工作的通知》	环境保护部
10	《关于进一步疏导环保电价矛盾的通知》	国家发改委

[1]　《2014年曲久辉院士对中国环境技术评价与预测》，《中宜环保产业研究》2014年10月26日。

（续表）

序号	文件名称	发布单位
11	《关于进一步推进排污权有偿使用和交易试点工作的指导意见》	国务院
12	《重大环保技术装备与产品产业化工程实施方案》	国家发改委等
13	《国家鼓励发展的重大环保技术装备目录(2014年版)》	工信部
14	《燃煤锅炉节能环保综合提升工程实施方案》	国家发改委等
15	《碳排放权交易管理暂行办法》	国家发改委

数据来源：赛迪智库整理，2015 年 3 月。

第二节　节能环保产业重点领域分析

一、大气污染治理领域

（一）发展概况

一是政策体系进一步完善。2014 年 5 月，国务院印发了《大气污染防治行动计划实施情况考核办法（试行）》，被称为我国最严格大气环境管理办法，并由环保部等六部委对具体的实施细则进行了补充和细化。同时，新的《大气污染防治法修订草案》也在积极推进过程中。国家对大气污染的治理力度加大，相关政策、法规、意见的密集出台，为大气治理领域各企业带来前所未有的发展机遇。同时，国家与各地投入力度明显加强。例如，北京市计划 5 年内统筹落实资金 478 亿元，用于燃煤污染防治等大气污染的防治工作。

二是火电厂脱硝、脱硫和除尘领域仍是大气污染治理的市场热点。尤其是 2014 年新版大气污染物排放标准开始执行，无论从控制指标的数量上还是严格程度等方面都明显增强，例如，国家对火电粉尘的排放标准从 $50mg/lm^3$ 改为 $30mg/lm^3$。据估计，全国仅有五分之一的火电机组能达到该标准，火电厂除尘的标准转变促进了大气治理市场的快速发展。

三是大气环境监测产业规模大幅度提升。在国家对大气污染治理的严格要求及《空气质量新标准第二阶段监测实施方案》、《2014—2015 年节能减排低碳发展行动方案》和《燃煤锅炉节能环保综合提升工程实施方案》等各类政策带动下，全国各地加强了对 PM2.5 等大气污染情况的监测与发布，直接促进了环境监测仪器设备市场的发展。同时，安徽、福建等省已逐步开展了大气监控网络建设，将进一步促进大气环境监测产业市场的发展。

（二）技术进展

我国大气污染治理技术与产品较为成熟，在电力、冶金等多个领域，部分产品与技术实现了替代进口，在国际市场也占有一席之地。在除尘技术方面，带式和电除尘技术均达到较高水平，耐高温、耐腐蚀滤料和特种纤维的开发应用也有了较大突破。在脱硫脱硝技术领域，我国已经研发并应用了石灰石/石灰—石膏法、氨法等多种具有自主知识产权的烟气脱硫工艺技术，选择性催化还原脱硝技术已经得到广泛应用。在机动车尾气净化方面，汽油机尾气净化技术已经得到广泛应用。不过，关键零部件、配套产品整体性能与日本等国相比仍有较大差距。而且，在有机废气、恶臭、重金属、二㗎恶英和其他持久性有机物治理等方面，我国起步较晚，现阶段治理水平较低，与国外有一定差距[1]。

二、再生资源领域

（一）发展概况

一是政策环境等利好因素不断。在发展环境方面，《2014—2015年节能减排科技专项行动方案》、《2014—2015年节能减排低碳发展行动方案》、《报废汽车破碎技术规范(征求意见稿)》等政策陆续出台，为产业发展方向与规范提出了指引。其中，商务部、发展改革委、国土资源部、住房城乡建设部和供销合作总社制定了《再生资源回收体系建设中长期规划（2015—2020年）》，提出到2020年，再生资源回收总量达到2.2亿吨左右。

二是市场规模进一步扩大。在各种利好政策的促进下，截至2013年年底，全社会再生资源回收企业10多万家，从业人员超过1800万。2014年，废钢铁、废塑料、废有色金属、废纸、废轮胎、报废汽车、废弃电器电子产品、报废船舶8大品种回收量超过1.6亿吨，回收总值接近4800亿元；废钢铁、废有色金属、废弃电器电子产品的回收率超过70%。

三是汽车铝板成为新的增长点。由于国内外经济增长减速降低了对铝的需求，市场规模下降趋势明显。据统计，2014年我国原铝产量2438万吨，同比增加7.7%，

---

[1] 中国工程科技发展战略研究院：《2015中国战略性新兴产业发展报告》。

比 2013 年增幅回落 2 个百分点 [1]。在各细分市场中，由于再生铝厂与下游汽车零件制造上的铝液直供模式得到快速发展，汽车铝板已经成为铝合金消费新的增长点，未来对再生铝产业的持续创新拓宽再生铝产品种类与再生铝品质，将是再生铝行业今后发展方向。

（二）技术进展

传统的回收、分拣、加工处理工艺得到改造升级，聚酯塑料瓶片熟料生产技术，废印制电路板环保处理及资源回收设备，均达到国际先进水平。信息化、智能化设备与回收平台、回收网络建设情况良好，资源回收的成本与二次污染情况有所缓解。不过，产业网络体系尚不健全、行业规模化和组织化程度较低、分拣技术水平低、经营规范化程度低、部分品种回收率低等问题仍未完全解决。

第三节　节能环保产业布局及重点企业

一、空间布局

环保产业方面,长三角是我国节能环保产业发展最为集中的地区,无锡、盐城、苏州、常州、镇江、上海、南京等城市节能环保产业发展各具特色，并且形成了中国宜兴环保科技工业园、苏州国家环保高新技术产业园、盐城环保产业园和常州国家环保产业园等重要集聚发展载体。以宜兴市为例，该市共聚集 1400 多家环保企业，并涌现出一环、鹏鹞、远兴等一批国内龙头骨干企业，2014 年环保装备产品制造企业共实现产值 456 亿元。除此以外，山东、北京、广东等省市的环保产业发展也较为突出，产业规模、龙头企业、技术层次等方面也形成了各自优势，引领周边地区产业发展。

表 4-2　我国部分环保园区情况介绍

序号	园区名称	简介
1	苏州国家环保高新技术产业园	首家国家级环保高新技术产业园，也是国内第一家采取企业化运作的特色产业园区。
2	中国宜兴环保科技工业园	园区规划面积102平方公里，为国家科技部和国家环保部"共同管理和支持"的单位。

[1]　《中国再生铝产业2014运行情况及2015展望》，中国有色网。

（续表）

序号	园区名称	简介
3	盐城环保产业园	中国环保装备企业前五强都已经聚集在此，是中国沿海唯一的国家级环保装备产业园。
4	常州国家环保产业园	规划面积10平方公里，目前已有三立环保、维尔利环境工程、高科环保等多家国内外企业入驻。
5	济南国家环保科技产业园	2003年被批准为国家级环保科技产业园，是开发环保、治水、冶气、节能等高新技术产品的研发和产业化基地。
6	南海国家生态工业示范园区	是我国第一个以循环经济和生态工业理念为指导的国家级生态工业园，园区总面积35平方公里。

数据来源：环境保护部。

节能产业方面，广东与北京是节能产业发展的重要支撑点，目前，我国环保产业已经形成围绕广东和北京为核心的集聚发展态势。据统计，我国节能百强企业主要聚集在广东、北京两地。其中，广东省百强企业为32家，北京拥有百强企业24家，两地的企业数量达到总数量的56%。而且，深圳市是广东省的节能企业最为集中的城市，节能产业发展水平明显远远高于其他地区，2013年，深圳全市从事节能环保产业相关企业超过2000家，拥有铁汉生态、达实智能、世纪天源等节能服务骨干企业，节能产业产值约500亿元[1]，并承担了"2014年国际节能设备与技术博览会"等。

二、重点企业

（一）节能类企业

2014年9月，中国工业节能与清洁生产协会发布了《2014年度节能服务公司百强榜单企业名录》，具体名单见表4-3。据统计，节能服务百强企业项目投资总额为202.5亿元，共实现2.4万人就业。其中，2014年百强企业实现节能量占节能服务产业相应总量的三分之一以上，各企业年平均节能量为8.93万吨，远高于我国节能服务公司的平均节能水平（平均为0.53万吨）。百强企业中，节能量最高企业为中节能工业节能有限公司，2014年实现节能量为69.19万吨，占百强企业节能量的7.5%。

---

[1]　《深圳节能环保产业振兴发展规划（2014—2020年）》。

表4-3 2014年度节能服务公司百强榜单（节选）

名次	企业名称	节能量(吨标准煤)
1	中节能工业节能有限公司	691861
2	南方电网综合能源有限公司	546150
3	北京仟亿达科技有限公司	514052
4	施耐德电气(中国)有限公司	511199
5	广州智光节能有限公司	420244
6	双良节能系统股份有限公司	407845
7	北京源深节能技术有限责任公司	368212
8	浙江科维节能技术股份有限公司	322400
9	深圳市英威腾能源管理有限公司	306339
10	盾安(天津)节能系统有限公司	252330
11	北京思能达节能电气股份有限公司	230000
12	东方绿源节能环保工程有限公司	215745
13	上海优华系统集成技术有限公司	208114
14	江西华电电力有限责任公司	207740
15	北京志能祥赢节能环保科技有限公司	197828
16	青岛楚天节能技术有限公司	196884
17	上海宝钢节能环保技术有限公司	175841
18	邯郸派瑞节能控制技术有限公司	162762
19	四川点石能源投资有限公司	154406
20	宁夏耀诚文节能科技有限公司	131723
21	北京动力源科技股份有限公司	124369
22	安徽节源节能科技有限公司	116283
23	大唐时代节能科技有限公司	112938
24	北京神华中机能源环保科技有限公司	109642
25	北京格林吉能源科技有限公司	90410

（续表）

名次	企业名称	节能量(吨标准煤)
26	碧海舟(北京)石油化工设备有限公司	89150
27	深圳万城节能股份有限公司	85779
28	西门子工厂自动化工程有限公司	85699
29	山东海利丰地源热泵有限责任公司	85641
30	北京和隆优化科技股份有限公司	85028

数据来源：中国节能产业网，2014年9月。

（二）资源再生类企业

资源稀缺压力逐步增大催生了我国资源再生企业的快速成长，桑德环境、东江环保、格林美、天奇股份等多家上市公司纷纷加速布局再生资源行业废旧电器电子、废旧汽车等拆解等领域成为主要的投资方向。2014年6月，中国再生资源回收利用协会公布了《2013中国再生资源百强排行榜》，具体如表4-4所示。据统计，百强企业的经营规模总量达到1585亿元，同比增长16%，经营额占全行业的3.3%。经营量占3%。其中，宁波金田铜业（集团）股份有限公司位居百强企业榜首，2014年经营规模达到407亿元。

表4-4　2013年中国再生资源百强企业排行榜

序号	单　位	经营额（亿元）
1	宁波金田铜业（集团）股份有限公司	407.4
2	清远华清再生资源投资开发有限公司	195.9
3	山东金升有色集团有限公司	161.6
4	永康市物华回收有限公司	81.3
5	重庆中钢投资（集团）有限公司	49.0
6	中再资源再生开发有限公司	44.0
7	哈尔滨亚泰矿产再生资源有限公司	41.4
8	深圳市格林美高新技术股份有限公司	40.8

（续表）

序号	单　位	经营额（亿元）
9	宝钢资源有限公司（金属再生资源业务）	35.0
10	湖北金洋冶金股份有限公司	32.0
11	浙江省再生资源集团有限公司	27.9
12	石家庄市物资回收有限责任公司	25.9
13	广东新供销天保再生资源发展有限公司	23.9
14	江苏省纸联再生资源有限公司	22.8
15	浙江巨东股份有限公司	18.7
16	昆明供销再生物资开发有限公司	17.9
17	南京供销再生资源科技有限公司	17.1
18	重庆市再生资源(集团）有限公司	16.2
19	上海再生资源科技发展有限公司	16.0
20	宝鸡市供销物资回收（集团）有限公司	10.2
21	青岛新天地投资有限公司	10.1
22	安徽福茂再生资源循环科技有限公司	9.7
23	山东中再生投资开发有限公司	8.6
24	北京博坤再生资源开发有限公司	8.4
25	山东永平再生资源有限公司	8.3
26	西安市物资回收利用总公司	7.7
27	新疆金业报废汽车回收（拆解）有限公司	7.7
28	辽宁胜达化纤有限公司	7.5
29	南京宏伟资源综合利用有限公司	7.5
30	天津钢管徐水钢铁炉料有限责任公司	7.5

数据来源：再生资源信息网，2014年6月。

第五章 新一代信息技术产业

新一代信息技术产业是全球创新最活跃、拉动性最强、应用性最广的战略性新兴产业，是引领人类社会全面迈向信息时代的导航器。当前，信息技术产业加速融合发展，新一代信息技术产业突飞猛进，加快向融合、开放、创新方向发展，成为新时期推动经济社会又好又快发展的强大动力。

第一节 新一代信息技术产业发展动态

一、整体概况

（一）智能化产品成为产业发展的新增长点

经过智能手机的引领示范作用，智能终端产品成为众多企业竞相投资的对象。可穿戴设备领域方面，随着智能手机市场的饱和，智能手机制造商加紧向可穿戴设备领域转型，小米公司、联想纷纷跨界投资可穿戴设备领域产品，小米公司、海尔等硬件厂商也与阿里巴巴等信息技术服务公司合作推出跨界智能产品。在行业应用类产品方面，智能汽车成为智能产品新增长点，智能汽车涉及芯片、电子元器件、组件、软件、互联网服务等电子信息领域，其集中体现了技术、产品、业务和商业模式的融合创新。国际 IT 大企业已经积极投资智能汽车领域，如谷歌、苹果、微软将智能终端操作系统向汽车领域应用，IBM 依托大数据、云计算等方面优势开发一体化车联网解决方案，而国内的小米、中科博太等企业，也开始积极向智能汽车领域跨界融合，它们发挥智能操作系统生态链优势，或通过掌控智能移动芯片等核心关键技术，实现新一代信息技术与汽车的融合创新。

（二）新型业态领域呈现软硬件企业竞合发展态势

新产品、新业态涉及的产业链环节较多，产业链某几个单独环节企业，即使是龙头领军企业也很难独立推进其发展，因此，产业链上下游往往在龙头企业引领下，开展多种形式的竞争与合作，占领新兴市场或完善自身业务体系，降低市场竞争风险，整体推进新型业态发展。企业收购方面，新一代信息技术企业跨界收购呈现爆发式发展，中软与华为、浪潮与金蝶强强联手推动融合创新业务，加强在云计算服务、大数据和智慧城市等领域的共同发展；在信息安全监管趋严的环境下，国际巨头如IBM、思科也积极寻求与我国企业联手从而实现中国区业务拓展。企业战略合作方面，世纪互联与富士康开展战略合作，双方投资成立公司SMART TIME，双方发挥各自优势，合力建设世纪互联电信第三方数据中心，实现软硬件融合发展。为推动云计算服务与大数据技术在物联网领域应用及智慧生活，阿里巴巴与飞利浦签署基础设施服务框架协议，推出基于互联网的智能产品——飞利浦智控空气净化器。思科与TCL共同投资8000万美元成立公司，合力建设公有云服务平台，开展下一代视频通信、云计算和交互技术等领域的深入合作。

（三）新兴软件与信息技术服务发展持续向好

2014年，信息技术咨询、数据存储处理类服务分别实现收入3841亿元和6834亿元，同比增长22.5%和22.1%，增速高出软件与信息服务全行业平均水平2.3和1.9个百分点；占全行业比重分别达10.3%和18.4%，比重同比提高0.2个和0.3个百分点。在新兴软件与信息技术服务中，工业软件发展迎来新的历史机遇，2014年工信部联合国家发改委、财政部、工程院、质检总局等相关部门加快编制《中国制造2025》，积极组织实施智能制造推进专项工程。为抓住工业软件发展的大好形势，国内外工业软件企业纷纷加快投资布局，金蝶、用友等管理软件企业加速云转型，并通过本土化的跨界结盟寻求差异化竞争优势，德国管理软件巨头SAP大幅度加快云服务在中国工业领域的落地。

（四）新技术不断向生产生活领域深入渗透

新一代信息技术已经成为引领生产生活各领域提高效率不可或缺的重要驱动力量和支撑保障，成为加快实施创新驱动发展战略、建设创新型国家的关键所在，在深层次上改变了能源、交通、电信、医疗、金融等基础领域的面貌。智慧城市领域，新一代信息技术在城市的创新应用推进了我国城市化进程。经过 2013 年的全国大范围试点示范，2014 年智慧城市建设进入了推广阶段，相关 IT 企业与地方政府签署框架协议，合作领域主要围绕电子政务、智能交通、智慧医疗等方面，并逐步开始实质性落地。互联网金融领域，在资本推动和我国金融需求逐步释放的趋势下，市场高速发展，2014 年延续了 2013 年的趋势，在投资理财和信贷领域均有突破进展，阿里巴巴、腾讯和联想等企业相继投资互联网金融领域。

二、存在问题

（一）核心基础领域技术创新有待进一步突破

国内新一代信息技术产业的制造和服务环节受制于工业领域"四基"（基础材料、基础零部件、基础工艺和产业技术基础）和基础软件薄弱的影响，自主创新能力亟待提升。

集成电路领域，台积电 28 纳米工艺业务的收入比例已经超过 40%，而高通公司将与台积电联手采用 20 纳米先进生产工艺量产首款八核移动处理器芯片。但是国内预计要到 2015 年 28 纳米工艺才能正式投产，国内水平与先进制造业工艺差距有逐渐拉大的可能。

操作系统领域，2014 年，在中科红旗易主、Windows XP 停止服务等的影响下，国产操作系统的发展得到了各界的密切关注，但国产操作系统的推广仍面临较大挑战，一是核心技术水平不高，研发能力有限，产品的综合性能与微软、苹果等国外品牌仍有较大差距；二是国外产品已拥有了绝大多数的市场保有量，国内用户的使用习惯很难短期改变，国内企业生存空间受限；三是产业生态环境仍不完善，国产操作系统缺乏足够的使用支持，产业力量和资源配套还较为分散，无法形成产业上下游发展合力。

核心开源软件方面，2014 年，微软、Facebook 等全球各大 IT 领域开源软件巨头均加大了投入，尽管国内华为、腾讯等部分企业也积极为开源项目提供赞助，推动完善我国的开源社区，但我国软件企业整体在国际核心开源项目中参与热情仍然不高，导致我国企业无法及时跟踪开源项目的进展，也无法在开源项目中获得有效的影响力。

（二）新产品和新服务规模尚小难以主导产业增长

传统优势行业发展增速放缓，新的增长点已经形成但规模尚小。从细分领域看，我国通信设备行业一直是新一代信息技术产业制造行业增长的主要力量，长期以来保持 20% 以上的快速增长，这主要是由于智能手机市场需求的膨胀。但在产能规模不断扩大情况下，智能手机市场普及率快速上升，市场逐渐饱和，市场增速逐渐下滑，导致通信设备行业增长也逐渐放慢。而微型计算机、笔记本电脑等传统电子产品的增速下降更加明显，都已经降到了 5% 以下。

从重点领域看，虽然 4G 牌照发放推动了移动基站建设投资，但要拉动通信设备全行业大幅度增长仍需时间；《国家集成电路发展推进纲要》印发后，集成电路产业仍然具有出口负增长的挑战，产业的健康发展仍需要基金配套细则，后续成效有待进一步观察。更为严峻的情况是，新的增长点尚未形成市场应用规模。随着国家云计算发展指导意见以及国家、地方智慧城市建设意见出台，云计算、大数据、可穿戴设备、智能家居等领域也已成为热点，然而这些领域当前市场规模仍较小，难以抵消优势行业增速下滑对行业整体增速下滑的影响。

（三）信息安全形势依然严峻

信息安全是国家安全的重要组成部分，是保障整个信息系统正常运转的核心和关键。但我国仍然有信息系统的安全漏洞，而且，目前正快速发展的云计算大数据、移动互联网等领域信息系统尚不完善，安全问题更为严峻。

在云计算方面，目前云安全发展相对滞后于云计算服务业务的开展，云计算的虚拟化环境下，数据位置没有明确定义、数据隔离模糊给安全防护造成较大难度，单向的、被动的传统安全解决方案无法解决云计算异构、动态、虚拟的环境下的安全问题。新的安全风险不断涌现，云平台可以运行各种的应用，也将带来不同类型的安全威胁，2014 年微软、亚马逊等国外云服务项目相继落地中国，这将同样加剧信息安全隐患。如何不断完善相关法律法规，使之适应云计算模式，成为新时期必须解决的重要问题。

在大数据方面，海量数据的集聚提高了数据泄露的危险，为安全攻击提供了更多机会，旧的信息安全基础设施难以有效保障，金融、医疗等重点领域数据的生成、传播和使用过程中的安全，相关的安全问题日益紧迫严峻。我国在大数据等新兴业态安全方面仍缺少有效法律法规和制度规范，相关的条例、法规、章程、意见不够完善、约束力不够。

（四）新兴业态商业模式仍需进一步探索

当前，数据中心等基础设施加快建设，云计算、大数据等新兴技术快速发展，但相应的能够切实落地的服务发展缓慢，新模式缺乏业务支撑。

新兴领域仍在探索有效的商用模式。云服务企业面向个人用户业务以免费为主，企业需要投入大量资金吸引用户，而可以收费的企业级潜在客户尚未适应用租赁模式构建自己的业务环境。当前新兴信息技术服务企业迫切需要服务模式创新，提供有效增值服务，将客户消费级转化为企业级领域，实现盈利。大数据领域商业模式仍然缺失，我国大数据应用仍缺乏落地，数据资源、价值提炼等应用模式还未明确，大数据技术与各行业知识积累的融合处于探索期，阻碍了大数据服务的落地。

新兴领域企业的能力难以满足市场要求。目前我国云服务企业在可靠性、流程优化、界面友好、协议规范性等方面均需进一步加强。大数据企业对数据挖掘技术的掌握和应用尚不成熟，总体上看模仿国外企业，难以满足业务大规模应用。同时支撑云计算、大数据的技术能力、集成方案能力和知识积累相对欠缺。

三、政策动态

2014—2015 年，国家相继出台诸多利好政策，大力推进新一代信息技术产业发展（具体信息见表 5-1）。例如，国务院出台了国家集成电路产业发展推进纲要，明确了集成电路产业的发展思路，《纲要》强调，"推进集成电路产业发展，要坚持需求牵引、创新驱动、软硬结合、重点突破、开放发展的原则，使市场在资源配置中起决定性作用，更好发挥政府作用，突出企业主体地位，以需求为导向，以技术创新、模式创新和体制机制创新为动力，破解产业发展瓶颈，推动产业重点突破和整体提升"。又如，国务院发布了《关于促进云计算创新发展培育信息产业新业态的意见》，第一次以国务院的名义提出了部署加快发展云计算，《意见》提出"打造信息产业新业态，推动传统产业升级和新兴产业成长，培育形成新的增长点，促进国民经济提质增效升级"。提出到 2020 年，云计算成为我国信息化重要形态和建设网络强国的重要支撑。

表5-1　2014年国家出台的促进新一代信息技术产业发展的政策

时间	政策文件	发布机关	主要目标
2月	关于加快我国彩电行业品牌建设的指导意见（工信部电子〔2014〕69号）	工信部	到2015年，行业主要企业90%以上制定实施明确的品牌战略和目标。自主品牌国内市场优势地位进一步巩固，国际市场占有率持续扩大，自主品牌产品出口不低于出口总量的40%。品牌集中度进一步提高，培育形成3至5个拥有较强创新能力和国际影响力的自主品牌。
2月	关于加快我国手机行业品牌建设的指导意见（工信部电子〔2014〕82号）	工信部	手机企业品牌意识、产品定义和设计能力、技术和商业模式创新能力、产业链整合能力、市场营销能力显著增强，逐步形成品牌影响力和盈利能力达到全球领先水平的手机企业。
6月	国家集成电路产业发展推进纲要	国务院	——到2015年，集成电路产业销售收入超过3500亿元。32/28纳米（nm）制造工艺实现规模量产，中高端封装测试销售收入占封装测试业总收入比例达到30%以上，65—45nm关键设备和12英寸硅片等关键材料在生产线上得到应用。 ——到2020年，全行业销售收入年均增速超过20%。16/14nm制造工艺实现规模量产。 ——到2030年，集成电路产业链主要环节达到国际先进水平，一批企业进入国际第一梯队。
7月	关于加快发展生产性服务业促进产业结构调整升级的指导意见（国发〔2014〕26号）	国务院	发展涉及网络新应用的信息技术服务，积极运用云计算、物联网等信息技术，推动制造业的智能化、柔性化和服务化，促进定制生产等模式创新发展。深化电子商务服务集成创新。加快并规范集交易、电子认证、在线支付、物流、信用评估等服务于一体的第三方电子商务综合服务平台发展。推动移动电子商务应用向工业生产经营和生产性服务业领域延伸。
10月	2014—2016年新型显示产业创新发展行动计划（发改高技〔2014〕2299号）	发改委、工信部	到2016年，按面积计算出货量达到世界第二，全球市场占有率超过20%，产业总体规模超过3000亿元。导入量产后年产能分别达到500万平方米、40万平方米。力争有2家骨干面板企业销售收入超过300亿元、生产规模和市场竞争力进入全球前6位。
2015年1月	关于促进云计算创新发展培育信息产业新业态的意见（国发〔2015〕5号）	国务院	——到2017年，云计算在重点领域的应用得到深化，政府自建数据中心数量减少5%以上。新建大型云计算数据中心能源利用效率（PUE）值优于1.5。 ——到2020年，云计算应用基本普及，云计算服务能力达到国际先进水平，掌握云计算关键技术，形成若干具有较强国际竞争力的云计算骨干企业。

数据来源：赛迪智库根据相关文件整理，2015年3月。

第二节 新一代信息技术产业重点领域分析

一、集成电路

（一）发展概况

1. 产业规模增长迅速

在世界集成电路产业保持增长大背景下，我国集成电路产业较快增长。2014年1—3季度，全行业规模达到2125.9亿元，同比增长17.2%，高于世界7.2个百分点。其中，集成电路设计业快速增长，规模达到746.5亿元，同比增长30%；集成电路制造业产值达到486.1亿元，同比增速为7.9%；集成电路封装测试业产值达到893.3亿元，同比增速为13.2%。集成电路设计业占全行业比重为35.1%，比2013年提高了3.4个百分点，集成电路设计业的快速增长为下游集成电路制造和封装测试环节带来更多需求，有效降低这两个行业的对外依存度，我国集成电路行业结构逐步得到优化。

2. 企业频繁跨国合作，启动海外收购

我国拥有世界最大、增长速度最快的集成电路市场，市场规模占50%左右全球市场份额。越来越多的大型国际企业寻求与我国企业合作。2014年7月，美国高通公司宣布将部分芯片代工业务委托给我国的中芯国际，高通公司同中芯国际将在28纳米技术应用于领域开展合作，此举有可能成为部分国内企业的发展动力。2014年9月，美国公司英特尔向我紫光公司注资90亿元，联合开发基于Intel架构的移动终端解决方案。在加深与国外大企业合作的同时，国内的领军企业也逐步开启了全球并购的步伐。

3. "纲要"细则逐步落实，发展环境日益完善

为确保国家信息安全，提高经济发展核心竞争力，2014年6月，国务院发布了《国家集成电路产业发展推进纲要》，其内容与此前国务院发布的《鼓励软件产业和集成电路产业发展的若干政策》（国发〔2000〕18号）和《进一步鼓励软件产业与集成电路产业发展的若干政策》（国发〔2011〕4号）一脉相承，同时增加了三个特点：一是成立专门领导组织。二是设立投资基金。三是将加大集成电路产业的金融支持提升到国家战略的高度。9月，投资基金设立，该基金将以股权投资等形式，重点向集成电路制造业提供资金支持，兼顾设计、封装测试、设备和材料等行业，推动企业扩大产能和兼并重组，为我国集成电路产业突破资金瓶颈提供保障。

4.集成电路基金可能造成产业分散布局风险

随着《国家集成电路产业发展推进纲要》的出台实施，规模超千亿元的国家集成电路发展基金管理公司成立。配合基金运作，北京、天津、山东、安徽、四川、甘肃等地相继出台地方集成电路支持政策。针对当前基金管理模式，可能会出现以下问题：一是国家、地方集成电路基金同时对大企业的支持，不利于中小企业和创新创业型科技企业的发展；二是集成电路行业的特点是高风险、高投资、长周期要求基金关注长期收益，存在短期收益性低等问题；三是集成电路行业要求布局相对集中，这与多个地方政府投资高涨之间有一定矛盾；四是产业扶持与市场应用存在脱节风险，集成电路产业内部链条紧密相连，其设计与市场应用需求相互链接，基金应该进一步强化"制造为基础、设计为龙头、设备和材料为支撑"的思路，统筹拉动设计、制造、封装测试全行业发展。

（二）技术进展

集成电路设计业领域，先进设计技术水平提升至16纳米，2014年9月海思半导体与台积电合作推出首款16纳米通信芯片。集成电路制造领域，2014年1月，中芯国际宣布推出28纳米多晶硅和28纳米高k介质金属栅极的晶圆代工服务解决方案，工艺水平正式进入28纳米时代。集成电路材料和设备领域，部分关键设备和材料实现突破，部分被国内外生产线采用，离子注入机、溅射靶材等进入8、12英寸生产线。

二、平板显示

（一）发展概况

1.产业规模继续扩大，自给能力稳步提升

在已经建成的高世代生产线基础上，南京CEC、苏州三星、合肥鑫晟、广州LGD等4条8.5代线建成量产，大幅提高了国内高世代面板的产能水平，使得我国面板在全球市场占有率提高，进一步进口替代，将国产面板自给率提高至

70%左右。进出口方面，2014年1—3季度，面板进出口均出现下滑，逆差下降至88.8亿美元，同比下降14.4%。从企业发展看，天马公司在中小尺寸领域产值达到全球第四；在华星光电的面板供应支持下，TCL彩电销售量达到全球前三，其中32英寸销售量位居全球第一；京东方通过调整北京8.5代线产品品种，在平板电脑面板销售量方面全球第一。

平板显示产业具有投资量大、产业链条长、带动作用强等特点，我国是全球最大的电子显示终端产品生产和消费国。随着近年来技术水平的提高，平板显示产业已经成为很多地方政府投资的焦点，2015年，国内将有近10条生产线开工建设，特别是中西部地区大力投资推动。除了北京、江苏、安徽、广东等平板显示产业发达地区外，四川、湖北、内蒙古、福建等具备一定产业基础的省份和重庆、陕西、河南等地都投资于该领域，力争将平板显示产业发展为地区新的经济增长点。

2. 产业链配套体系不断完善

我国平板显示产业上游的材料和设备在不断竞争中具备了一定优势，如价格、产能、市场等优势。在国内面板大企业的带动下，产业链配套集聚效应逐步显现，京东方在导光板、玻璃基板、彩色滤光片、光刻胶、背光源等领域实现了本土配套，华星光电与本土企业合作开展技术攻关，支持国内自主配套。目前，我国部分5代线重点材料自主配套率达到70%，其中玻璃基板达70%，偏光片达到100%，液晶材料达到60%。2014年1—3季度国内大企业采购国产材料、装备的总额已经超过160亿元。

3. 政策环境不断完善

《2014—2016年新型显示产业创新发展行动计划》的发布指引了未来几年的产业发展方向。2014年，国家重大科技专项、战略性新兴产业专项资金、电子信息产业振兴和技术改造专项资金、工业强基资金等专项资金将集中支持国内大企业开展技术研发、重大项目工程建设以及企业并购，通过落实企业研发费用加计扣除政策、修订新型显示器件生产企业进口物资及重大装备税收优惠政策目录，优惠的税收政策，从普惠支持向集中支持转变，同时完善金融服务体系，加强财政政策和金融政策的协调配合。

（二）技术进展

新型显示技术在继 3D、4K 之后，逐渐向扩大色彩表现范围方向演进。将量子点的光学材料应用于背光与液晶面板之间，已使得显示色域水平不断提高。而夏普与高通公司合作开发的微机电快门显示器也达到同样的水平。我国大企业在技术研发方面，京东方、华星光电、天马微电子、南京熊猫等大企业在窄边框、高饱和度、宽视角、高分辨率、低功耗等新技术上不断加大投入。

三、互联网

（一）发展概况

1. 产业互联网化趋势进一步明显

2014 年，政府层面积极设立机构推进产业互联网步伐，8 月工信部信息中心和中国互联网协会牵头成立中国互联网协会互联网工业应用委员会，该委员会将面向原材料、消费品等重点工业领域开展评估，应用物联网、大数据等重点技术，开展互联网技术示范推广。9 月，教育部联合百度推出中国最大的中小学移动学习交流平台，该平台将充分利用互联网技术实现资源共享，促进教育的地区均衡发展。同时，IT 厂商纷纷加大投资力度尝试用互联网改造业务，以便在市场竞争中占据有利地位。我国将由消费互联网向消费互联网和产业互联网并举发展的模式演变。

2. 众包、众筹等新业态大量涌现

2014 年众包、众筹等新型生产模式快速发展，对传统业态造成深远影响，将有可能改变整个行业生态。众包模式将降低生产成本，快速提升创新能力，满足大量分散的客户需求。而互联网金融众筹模式则是"人人成为投资者"新模式，投资门槛大幅度低于传统投资门槛，在互联网聚集效应下，优质创业者可在短时间获得大量小额投资，极大地满足创业资金需求。众包、众筹等模式将持续改变传统业态环境。

3. 互联网对社区 O2O 服务资源整合力度不断加大

2014 年以来，互联网企业、物流企业和社区物业都在大力向社区 O2O 进军。3 月，京东与陕西唐久开展 O2O 合作，京东又联合快客、良友等品牌拓展线下11000 多个店面，店面遍布上海、北京、广州等 15 余座大型城市。5 月，顺丰公

司推出了 518 嘿客便利店,目标客户为中端住宅区和办公楼区,该业务整合了"线上选购商品、线下体验、快件、试衣试鞋"等便利服务,除可以提供传统电商业务外,还具备 ATM、物流、团购、试用、洗涤、维修等多项业务,该业务相当于一个社区便民生活平台。

4. 互联网金融政策上取得一定突破

2014 年,互联网企业推出的理财产品快速发展,截至 9 月底,余额宝资金规模已经是 5349 亿元。腾讯的"理财通"资金规模已经接近 1000 亿。P2P 发展势头正劲,截至 2014 年 6 月,半年成交金额接近 1000 亿元。9 月 29 日,银监会批复原则同意了由阿里发起的浙江网商银行,这标志着互联网金融发展逐渐获得中央政府认可和支持。

(二)技术进展

由于互联网规模的扩大和新功能的引入,IPv4 的地址空间已接近衰竭,远远不能满足下一代互联网飞速增长的需要。下一代互联网采用新的 IP 协议(IPv6)可以提供巨大的地址空间,这样可以避免复杂的网络地址转换。我国 IPv6 推进措施,一是协调电信运营商、域名托管服务商、顶级域名运营机构逐步支持 IPv6 访问与解析;二是开展应用试点,推进下一代互联网在教育、铁路、环保和社会管理等重点领域应用,有序开展商用试点,政府部门、各级学校、企事业单位逐步实现 IPv4 向 IPv6 的过渡。

第三节　新一代信息技术产业布局及重点企业

一、空间布局

我国已形成珠江三角洲、长江三角洲、环渤海湾地区、部分中西部地区四大电子信息产业带。长江三角洲、珠江三角洲和环渤海三大区域在劳动力、销售收入、工业增加值和利润占全行业比重均超过 80%。这些电子信息产业集聚区在空间上呈现出分工的雏形,在产业空间和价值链空间上各有特点。

珠江三角洲地区主要承担制造职能,形成了多级零部件供应企业分工高度细化的产业方式,是全国乃至全球重要的通信设备、平板显示、计算机及外部设备、电子元器件、家用视听和软件的研发、生产、出口基地,2014 年高端电子信息领域的智能手机、平板电脑、智能电视、触控面板、LED 照明、电子商务等行业均有不同程度的快速扩张。

长江三角洲兼具制造和研发职能，其中上海是国内知名 IT 公司总部汇集地，2014 年软件产业能级突破 5000 亿元大关，其工业软件在钢铁冶金领域强化既有优势、拓展业务空间，逐步形成自动化工程总包能力，围绕大数据技术研究、产品研发与模式创新，在面向对象的数据库、分布式存储、分布式内存计算等大数据关键技术以及面向行业应用的数据模型等技术方面形成领先优势。浙江电子商务发展水平最为完善，全国约有 85% 的网络零售、70% 的跨境电商交易和 60% 的企业间电商交易依托浙江省电商平台完成。江苏在大项目引进，特别是外资项目引进方面持续推进，已经形成了制造配套体系。

环渤海地区研发职能凸显，具有很强的国际竞争力，特别是北京市成为全国电子信息产品的研发和集散中心，2014 年抓住"国家集成电路发展纲要"发布的历史机遇，设立总规模为 300 亿元的集成电路产业发展基金，吸引了 1200 亿元的国家集成电路产业基金及基金管理公司落户北京。中芯国际实现了全国首个 55 纳米智能卡芯片的量产；国产首台 28 纳米等离子硅刻蚀机实现销售；国内首款自主桌面云平台及首款采用自主操作系统的可穿戴智能手表正式发布。

西部"金三角"电子信息产业聚集区迅速崛起，我国西部最大的智能终端生产基地落户西安，成渝地区制造业异军突起，2014 年 SK 海力士芯片封装、奥特斯集成电路基板、富士康高清显示模组、莱宝触摸屏在该地区投产，该地区云计算产业已经初步形成云设备制造集群发展，云平台和软件应用领先示范的发展格局，成渝地区的制造业也异军突起。

二、重点企业

新一代信息技术产业重点企业以电子信息百强企业（以下简称"百强企业"）为代表。百强企业以企业规模、效益、研发投入等多项指标进行综合评价。2014 年的百强中，华为技术有限公司蝉联电子信息百强企业名单榜首，2014 年电子百强企业特征为：一是规模持续增大，电子百强企业积极开展创新，不断优化产品结构，规模稳步增长，共实现收入 2.2 万亿，同比增长 12.4%；二是带动作用突出，电子百强企业积极开拓市场，销售规模快速提高，集中度不断提高，以不足全行业的 0.5% 的企业数量，创造出全行业 23.6% 的收入，同比提高了 0.5 个百分点；

三是盈利水平提升，电子百强企业注重效益和质量的提升，利润率达到 5.4%，同比提高 1.2 个百分点，高于行业平均水平 1 个百分点；四是研发投入增大，电子百强企业坚持创新发展，研发投入达到 1051 亿元，同比增长 5.7%；五是开放发展不断突破，百强企业积极推行国际化战略，跨国经营水平不断提升，出口达到 4575 亿元，占行业比重为 10%；六是融合发展加快，电子百强企业不断推进信息技术应用，不断引领垂直一体化整合。

表 5-2　2014 年电子信息百强企业前 10 名名单

名次	公司名称
1	华为技术有限公司
2	联想控股股份有限公司
3	中国电子信息产业集团有限公司
4	海尔集团
5	海信集团有限公司
6	中兴通讯股份有限公司
7	四川长虹电子集团有限公司
8	TCL集团股份有限公司
9	北大方正集团有限公司
10	浪潮集团有限公司

数据来源：赛迪智库根据相关文件整理，2015 年 3 月。

第六章　生物产业

人类对健康的需求和生活质量的要求不断提升推动了生物医药科学和相关产业的迅速发展。2014年全球生物技术取得的进展与突破性成果，正如火如荼地开展实际应用研究。我国生物产业也取得了骄人的成绩，药物创新、国家药物创新体系建设等方面的成效已初显。当前，随着大数据、物联网、大平台的融合渗透，生命科学与工程技术相互整合的大时代浪潮已势不可挡，对我国而言，生物学相关技术将带来新的经济增长点，国家实施新医改、基本药物制度改革为产业发展带来新契机。

第一节　生物产业发展动态

一、整体概况

（一）各国政府高度重视，生物产业科研成果层出不穷

生物产业被誉为21世纪的"朝阳产业"，生物产业的新技术新成果为解决人类当前面临的疾病、能源、环境、绿色发展等问题提供了很多重要的新方法和新途径。已经有相当多的国家如美国、德国、日本、英国、韩国、澳大利亚，从国家战略的高度制定政策引导和支持生物产业的发展。在过去的10年间，全球生命科学论文发表数量568574篇，生物和医学领域发表的论文数量占全部自然科学论文的总数接近50%，生物技术专利申请79843件，授权量44894件。其中，我国生命科学论文数量占全球该领域的论文数量由2004年的3.11%增加到2013年的10.95%。2014年在艾滋病、埃博拉病毒研究等方面取得突破性进展，研究

发现了艾滋病病毒表面突起的结构，与人体细胞融合前后的动态变化，这些突起的结构与人体细胞感染有重要关联，对了解艾滋病发生机制及疗法研制有重要作用；埃博拉病毒疫苗研究临床一期已获得成功，已研制出多种治疗药物；癌症治疗已开启免疫治疗时代，无须手术、化疗或放疗，通过免疫疗法一定程度上逆转癌变肿瘤；美国 FDA 新近批准的新一代基因测序仪，使基因测序技术更进一步向临床应用转化；此外，我国在禽流感病毒溯源、病毒传播途径、疫苗研制方面达到领先水平；在基因工程方面，绘制完成了小麦 A 基因组草图；艾滋病病毒研究方面，绘制了 HIV 共受体 CCR5 的高分辨率三维结构。

（二）各国加速抢占生物经济制高点，生物产业增长迅猛

生物产业正成为各国经济新的增长点，在过去的几年，世界经济增长呈现"弱复苏"迹象，但生物产业保持快速增长。据联合国有关部门估计，到 2020 年，生物药品占全球比重将超过 1/3，生物质能源将占世界能源消费的 5%。全球生物产业的经济竞争和科技竞争，除了各国政府制定国家战略或发展规划外，很多跨国公司也纷纷在全球布局生物产业研究中心和生产基地，纷纷抢占生物领域的制高点，迎来下一波经济增长点。如全球的高端医疗器械市场份额几乎被通用电气、西门子、飞利浦等跨国企业垄断和占据，此外，这些跨国企业为抢占中国的中端市场，还采取在中国设立生产工厂、组建合资企业、并购当地企业等措施。2013年，全球医疗科技市场规模达 340 亿美元[1]，中国位列全球第四，波士顿预计，到 2020 年中国将会跃居全球第二。根据统计快报数据显示，2013 年我国医药工业增加值同比增长 12.7%，高于全国工业增速 3 个百分点，在各工业大类中位居前列此外，规模以上医药工业企业主营业务收入达 21681.6 亿元，首次突破 2 万亿，但增长速度自 2007 年以来首次低于 20%，从细分行业看，中药饮片、中成药、制药装备等增速高于行业平均水平，化学原料药、生物制品、医疗器械等增速低于行业平均水平，这与我国生物产业自主创新能力较弱、高端医疗器械市场大部分被发达国家垄断有密切关系。

（三）生物产业跨界投资更趋多元化，并购交易持续升温

生物产业高收益与高风险的行业特点，吸引跨国公司、资金实力强的大企业进军生物产业领域，跨界投资成为很多企业多元化发展的战略选择，如从产业

---

[1] 波士顿咨询公司报告：《制胜日新月异的中国医疗科技市场》，2014年10月。

多元化、产品多元化、股权多元化方面实现企业的多元化经营，其中产业多元化成为企业战略调整的主要方向。如日本索尼除了电子产品，还将医疗设备作为业务重点；谷歌研制的可穿戴设备隐性眼镜可以监测患者的血糖水平；阿里巴巴投资医疗健康服务行业；联想集团投资控股石药集团、中国医药集团。此外生物产业的并购热潮风起云涌，近年来，大企业的并购步伐和态势不断升温，药企并购的平均成交价大幅增加，一定程度显示了企业对未来生物产业估值上涨的预期。2014 年，全球药企的并购数量没有增加，但并购的交易量创下了新高，根据医药经济报数据显示，并购总额达 2120 亿美元，其中阿特维斯（Actavis）并购艾尔建（ALLERGAN），阿特维斯（Actavis）并购森林实验室（Forest Laboratories）的金额分别为 660 亿美元和 280 亿美元，摘得 2014 年全球并购交易的冠亚军，诺华（NOVARTIS）与葛兰素史克（Glaxo Smith Kline）的资产互换，也占了交易总量较大的比例。

表 6-1　2014 年全球十大并购交易企业

收购企业	被收购企业	业务领域	收购金额（亿美元）
1. 阿特维斯	艾尔建	医药销售等	660
2. 阿特维斯	森林实验室	抗抑郁剂、抗高血压药等原研药	280
3. 德国默克	西格玛奥德里奇	生命科学等	170
4. 诺华	葛兰素史克	抗肿瘤	160
5. 拜耳	默沙东	消费者保健等	142
6. 默沙东	Cubist	抗生素	95
7. 葛兰素史克	诺华	疫苗（除流感疫苗）	88.5
8. 罗氏	InterMune	呼吸领域药物	83
9. Mallinckrodt	Qusetcor	自身免疫病	58
10. 礼来	诺华	动物健康	54

数据来源：GEN，赛迪智库整理，2015 年 3 月。

二、存在问题

（一）生物科研成果转化率低，研发与产业化脱节

我国对生物产业的研发投入在逐年增加，尤其是近年来生物制药产业的研发投入，2014年由全球知名杂志GEN发布的榜单显示，在亚洲排名前八的生物医药集群，中国研发支出1600亿美元位列第一，生物医药专利数量9302件，我国在1992年首次拥有生物医药技术发明专利，但发展速度惊人，在排名中位列亚洲第三。但是，亚洲其他国家，如韩国、日本研发投入比我们国家要少，取得的专利数远远高于我们国家，韩国研发投入只有653.94亿美元，日本的研发投入比我国略低一些，但专利数达39797件。虽然我国专利申请数量庞大，但转化成功率偏低，我国的PCT专利授权率与美国、日本等国家存在较大差距，成果转化不足，数据显示，我国的生物科技成果转化率不到15%。目前我国生物技术的研发能力主要集中在科研机构和院所，科研院所的研发成果难以实现商业的应用价值，与企业直接产业化的合作能力弱，科研机构与企业之间缺乏有效的沟通机制。

（二）创新基础薄弱，研发能力受技术瓶颈限制

虽然近年来我国政府对生物产业政策扶持不断增多，资金支持也不断增加，但与发达国家相比，我国生物制药产业起步晚、发展基础弱，工业基础与发达国家不在同一层级上，主要体现在技术研发、成果转化、产业竞争力形成等方面。同时，在人才方面，生物产业高端人才相对匮乏，国内研究环境对高素质研究人员吸引力不大，加之人才流失问题较严重，人才吸引激励机制还有待完善。此外，我国基础领域的技术水平与日本和欧美等发达国家相比，差距还较大，例如，在生物制造领域，我国在合成生物学、高通量筛选等基础技术方面，以及分离提纯等工艺过程方面，使得生产产品的质量、成本都缺乏竞争优势。一些高端产品技术路线尚未突破，前沿领域的研究方向处于跟随状态。

（三）生物产业投资主体较单一，生物企业面临融资难问题

我国生物制药企业数量众多，但规模都较小，根据GEN的报告显示，我国医药企业数量是日本的14倍、韩国的约9倍，因此，我国虽然产业整体投入量大，但分配到企业的资金相对较少，大型企业较多，使得由大企业引领带动的研发能力弱，药企之间的研究合作与经费使用都较分散，企业重复投资多，资金投入使

用效率低。由此可见，在可使用的资金总量上，我国的投入相对不足，并且资金来源较单一，主要来自于政府，而一些发达国家如美国，生物技术的资金主要来自企业，大型企业雄厚的经济实力能够支撑其在生物领域的长期投入和研究。另外，由于我国生物行业投入的风险大，资金量也大，企业在初期发展阶段获得银行贷款和从证券市场上直接融进的可能性较小，这与我国融资市场不完善、创新技术和创新原料药少有很大关系。

三、政策动态

生物产业高技术、高投入、高风险、高效益等特点，使各国都将生物产业作为今后经济的切入点，我国对生物产业的政策导向也较为鲜明。

我国加快培育生物产业的政策措施主要可以归结为以下几个方面。一是国家发展战略。2006年，在《国家中长期科学和技术发展规划纲要（2006—2020年）》中将加强生物技术应用、产品研发和重大疾病防治列入科技工作的五项战略重点和八大发展目标之中。2007年发布了《生物产业发展"十一五"规划》。2009年，为加快把生物产业培育成为高技术领域的支柱产业和国家的战略性新兴产业，制定了《促进生物产业加快发展的若干政策》，提出了在资金、技术、人才、市场、专利保护等方面的一系列政策目标。2012年，制定了《生物产业发展规划》。提出"到2020年，生物产业发展成为国民经济的支柱产业"的发展目标。二是各省市产业政策陆续出台，指导意见和推进政策陆续发布，具体见下表。

表6-2　各省市生物产业政策

发布省市	政策名称
北京市	北京市生物医药产业跨越发展工程
上海市	上海市生物医药产业发展行动计划；关于促进上海生物医药产业发展的若干政策规定
天津市	京津冀生物医药产业化示范区优惠政策
江苏省	江苏省生物技术和新医药产业发展规划纲要
湖北省	关于进一步促进全省医药经济发展的决定
山东省	关于促进生物产业加快发展的指导意见；医药工业调整振兴指导意见；医药工业调整振兴指导意见；关于促进新医药产业加快发展的若干政策

数据来源：赛迪智库根据公开资料整理，2015年3月。

除此之外，辽宁、广东、福建、吉林、贵州、湖南、四川等省也分别发布了各自的生物医药产业促进政策，支撑和保障了产业规划的实施，为生物产业的发展指明了方向。三是生物产业重点领域支持政策，财政部发布《2014年战略性新兴产业发展专项（蛋白类生物药和疫苗发展专项）》。能源局对分布式发电有关政策进行落实，明确个人利用住宅建设的分布式发电项目，电网企业应配合做好安全监管的技术支持工作。国家发改委发文，加强和规范生物质发电项目管理，促进生物质发电的可持续健康发展。

第二节　生物产业重点领域分析

一、生物医药

（一）发展概况

生物医药工业在国民经济中占有重要地位，从工业增加值来看，根据国家统计局公布数据显示，2014年医药工业增加值保持企稳增长，全年增长率保持在12%以上。2014年2—11月医药制造业产品累计值稳步增长，总量达9964.97亿元。医药制造业规模以上企业主营业务收入也有新突破，2013年主营业务收入已超过2万亿。

从外贸出口来看，2014年前三季度进出口总额达725.37亿美元，同比增长9.72%，其中出口额404.54亿美元，进口额320.83亿美元。受国际经济大环境的影响，医药外贸整体上保持较低增速。

从创新能力看，我国生物医药领域创新成果显著，仿制药尤为突出。2013年国家食药总局药品审评中心新申请的仿制药达7529个，分别为化学药6409个，中药594个，生物制品526个。国家对生物医药的创新支持力度也不断加大，2014年国家发改委发文明确提出将出台重点针对生物制药、新药研发和高端医疗设备的一系列产业政策。

从企业发展形势来看，国内生物医药企业在近几年快速成长，上海、北京、深圳、浙江等地涌现出一大批创新型的医药企业，如中国医药集团成为第一家入选《财富》杂志公布的世界500强的医药企业。此外，国内生物医药企业兼并步伐加快，医药产业集群初步形成。2014年上半年生物医药市场的并购总额已超过2013年全年的总量。各地也积极出台相关政策支持企业并购，如上海发布《关于加快上海创业投资发展的若干意见》中就出新规鼓励企业并购整合。企业的并购整合有利于快速提升企业的国际竞争力和影响力。

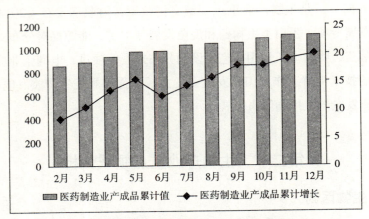

图6-1　医药制造业产成品累计值和累计增长率

数据来源：赛迪智库根据国家统计局公布数据整理，2015年3月。

（二）技术进展

现代生命科学理论以及其他学科相关技术的蓬勃发展，使得生物医药的技术研究得到颠覆式创新。20世纪90年代迅速发展的基因工程、蛋白质工程、细胞工程等技术为生物医药的发展提供了强劲的发展动力。我国医药生物技术的创新大幅提升，在基因测序、疫苗研发、干细胞等重点领域取得新进展。

2014年国家食药总局批准了华大基因的第二代基因测序诊断产品，华大基因成为全球首家注册机构，标志着我国基因测序技术的重大突破。疫苗研究领域，分为治疗性疫苗和预防性疫苗。治疗性疫苗目前全球只批准了4种针对肿瘤的疫苗，我国也非常重视治疗性疫苗的开发研究，我国自主研制的艾滋病疫苗已于2013年进入临床试验阶段，宫颈癌疫苗进入三期临床试验阶段。预防性疫苗方面，我国针对H5N1禽流感的疫苗抗体已获国家发明专利，湖北首个丙肝病毒持续感染的动物模型研制成功，这个先进的材料模型更有效地揭示了丙肝的致病机制，使丙肝疫苗和相关药物的研发更易取得实质性进展。干细胞研究领域，我国在转分化、诱导干细胞等方面取得重大进展，2014年海南海药自主研发的MDM2 INHIBITORS新化合物获得美国专利，该类化合物能重新激活蛋白质P53，从而保护完整的细胞基因，对治疗癌症是一项重大的突破。免疫细胞靶向技术取得新进展，目前正进入临床试验阶段。目前，我国拥有不同规模的干细胞公司将近 200 家，从上游的存储到下游的临床应用，拥有了完整的产业链初具雏形。

二、生物农业

（一）发展概况

生物农业整体发展概况。2014 年我国农业形势发展较好，全国全年粮食总产量比上年增长 0.9%，近年来，通过生物农业技术培育农业新品种、研制新农业产品，不仅大幅度地提升了农产品的产量和品质，而且对保护农业生态平衡有重大意义。

生物农业中包含的生物种业、生物肥料、生物农药、生物饲料等方面快速发展。生物种业作为生物农业产业链的前端，具有重要的战略意义。2014 年世界种子大会首次在中国举办，推动了我国种业企业"走出去"，体现了我国对世界粮食安全作出的重大贡献，加快我国由种业大国走向种业强国的步伐。根据农业部公布数据显示，2013 年种业产值达 650 亿元，实有种子企业 5949 家，规模企业研发投入达 22.38 亿元，研发投入占销售额的比例达 4.12%，其中，销售额前 50 名企业的研发投入达 10.92 亿元，农作物品种权申请量位居 UPOV 成员国第二位，主要农作物品种有 133 个通过国家审定，有 1372 个通过省级审定。此外，授牌的市县国家级种子基地有 57 家。生物肥料方面，增长潜力巨大，获得农业部正式登记的微生物肥料产品有 1219 个，主要是微生物菌剂、生物有机肥、复合微生物肥料等，菌种类型枯草芽孢杆菌、胶冻样类芽孢杆菌、巨大芽孢杆菌等所占比例较高。生物农药方面，发展类型逐渐多样化，生物农药在占农药总体比重不断增加，生物农药企业数量和规模增长迅速，现有 260 多家生物农药生产企业，占农药行业企业的比例达 10%，并且，目前在多个领域的研发水平与国际领先水平相当。生物饲料方面，我国虽起步较晚，但未来发展空间大、增长潜力也大，目前拥有大约 400 家微生物饲料企业。

（二）技术进展

我国生物农业技术广泛使用，已在培育优质、高产、抗病虫、抗逆农作物方面获得巨大成效，尤其是杂交水稻和杂交玉米，57 个国家级种子基地杂交水稻基地 31 个，杂交玉米基地 26 个。我国杂交水稻技术已实现亩产超过 1000 公斤，山东登海种业选育的紧凑型高产早熟杂交玉米亩产也超过 1000 公斤，水稻、玉米等高效规模化遗传转化技术的突破，大幅度地提高了我国粮食的亩产量。生物肥料领域，利用丛枝菌根真菌生产氮肥的技术已进行推广试验，这类高效氮肥的使用将极大地减少化学肥料的使用。生物农药领域，成功研制和登记的生物农药新品种在不断增加，如用于防治油菜菌核病的噬菌核霉可湿性粉剂，可防治植物病毒病的蛋白质生物农药等。此外，2014 年国家发改委发布的《外商投资产业指导目录》征求意见稿中，删除了"转基因生物研发"，如果获得通过，外商企业在华研发转基因将会实现。

三、生物制造

（一）发展概况

生物技术与工业制造技术的融合已广泛应用到医药、食品、能源、材料等领域。生物发酵产值在生物制造领域占有较大比重，据中国生物发酵产业协会统计，2013 年生物发酵产业产值接近 3000 亿元，全年发酵产品总产量为 2424 万吨，其中淀粉糖 1225 万吨、氨基酸 400 万吨、功能发酵制品 310 万吨、有机酸 158 万吨、多元醇 157 万吨、酶制剂 110 万吨、酵母 29.4 万吨。目前我国的氨基酸市场有待开发，市场需求潜力巨大。出口方面，2013 年主要发酵产品出口量 328 万吨，同比增长 13.2%，受国外市场影响，出口增速在减缓。此外，生物基化学品、生物基材料等近年来也取得迅猛发展，生物基化学品已被用于制造纤维、橡胶、塑料等化学品的生产，琥珀酸、乳酸、异丁醇、正丁醇等化学品广泛应用于食品、医药、农业等领域，与石油衍生产品生产成本相当，在未来有巨大的竞争力。生物基材料中的聚羟基脂肪酸酯（PHA）、聚乳酸（PLA）、聚丁二酸丁二醇酯（PBS）、淀粉基等高分子材料是近年的研究热点，目前产业规模相对较大，淀粉基材料做成的可降解塑料，如做成包装、食品容器、玩具等产品，已经成为市场的主流消费品。

（二）技术进展

目前我国利用霉菌、酵母菌、细菌等微生物进行物质转化已形成一定的产业规模，拥有一定的技术基础，如氨基酸在技术、应用研究等方面都有了很大的提高。生物质能源取得了一系列进展，如在海洋生物质能源材料领域，构建了低成本高性能的动力电池隔膜技术体系。

四、生物能源

（一）发展概况

我国生物能源包括生物质能、生物柴油、生物质沼气、生物质发电等几个方面。生物质能与新能源、节能环保领域交叉融合，生物质资源通过燃烧、化学、生化、物理化学、热化学等方法转化为清洁能源。目前，我国生物质能尚处于起步阶段，与风能、太阳能等其他新能源相比，发展相对滞后，生物质发电装机容量占全部发电装机容量的比例远远低于发达国家的比例。生物柴油方面，我国生物柴油原料主要来自餐饮废油、废动植物油脂、麻风树油等，生物柴油的清洁可再生特性，使之成为最有前景的石化柴油替代燃料。生物质沼气方面，生物质沼气原料主要来自农林废弃物、畜禽废弃物和生活废弃物等。我国生物质资源集中分布在华北、东北地区，黑龙江、广西、江西、云南、湖南、湖北等林业大省集中了大量薪柴资源，山东、河南、广东、四川、河北、辽宁等省份集中了大量的畜禽资源。但是我国生物质资源利用率极低，农作物秸秆只有 30% 用作农用燃料，禽畜粪便只有 10% 用作沼气原料。生物质发电方面，主要有农林残留物发电、生活垃圾发电两种形式，目前我国城市产生大量生活垃圾，但是我国集中、有效、成规模的收集系统尚未建立，使得生物质发电很少用于公共电网的并网发电。

（二）技术进展

生物质资源利用技术主要有直接燃烧、发电、沼气发电、液体燃料、压缩成型燃料等几种方式，生物质直燃技术相对成熟，可进行规模化生产，但原料预处理和锅炉等技术设备需从国外引进，设备规模每年需要的秸秆大约为 25 万—45 万吨／年，相对而言，秸秆收集成本还较高，因此在我国这类大规模的发电厂还较少。发电技术方面，主要是煤—生物质混燃发电，目前这样的企业得到政府有关部门认可的仅有一家——山东十里泉电厂。秸秆气化发电主要是循环流化床气化发电技术和逆流固定床气化发电技术两种，其中循环流化床气化发电技术是中国科学院广州能源研究所开发的技术，是目前唯一已经实施的较大规模发电的气化技术。沼气及沼气发电技术方面，目前我国已建成的大中型沼气工程约 700 处，一般采用内燃发电机发电，技术相对成熟。液体燃料技术方面，我国水平较高的有利用淀粉（糖类）制取燃料乙醇、利用油料作物制取生物质柴油两种技术，已能利用蓖麻、麻疯树、黄连木、油桐、乌桕等多种油料作物，制取生物质柴油的

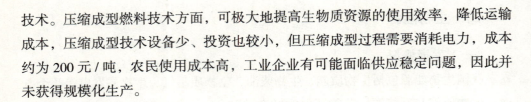

技术。压缩成型燃料技术方面，可极大地提高生物质资源的使用效率，降低运输成本，压缩成型技术设备少、投资也较小，但压缩成型过程需要消耗电力，成本约为200元/吨，农民使用成本高，工业企业有可能面临供应稳定问题，因此并未获得规模化生产。

五、生物医学工程

（一）发展概况

生物医学工程包括医疗器械、生物材料、医学影像等几个重要领域。目前，在生物制药、新药研发和高端医疗设备三个领域，从政策支持力度上看，医疗设备的支持力度会比较大。但是，我国医疗器械市场呈现需求量大、高端医疗设备依赖进口、国内发展同质化严重的特点：规模上，2013年我国医疗器械总产值达2120亿元，是2007年产值的3倍多。发达国家医疗器械产业和制药产业两个领域的体量相当，而我国医疗器械产值大约只有医药制造业的1/5，市场发展潜力巨大。目前，西门子、美国通用电气(GE)、荷兰飞利浦三家企业，几乎垄断了中国的高端医疗设备市场，份额达70%，而国产设备的比例不足10%。医疗器械厂商众多，产品同质化现象很普遍，如医院病床、轮椅、医用导管、手术器械、一次性医疗器械等细分领域，甚至B超仪、CT机等中高端成像诊断设备领域。日前，卫计委发布公告将加大对国产医疗设备的遴选，使国产医疗设备加速进口替代，从而促进相关产业的转型升级，降低医疗成本。生物材料领域，我国生物材料主要集中在创伤产品、关节产品、脊柱产品等骨科细分领域，三大产品占该领域市场份额超过80%。

（二）技术进展

现代医疗器械技术领域的创新应用极大地提高了医学诊疗和服务的水平，促进医学领域更好地做到早期发现、个性化诊疗、智能化服务。早期诊疗方面，利用石墨烯材料特性，对超灵敏单细胞进行实时流动传感，是癌症早期诊断检测的有效工具。个性化诊疗方面，3D打印制造医疗模型、诊疗器械、康复辅具、假肢等，现已可以成功打印人体骨骼、软骨、牙齿、关节等，如北京大学研究团队用3D打印脊椎，成功植入一名12岁男孩体中，在全球属首例，3D打印透明牙套矫正牙齿已进入规模化生产阶段。智能化服务方面，基于移动医疗的可穿戴设备对传统医疗领域产生颠覆性影响，可监测血压、心率、血糖、新陈代谢等，目前，这样的可穿戴设备已广泛应用于老年服务中，可远程监测老年人的各项身体指标。美国 FDA 已批准第一个监测动态血糖的移动医疗应用系统，这个系统能远程地实时监测糖尿病患者的血糖水平。移动终端设备的应用、电子化的医疗诊断方式、移动医疗的可穿戴设备发展潜力日益凸显，未来我国生物医学工程的发展，要重点向基础医疗装备的升级、新产品的突破、前沿技术的研发等方面转变。

第三节　生物产业布局及重点企业

一、空间布局

由于生物产业资本、技术密集型的行业特点，目前我国生物产业主要在经济较发达的城市布局，初步形成京津冀、环渤海、长三角为中心，东北、珠三角等地区集聚发展的产业空间格局。

由国家发改委批准设立了 22 个国家生物产业基地，其中包括 12 个国家生物产业基地，10 个国家高技术产业基地。由工信部创立的国家新型工业化示范基地，涉及生物产业领域（共六批）的有 15 家。从分布的城市看，也主要集聚在环渤海、长三角、珠三角、东北地区。

从各省市医药工业企业数看，全国医药工业企业法人单位企业数共有 2146 家，排名前 10 位的省市企业数占总数的比例达 58%，分别是北京、浙江、上海、吉林、山东、辽宁、云南、广东、黑龙江、江西，其中浙江排名第一（295 家）[1]。根据中国医药统计网公布的 2013 年度中国医药工业百强企业名单，从医药工业百强企业所属的省市也可以看到，我国生物医药产业的空间布局主要聚集在环渤海、长三角、珠三角区域，江西、陕西、湖南、云南在部分城市也形成了一定的生物医药产业规模。目前，我国生物产业已初步形成了一定的集聚发展效应，显现出沿海城市发展集群、中西部迅速崛起的分布特征，尤以长三角和环渤海城市发展的产业集群优势更为凸显。具体如表 6-3 所示。

---

[1]　数据来源：中国医药统计网。

表6-3　我国生物医药产业主要集聚区

所属地区	主要集聚区
吉林	长春高新区、经开区
北京	中关村生命科学园、大兴生物医药基地、北京经济技术开发区
天津	滨海新区生物医药产业基地、天津开发区
山东	青岛蓝色生物医药产业园、济南医药生产基地
江苏	泰州国家级生物医药高新区、常州生物医药产业园、大丰海洋生物产业园
上海	以浦东张江—周康、闵行和徐汇为中心的生物医药研发、临床服务外包和产业基地，以奉贤、金山、青浦为重点的生物医药药物制造基地
浙江	余杭生物医药高新区、杭州经济技术开发区、南太湖生物医药产业园
广东	南澳、光明片区药物生产制造，深圳高新区
湖北	武汉东湖国际生物医药研发基地，吴家山、沌口、庙山药物生产制造园区、光谷生物城
湖南	长沙国家生物产业基地

数据来源：赛迪智库根据公开资料整理，2015年3月。

　　未来，我国生物产业空间布局将呈现出三大趋势：一是区域不平衡发展将进一步凸显，发达地区，特别是东部沿海地区仍将是发展的重心，与中西部差距将进一步拉大；二是地域分工更加明显，上海、北京将进一步吸引和聚集更多的生物产业研发要素，在技术研发领域成为全国的引领中心，江苏、浙江、山东等地将更多的集聚制造环节，依靠龙头骨干企业的带动作用，完善产业链；三是城市增长极将不断涌现。深圳、武汉、长沙快速发展，太原、厦门、兰州等区域中心城市将成为新兴热点，各城市发挥本地区环境、原料资源、市场等优势，发展特色的生物产业领域。

二、重点企业

　　生物产业企业按照细分领域分类，主要包括生物医药、生物医学工程、生物制造等七大重点领域，由于我国生物医药企业无论在规模上还是数量上都远超其他领域，因此在重点企业的分析中，主要探讨生物医药领域的企业。如中国生物技术股份有限公司，是我国最早的生物制品研究机构之一，集科技研发、生产经营为一体，已有上百年发展历史，公司下属北京、长春、成都、兰州、上海、武汉六个生物制品研究所，拥有北京天坛生物制品、北京微谷生物医药、北京中生国健医药、吉林博德医学免疫制品等有限公司。

表 6-4 生物医药重点企业介绍

企业名称	主要领域	行业地位
中国生物技术股份有限公司	疫苗及血液制品研究及生产	截至2013年底，资产总额达187.13亿元，总营业收入达53.69亿元，是我国最大的血液制品生产和供应商，采浆量位列行业第一，疫苗批签发数量占全国疫苗批签发的总量达55%，研制生产了我国最早的天花、霍乱、伤寒、狂犬疫苗等生物制品，研制出我国第一株青霉素菌种。2013年下属的成都研究所生产的乙型脑炎病毒活疫苗成为我国首个通过WHO预认证的疫苗产品，也是全球首个WHO预认证的乙脑疫苗。
深圳市海普瑞药业股份有限公司	肝素钠原料药的研究、生产、销售	截至2013年底，资产总额达82.71亿元，总营业收入达15.13亿元。目前是全球规模最大、装备最先进、质量最可靠的肝素钠原料药生产企业，也是国内肝素钠原料药行业唯一通过美国FDA认证的企业，并且获得了欧盟CEP认证，所生产的产品99%以上直接或间接出口。
深圳市海王生物工程股份有限公司	主要经营生物化学原料、制品、试剂及其他相关制品，重点开发生物化学产品	截至2013年底，公司资产总额达80.19亿元，总营业收入达79.93亿元。公司集医药制造、商业流通、零售连锁为一体，连续7年位列"中国500最具价值品牌"榜单前列，是保健护理行业颇具影响力的品牌。
通化东宝药业股份有限公司	主要经营中西成药、生物制品等，主要产品有原料药（重组人胰岛素）	截至2013年底，资产总额26.94亿元，总营业收入达12.04亿元，在生物制药领域，其产品"甘舒霖"填补了国内空白，使中国成为继美国、丹麦之后能生产基因重组人胰岛素、甘精胰岛素的国家，目前已成为国内最大的人胰岛素生产基地之一。

数据来源：赛迪智库根据公开资料整理，2015年3月。

此外，总的来看，我国的生物产业各个领域也形成了一批快速成长，拥有一定实力的企业，具体和表 6-5 所示。

表6–5　生物产业主要细分领域和重点企业

主要领域	重点企业
生物仿制药	海南海药、上海医药、海正药业、双鹤药业、恒瑞医药、恩华医药、白云山、信立泰、康芝药业等。
生物化学药	海王生物、丰原药业、四环生物、华神集团、丽珠集团、星湖科技、福安药业、华兰生物、科华生物、舒泰神、翰宇药业等。
生物疫苗	北京天坛生物、长春高新、沃森生物、力生制药、重庆智飞生物、科华生物、岳阳兴长、重庆啤酒等。
中药	云南白药、东阿阿胶、广州药业、天士力、华润三九、同仁堂、太极集团、桂林三金、西藏药业、九芝堂、沃华医药、中恒集团、中新药业、精华制药等。
生物基因	通化东宝、西藏药业、益佰制药、天目药业、长春高新、安科生物、达安基因、中新药业、海正药业等。
生物医疗器械	海南海药、信立泰、万东医疗、新华医疗、鱼跃医疗、乐普医疗、阳普医疗、九安医疗等。

数据来源：赛迪智库根据公开资料整理，2015年3月。

　　近年来，虽然我国生物医药产业发展非常迅速，但我国生物医药企业与发达国家相比发展差距依然很大，世界生物医药百强排名中没有一家中国企业，企业的规模发展和创新竞争力依然有很长的路要走。

第七章　高端装备制造产业

装备制造业是一个国家的战略产业,也是衡量一个国家综合国力的重要标志。处于价值链高端和产业链核心环节的高端装备制造业,已经成为现代产业体系的脊梁和推动工业转型升级的重要引擎。近几年,随着新一轮科技革命和产业变革的孕育兴起,世界主要国家纷纷将关注点集中在高端装备制造领域,出台一系列政策措施,提升本国在该领域的综合竞争实力,抢占制高点。高端装备制造产业价值链和生态链在全球范围内的整合与布局,正在推动全球产业竞争格局的重大调整。

第一节　高端装备制造产业发展动态

一、整体概况

(一)高端装备制造业成为世界主要国家积极争夺的战略制高点

当前世界装备制造业尤其是高端装备制造业的基本格局仍然是由发达国家主导,美国、日本、德国、英国、法国、意大利等主要发达国家的产值超过70%,并会在较长时期内牢牢控制高端产品和关键核心技术;与此同时,随着中国、印度等新兴力量在装备制造领域的快速发展,亚洲逐渐崛起为全球最大的装备制造业加工区,获得了越来越多的市场份额,但是由于工业基础相对薄弱,仍然处于全球产业格局的边缘区域。2012年,全球机械设备出口总额达到9300亿欧元,其中,德国继续保持世界机械设备出口第一大国的地位,占比16.1%;其次是美国,占比为12.1%;中国居第三位,占比11.2%。从全球机械企业500强来看,美国和日本处于领先地位，占比分别达到 24.60% 和 23.80%。金融危机以来，发达经济体更加重视高端装备产业在经济发展中的重要作用，提出并实施"再工业化战略"，推进智能制造、3D 打印等新技术新装备的研发和应用，争夺未来产业竞争制高点。中国、印度等新兴力量也不甘落后，着手制定高端装备制造业发展规划，积极参与全球竞争，力争在未来高端装备制造业获得更多的话语权和发展空间。

（二）全球产业转移步伐加快，区域分工协作趋势明显

高端装备制造业具有生产环节较多、分工细密的特点，具有产业跨区域转移的天然优势。当前一段时期，发展中国家在人力、土地等生产要素上仍然具有较明显的成本优势，国际产业转移的动力仍然比较强大，跨国公司把全球化生产作为抢占市场的重要策略，抓住机会加快在全球范围内进行布局。这种转移呈现出"双向转移"的态势，一是劳动密集型或者代工为主的低端装备制造企业向印度、缅甸、越南、印尼等要素成本更低廉的地区转移，二是部分高端装备制造业在欧美等发达国家的"再工业化"战略下回归，并且这种以技术水平和产业层次为主要指标的双向分化趋势正在持续走强，比如，通用汽车、卡特彼勒、苹果、微软等一批有较大影响力的全球跨国公司纷纷调整全球产业布局，将部分高端生产基地迁回本国。随着全球分工的不断蔓延和加深，越来越多的跨国装备制造企业将产业链中低技术环节的常规业务外包出去，以便更为有效地利用全球资源，促进资金、技术、人才等的优化配置，实现利益最大化，这也必然将进一步促进区域间的分工协作。

（三）高端装备制造业与服务业加速融合，新业态、新模式不断涌现

随着高端装备制造产业分工体系的不断深化，产品全生命周期的不同阶段价值增值正在发生重大变化，由传统的中间阶段向两极 3 分化的趋势日益明显。技术研究、开发设计、销售服务等环节的附加价值不断提升，使得越来越多的企业把关注点从制造过程向为用户提供全面解决方案转移，包括市场调研、开发设计、生产加工、市场销售、事后服务、产品回收等全生命周期，而且这类具有总体设计、系统集成、全套生产、完整配套服务的大型装备制造企业正表现出明显的竞争优势，一跃成为主导产业发展的重要力量，逐步控制全球产业价值链的高端和关键环节。这也进一步推动高端装备制造业与服务业的加速融合，制造业服务化和服务型制造发展趋势日益显现，并催生出精准供应链管理、全生命周期管理、大

规模个性化定制等新业态、新模式。比如，著名的发动机生产厂商罗尔斯·罗伊斯（ROLLS-ROYCE），一直是波音、空客等大型飞机制造企业的供货商，现在ROLLS-ROYCE并不直接出售发动机，而以"租用服务时间"的形式提供服务获得收益；通用公司将金融与高端装备制造有机结合起来，提供设备融资租赁、汽车租赁、债权出售、项目融资等金融服务主营业务，实现了企业转型和再造；卡特彼勒公司则对工程机械产品进行整合，以提升产品全生命链价值为出发点，构建精准供应链体系。

（四）行业增速分化明显，工业机器人、3D打印等产业表现突出

随着新一轮产业革命的孕育和兴起，生产制造逐步由传统的劳动密集型向先进的自动化制造转型，工业机器人、3D打印等高端智能制造装备逐渐成为全球主要国家竞争的着力点，尤其是随着制造业和信息通信技术之间创新融合步伐的不断加快，世界主要国家和地区纷纷做出战略部署，力图借助工业机器人、3D打印等高端产业的发展，实现先进制造业回流，提升产业的全球竞争力。比如，欧盟提出拟在"2020地平线"项目中投入9亿美元用于机器人制造，并计划到2020年投资28亿欧元研发民用机器人；美国的"先进制造业国家战略"和"先进制造业伙伴计划"中，均对机器人、3D打印等产业发展进行了规划；日本近期公布的"机器人战略"，提出发展全球领先、价格低廉的机器人；韩国也将机器人产业作为未来重点扶持的核心产业。据国际机器人协会统计的数据显示，2013年全球机器人销量为17.9万台，同比增长12%；2014年预计将突破20万台，突破历史新高。沃勒斯合伙公司（Wholers Associates），2013年，3D打印产业产值增速达到34.78%，突破30亿美元，最近三年的年复合增长率为32.3%。工业机器人和3D打印已经成为全球增长最快的产业之一。与之相反的是，数控机床、工程机械、海工装备等产业在经历了快速增长后，都出现了不同程度的萎缩。据美国Gardner公司最新数据显示，2013年，世界27个主要机床生产国的机床产值较2012年下降了9%，约为685.6亿美元，连续两年呈现萎缩态势；全球最大的50家工程机械制造企业的年销售额降至1630亿美元，下降幅度达到10%；受全球原油价格持续下跌的影响，海工装备也已连续两年出现大幅度下滑。高端装备制造领域行业间增长分化趋势日益显现。

（五）我国高端装备制造业增速放缓，进入创新发展的新阶段

近几年，在我国城市化和工业化进程不断深化、经济快速增长的背景下，基础设施建设以及传统产业改造升级对装备制造业的拉动作用显著，年均增速超过25%，对经济贡献度逐年提升，装备制造业已经发展成为国民经济的主导产业，高端装备制造业总体保持快速增长，成为装备制造业新的增长点。不过也要看到，我国经济发展进入"新常态"以后，装备制造业增速放缓态势明显，2014年装备制造业增加值增长10.5%、高技术制造业增加值增长12.3%，装备制造业每年25%超高速增长的时代已经结束。高端装备制造业总体增速也开始趋缓，行业增速分化现象严重。2014年上半年的统计数据显示，航空航天制造产业完成主营业务收入422.1亿元，同比增长14.5%；海工装备制造产业完成主营业务收入338.2亿元，同比增长12.7%；轨道交通装备制造产业完成主营业务收入1709.6亿元，同比增长31.14%；智能制造装备产业增速超过25%，发展势头强劲。随着我国转变发展方式、提升产业发展层次的需求日益强烈，对高端装备制造业创新发展提出了新的市场需求和更高要求。高端装备制造业已经成为我国增强综合实力、提升核心技术水平、实现经济转型升级的重点和方向，蕴含着重要的战略发展机遇。

二、存在问题

（一）自主创新能力不强，高端装备自给率偏低

高端装备制造业的技术发展一般要遵循从基础研究、关键共性技术研究、产品开发设计到产业化的基本规律，其中基础研究和关键共性技术研究是技术创新的源头。当前，我国高端装备制造产业普遍面临公共技术服务平台、大型专用技术试验平台缺失，高素质、专业化的科技人才、管理人才和技术支撑服务人才不足的困境，导致基础共性技术研发力量不足，企业持续发展的后劲不足，具有自主知识产权的高端产品比重小。据统计，在高端装备制造领域，约70%的汽车制造关键设备、90%的高档数控机床和工业机器人、70%的仪器仪表、40%的大型石化装备以及先进的农业机械装备等仍然高度依赖进口。同时，随着我国高端装备制造企业发展壮大，美日欧等国家不断限制对我国出口高端制造装备和相关技术，阻碍了我国相关产业的健康持续发展。

（二）关键核心零部件依赖进口，产业配套能力有待提升

我国高端装备制造产业基础比较薄弱，尤其是为整机和成套设备提供配套的基础元器件、关键零部件仍然需要大量进口，产业配套能力明显不足。以工程机械为例，其关键核心配套件主要包括发动机、高端高压柱塞泵、液压马达、整体式多路阀、动力换挡变速箱、控制系统等，与国外先进水平相比，使用寿命只有国外同类产品的30%到50%。近几年，工程机械产业的零部件进口增长幅度明显大于整机进口，2011年零部件进口额38.13亿美元，占进口总额的42.15%，高出整机进口18个百分点。工业机器人产业面临同样困境，2013年，我国超过日本成为世界上最大的机器人市场，销量近3.7万台，其中，国产机器人公司销量达到9000台，几乎是2012年的3倍，但是控制器、伺服电机和减速器等工业机器人所需要的关键基础零部件主要依赖进口，严重影响了工业机器人的发展速度。

（三）高端环节薄弱，低端领域存在过度竞争

长期以来，我国经济发展主要靠投资拉动，高端装备制造业的发展也遵循了这一模式，尤其是在我国政府不断加强宏观调控、限制"两高一资"行业投资增长的情况下，装备制造业成为地方投资的重点和热点，在高端装备领域盲目加快上项目，为产能过剩埋下了隐患。这种依靠大量资金和资源投入的发展方式，极易导致企业发展方式粗放，科研和技术投入不足，影响技术、工艺和产品升级的步伐，从而造成高技术和高附加值环节缺失，以及重复投资、低端环节的过度竞争，陷入"高端缺失、低端过剩"的困境。比如，与国外先进水平相比，当前我国机械制造领域的能耗水平仍有较大差距，每吨工件热处理平均能耗远高于美、日和欧盟水平。

（四）产品可靠性亟待提升，国际知名品牌不足

从制造能力角度来看，我国的高端装备制造产品研发能力、系统综合集成能力和数字化生产能力快速提升，先进装备自主保障能力不断提高，逐步形成若干具有一定国际竞争力的高端装备和企业。但是，从装备和产品质量及可靠性来讲，与国际先进水平仍有较大差距。比如，我国自主品牌的挖掘机、工程起重机、履带式推土机等装备的平均无故障间隔时间约为500—300小时，远低于国外高端产品约1000小时的平均无故障间隔时间，装备耐久性也仅达到国外先进水平的50%。与此同时，随着行业整合与兼并重组步伐的加快，产业集中度越来越高，

一批具有较强竞争力的大企业纷纷崛起，成为引领行业发展的龙头企业。数据显示，排名前10的工程机械类企业营业收入占行业比重达到58%、机床工具类企业营业收入占行业比重为49%。但是，具有国际知名品牌和综合竞争实力的高端装备制造企业仍然较少。比如，世界机床产值前20名的企业中，日本6家，德国5家，美国3家，中国只有沈阳机床和大连机床两家，而且日本和德国的机床企业包揽了前五名。

三、政策动态

我国不断加强在高端装备制造业细分领域布局，推动产业创新发展。国家层面不断推动高端装备制造业创新发展，2014年3月，国家测绘地理信息局发布了《关于北斗卫星导航系统推广应用的若干意见》，重点围绕全面推进"北斗"地基增强系统建设和提升位置数据综合服务平台建设水平开展一系列工作。同年4月，国家发展改革委会同财政部、工信部联合发布了《海洋工程装备工程实施方案》，将重点目标放在突破深远海油气勘探装备、钻井装备、生产装备以及相关配套设备和系统的设计制造技术方面，力求通过提升创新能力和加快示范工程应用，全面增强自主研发设计、专业化制造及系统配套水平，推动产业链协同发展，同时提出了2016年到2020年的具体发展目标。2015年2月，工信部会同国家发改委、财政部正式发布《国家增材制造产业发展推进计划（2015—2016年）》，着力推进增材制造专用材料、工艺、装备及核心器件的技术突破及产业化。我国近几年在高端装备制造领域发布的政策措施如下表所示：

表7-1 我国在高端装备制造领域发布的部分政策措施情况（2012—2015）

序号	名称	主要领域	发布部门	发布时间
1	国家增材制造产业发展推进计划(2015—2016年)	增材制造	工信部、发改委、财政部	2015年2月
2	关于印发海洋工程装备工程实施方案的通知	海工装备	发改委、财政部、工信部	2014年4月
3	关于印发国家卫星导航产业中长期发展规划的通知	卫星导航	国务院办公厅	2013年10月
4	数控一代装备创新工程行动计划	智能装备	工信部	2012年7月
5	高端装备制造业"十二五"发展规划	高端装备	工信部	2012年5月
6	服务机器人科技发展"十二五"专项规划	智能装备	科技部	2012年4月

（续表）

序号	名称	主要领域	发布部门	发布时间
7	关于印发智能制造科技发展"十二五"专项规划的通知	智能制造	科技部	2012年4月
8	关于印发高速列车科技发展"十二五"专项规划的通知	轨道交通	科技部	2012年4月
9	海洋工程装备制造业中长期发展规划	海工装备	工信部	2012年3月
10	智能制造装备产业"十二五"发展路线图	智能装备	工信部	2012年1月

数据来源：赛迪智库整理，2015年2月。

　　地方政府也纷纷出台相关产业发展规划，依托本地区产业基础和优势，推动高度装备制造业快速发展。比如，2014年4月，重庆市人民政府发布实施《关于发展通用航空产业的意见》，大力发展通用航空器制造、通航飞行、应急救援等各项产业；湖北省公布《加快全省智能制造装备产业发展行动方案》，以提升重大智能制造装备集成创新能力为重点，加大智能装置与部件的研发和产业化，突破智能制造关键基础共性技术，形成比较完备的智能制造装备产业体系。地方政府近几年在高端装备制造领域发布的部分政策措施如下表所示：

表7-2　地方政府在高端装备制造领域发布的部分政策措施情况（2012—2015）

序号	名称	主要领域	发布省市	发布时间
1	浙江省高端装备制造业发展规划(2014—2020)	高端装备	浙江	2015年2月
2	工业机器人产业发展三年行动计划（2015—2017年）	智能装备	长沙	2014年9月
3	关于发展通用航空产业的意见	航空装备	重庆	2014年5月
4	加快全省智能制造装备产业发展行动方案	智能装备	湖北	2014年3月
5	关于推进机器人产业发展的指导意见	智能装备	重庆	2014年3月
6	关于支持航空装备产业发展的若干政策措施	航空装备	湖南	2014年3月
7	关于推动现代装备制造业加快发展的若干意见	装备制造	浙江	2013年3月
8	上海市船舶与海洋工程装备产业"十二五"发展规划	海工装备	上海	2012年9月
9	天津市装备制造业发展"十二五"规划	装备制造	天津	2012年1月

数据来源：赛迪智库整理，2015年2月。

第二节 高端装备制造产业重点领域分析

一、智能制造装备

（一）发展概况

以中国为代表的新兴市场发展潜力巨大，已成为未来市场争夺的主战场。近几年，随着新兴市场工业化进程加快，产业层次日益提升、规模不断扩大，对智能制造装备的需求量迅速增加。尤其是亚太地区的中日韩以及东南亚等地近年来在智能制造领域的销量显著提升。比如，Marketline 公司数据显示，2012 年亚太地区是智能控制系统增长最快的市场，到 2016 年平均增长率超过 6%，比欧美市场高约 2 个百分点；国际机器人协会发布的数据显示，2013 年全球工业机器人的销量达到了 179000 个，较 2012 年上升了 12%，其中超过 50% 销往亚太地区，比 2012 年的销量提高 18%，2014 年至 2016 年全球机器人装机量年复合增长率预计为 6%，预计欧洲和美洲地区为 4%，亚太地区将保持 8% 的高增长；中国已经成为世界最大的机器人市场，也是增长最快的市场，2008 至 2013 年期间，工业机器人在中国的销量年均增速达到 36%，2013 年在中国市场销售的机器人总量达到 37000，超过世界销售总量的 20%。

我国高度关注智能制造装备产业发展，市场发展潜力巨大。2010 年和 2011 年我国发布的《关于加快培育和发展战略性新兴产业的决定》和国民经济"十二五"规划中明确将智能制造装备产业列为重点发展方向，并将其作为推动产业结构调整和升级的重要举措。2012 年，工业和信息化部印发《高端装备制造业"十二五"发展规划》，其中，《智能制造装备产业"十二五"发展规划》作为一项子规划同时发布，在该规划中，提出到 2015 年，我国智能制造装备产业销售收入将超过 1 万亿元，年均增长率突破 25%；到 2020 年，我国将建立完善的智能制造装备产业体系，实现装备的智能化及制造过程的自动化，产业销售收入突破 3 万亿元。在可预见的一段时期，我国智能制造装备产业或将迎来一波发展高峰，蕴含着巨大的市场潜力。

（二）技术进展

1.工业机器人

工业机器人是计算机、人工智能、控制论、信息和传感技术、仿生学等多种理论和先进技术结合的产物，具有较高的技术附加值，产业应用范围很广，已经成为先进制造业中不可或缺的重要装备。工业机器人的相关产品按照不同领域可分为搬运机器人、焊接机器人、装配机器人、加工机器人、喷涂机器人、检测机器人等，目前在国内市场销售的主要是焊接机器人和搬运机器人，2013年销量分别占比达到35%和39%。为满足先进制造业、劳动密集型产业等发展需要，新一代工业机器人重点在视觉感知及认知技术、仿人的灵巧操作技术、人机交互技术、自主导航和定位技术等方面实现突破，尤其是随着计算机技术不断向智能化方向发展，工业机器人技术正不断向智能化、标准化、高性能化和绿色化方向演进（具体情况如下表所示）。

表 7-3　工业机器人主要技术发展方向

技术类别	重点发展方向
视觉感知及认知技术	主要技术方向是高精度的触觉、力觉传感器，非侵入式的生物传感器，图像解析算法，以及表达人类行为和情绪的模型等领域进行研究。目前我国重点在识别与跟踪，视觉伺服控制，定位、测量与检查等技术方面实现突破。
仿人灵巧操作技术	主要技术方向是独立关节、相关传感器、达到人手级别的触觉感知阵列等，实现冗余自由度结构、高负重/自重、高柔顺与高刚度的统一。我国目前的主要研究方向包括一体化柔顺关节，以及仿人体手臂、下肢等方面。
人机交互技术	主要技术方向是人机之间语音、文字、多媒体、体感等多种通信技术，实现自学习、自适应、智能性控制，以达到人机高效协同的目标。
自主导航和定位技术	主要技术方向是精确定位技术和自主导航系统，实现机器人在突发状况下顺利完成相关任务。最为典型的应用案例是无人驾驶汽车。

数据来源：赛迪智库整理，2015年2月。

2.高档数控机床

数控机床是电子信息技术和机械加工技术结合的产物，被称之为装备制造业的"工作母机"，是不可缺少的重要制造设备；高档数控机床强调的是具有高效率、高精度、高自动化和高柔性等特点的先进机床。当前，世界数控机床的技术发展总体发展趋势是高精、高速、高效、复合化、智能化、绿色化。比如，瑞士 Charmilles 公司 HSM400ULP 五轴五联动高速加工中心主轴转速已达到 42000r/min。复合加工也是当今数控机床技术发展的重要趋势，日本牧野在 CIMT2011 展会上展出的机内装有机器人的 J3i 加工中心，可以独立完成包括工件的自动装卸、清洗、去毛刺等全套工序。此外，绿色生态机床也逐渐成为当前研究的热点，干切削、硬切削、微制造技术等绿色制造工艺发展很快。我国当前重点在全数字控制和伺服驱动技术、数字化设计技术、动态补偿技术、多轴联动切削加工技术、自动测试和无损检测技术、可靠性设计与试验技术等一批关键核心技术领域进行攻关，以实现各类高档数控机床的突破发展。

二、海洋工程装备

（一）发展概况

全球海工装备市场格局正在发生重大变化。2013 年，韩国、中国、新加坡占据了全球海工装备订单的前三位，分别为 42%、24%、18%。其中，韩国在钻井船、FPSO 等高价值订单方面占据了一半份额，优势明显；中国在自升式钻井平台领域首次超过新加坡，位居第二；新加坡在海工装备的设计上依然具有领先优势，但市场份额有所下降；美国和挪威则在水下生产系统市场具有明显优势。与之相对应的，巴西、欧盟、俄罗斯、阿联酋等的市场份额都有不同程度的萎缩，尤其是巴西，随着国内市场需求的大幅度下降，其海工装备产业市场集聚下降。进入 2014 年，全球海工装备建造市场的竞争格局发生重大调整，中国船舶工业经济与市场研究中心报告显示，中国、新加坡和韩国等三大主要海工装备总装建造国承接海工装备订单金额分别为 147.6 亿美元、68.5 亿美元和 61.3 亿美元，分别占全球市场份额的 35.2%、16.3% 和 14.6%，中国和新加坡超越韩国跃居全球前两位。中国海工装备企业以低首付、低总价的优惠条件抢位，在细分市场的市场份额大幅度提升，尤其是自升式钻井平台市场的占有率上升至 46%。

我国加强前瞻布局，努力向海工强国迈进。近几年，我国日益重视海洋工程装备的发展，国家发改委、科技部、工信部和国家能源局联合发布的《海洋工程装备产业创新发展战略（2011 — 2020）》明确提出，海洋工程装备产业是我国当前加快培育和发展的战略性新兴产业，未来十年处于快速发展的关键时期，为提高产业的设计制造能力和发展速度，将针对战略发展重点，依托优势企业，加大国家投入力度，努力实现核心技术重大突破；并且提出未来十年要重点发展主力海洋工程装备、新型海洋工程装备、前瞻性海洋工程装备、关键配套设备和系统。随着十八大报告明确提出建设海洋强国战略以来，海洋工程装备日益得到国家和地方的高度重视，发展速度不断加快，2014 年中国海洋工程装备全球市场份额已经超过韩国，居全球首位。我国沿海地区也在不断加大在海洋工程装备产业的布局，积极寻求新的增长点，比如天津近期推出《海洋工程装备产业发展三年行动计划》，计划到 2017 年，海洋工程装备产业产值突破 1000 亿元，成为我国北方重要的海洋工程装备产业聚集区。我国海洋工程装备产业在高端领域仍有巨大的提升空间。

技术创新成为我国参与新一轮竞争的重要着力点。随着海洋工程装备产业结构和市场格局的剧烈动荡，产业竞争格局正在发生重大变化，设施规模、低劳动力成本等因素不再是决定竞争成败的关键要素，技术、管理等软实力以及全产业链的协同成为制胜的关键，科技创新对竞争能力的贡献更为突出。一方面，随着深海油气生产技术及产量的增加，深海区油气资源的争夺日趋激烈，区域性需求正在发生转变，必然要求海洋工程主流装备走向深远海，钻井船、半潜式钻井平台向超深水海域挺进；另一方面，随着北极地区丰富的原油和天然气储备、煤炭资源、可燃冰资源以及矿产资源的不断被发现，其经济价值日益显现，围绕北极地区的资源争夺日益激烈，高性能破冰船、冰区自升式钻井平台、冰区钻井船、冰区浮式生产储油卸油船（FPSO）的需求将逐渐增加。同时，随着海事公约及规范的日益严格，在安全、成本等因素的综合作用下，未来海工装备需求必将向高端化方向发展，低油耗、低排放以及环保装备成为市场主流。未来一段时期，海工装备更新与技术创新速度将不断加快，新技术大量涌现，围绕高端技术和装备的竞争将日益激烈。

（二）技术进展

1. 深海钻采平台及其辅助装备

深海钻采平台是海洋工程装备的主力，包括半潜式平台、张力腿平台、立柱式平台、FPSO、钻井船以及各类海洋工程辅助船。半潜式平台是深海钻采平台的一种常见类型，目前已经发展到第六代，半潜式平台的关键技术包括总体设计、系统集成、平台定位、性能分析、平台建造以及深海模型试验技术等，技术研究重点围绕甲板可变载荷、平台主尺度、钻井物资储存能力、船体安全性、工作水深、配套装备等方面能力的提升开展工作；张力腿平台是在半潜式平台的基础上发展起来的一种深水顺应式平台，该类平台的技术发展呈现多样性的特点，逐步形成了一套从深水到超深水、从中小油田到大型油田的完整的平台体系，其关键技术重点包括平台的非线性动力响应、结构形式、系索系统等方面；立柱式平台的主体是由单个或多个竖直柱形浮体与下部桁架及压载舱组成，适宜于深海作业，在稳定性、安全性、灵活性等方面都有很大的优势，立柱式平台的核心技术包括平台动力响应、系泊系统、疲劳分析、耦合分析以及垂荡板和侧板的设计研究等，技术发展的主要趋势是改进结构型式、改善运动性能、降低建造成本等；FPSO 是海洋油气开发系统的重要组成部分，随着科技发展和海洋油气作业难度加大，FPSO 逐步向大型化、专业化、自动化方向发展，重点瞄准模块化的生产工艺、三级动力定位技术、更高的原油生产能力等方向发展；钻井船是浮船式钻井平台，主要靠锚泊或动力定位系统定位，当前，钻井船的技术特征和发展趋势主要体现在更大的作业水深、更先进的海洋石油钻机、适应各类复杂的气候条件以及降低深水作业成本等方面。

2. 水下工程装备

水下工程装备主要包括钻井隔水管系统、井口井控设备、控制系统、增压系统、采油树、水下管汇系统、水下基盘以及水下处理系统等，随着对海洋开发深度要求的不断提高，水下工程装备各种新技术、特别是控制技术快速发展，控制系统大幅度简化，已经基本实现全部电控。总体来看，水下工程装备技术发展趋势主要体现在以下几个方面：一是装备的模块化和标准化；二是故障自动回复的智能控制系统；三是耐高压、耐高温技术；四是水面及水下的远程操作控制系统；五是水下发电和传输技术；六是水下处理和压缩系统；七是水下系统的安装与维修设备和技术。

3. 我国在海洋工程装备科研领域也提出了具体发展方向

2014 年 7 月，工信部发布《海洋工程装备科研项目指南（2014 年版）》，提出 2014 年我国海洋工程装备制造业的研究方向重点围绕工程与专项、特种作业装备、关键系统和设备三个方面。根据《指南》，我国将实施自升式平台品牌工程、水下油气生产系统（一期工程）、深海天然气浮式装备（一期工程）等工程和专项，重点开展 500 米水深 TLP 生产平台总体设计建造、安装及调试关键技术研究，完成 500 米水深 TLP 平台的自主开发和工程化应用；开发具备载重量大、定位能力强、下潜安全迅速、经济环保等特点的 10 万吨级半潜工程船；开展具备 3000 米潜水作业支持、DP3 动力定位、深水起重、多种（S 型、J 型、flex 型和 reel 型）铺管能力的深潜水多功能作业支持船的研发；掌握 160 米超吊高、3000 吨大起重量浮吊船的关键技术，开发出拥有自主知识产权的专用浮吊船型。

第三节 高端装备制造产业布局及重点企业

经过长期快速集聚发展，我国高端装备制造业已初步形成东北、环渤海、中部、珠三角以及西部地区等五大产业集聚区，与高端装备产业相关的新型工业化基地达到 79 家，主要分布在产业聚集区内。与此同时，随着核心集聚区域一定程度的扩散，正在带动周边地区的发展，一些重点新兴城市的高端装备制造产业发展迅速，优势资源集聚效应进一步显现，一批行业龙头和骨干企业脱颖而出，正逐步形成较强的行业竞争力。

一、空间布局

从新型工业化基地来看，以装备制造为主导产业的示范基地达到 79 家，约占 266 家示范基地的 30%。高端装备制造业初步形成了几个集聚区：环渤海和长三角地区的高端装备集群，东北地区改造升级的传统装备制造业，中部地区、珠三角地区以及陕西地区也已呈现明显的专业化产业集聚特征，涵盖工程机械、航空、航天、船舶、汽车、轨道交通、节能环保及国民经济重要领域的重大技术装备产业。

（一）航空装备的空间分布格局

根据《中国民用航空发展第十二个五年规划》，我国将快速扩大通用航空规模，到 2015 年，通用机队规模将超过 2000 架，实现作业量和飞机数量翻番的目标。经几十年的努力，我国已建立起较为完整的航空技术、产品和产业体系，在军用飞机方面，成功研制了歼 –15、歼 –20、运 –20、武直 –10 等高端机型；在民机方面，"新舟"系列和 ARJ21 等支线客机即将投入国内外航线，C919 大型干线客机的研制也取得重要突破，特种飞机、小型无人机、通航飞机等正处于快速发展之中，我国航空制造业初步形成了东北聚集区、京津冀聚集区、长三角聚集区、中部聚

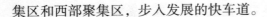

集区和西部聚集区，步入发展的快车道。

（二）卫星及应用的空间分布格局

经过30多年的发展，我国卫星及应用产业已经初步形成了北斗导航定位卫星、东方红通信广播卫星、风云气象卫星、返回式遥感卫星、实践科学探测与技术试验卫星、资源地球资源卫星等6个系列，被广泛应用于经济、文化、教育、国防等各个领域。忧思科学家联盟（UCS）卫星数据库统计，2012年全球在轨卫星总数突破1000颗，其中中国以40颗的数量位列第三[1]。作为我国自行研制的卫星导航定位系统，北斗系统（BDS）与美国GPS、俄罗斯格洛纳斯（GLONASS）、欧盟伽利略（GALILEO）并称为全球四大卫星导航系统，到2020年，我国计划将建成覆盖全球的卫星导航系统。依托北斗卫星导航系统，京津冀、长三角、珠三角等地已初步形成了卫星综合应用类的产业集群。

（三）海洋工程装备的空间分布格局

我国海洋工程装备制造业发展取得了长足进步，2013年海洋工程装备接单金额超过180亿元，居世界第二，其中海洋工程辅助船和自升式钻井平台接单量位居世界第一；2014年海工装备订单金额为147.6亿美元，虽然较2013年有所下降，但是占全球份额明显提升，达到35.2%，跃居世界首位。经过近几年的集聚发展，在环渤海地区、长三角地区、珠三角地区初步形成了具有一定集聚度的产业区，其中长江三角洲地区、重庆、湖北等中西部地区、环渤海地区等配套业集群发展日趋成熟。

（四）轨道交通装备的空间分布格局

我国轨道交通装备产业经过多年的发展，已经形成了自主研发、配套完整、设备先进、规模经营的集研发、设计、制造、试验和服务于一体的轨道交通装备制造体系，包括电力机车、内燃机车、动车组、铁道客车、铁道货车、城轨车辆、机车车辆关键部件、信号设备、牵引供电设备、轨道工程机械设备等10个专业制造系统。工信部公布的《轨道交通装备产业"十二五"发展规划》指出，到2015年轨道交通装备产业年销售产值超过4000亿元，到2020年轨道交通装备产业年销售收入超过6500亿元，研发投入占销售收入比重超过6%。经过多年

---

[1] 数据来源：图形设计师Michael Paukner利用UCS卫星数据库的数据用可视化的方式绘制了一幅世界各国在轨道上的卫星图片。

努力，我国形成了以主机企业为核心、以配套企业为骨干，依托中国南车集团和中国北车集团（现已合并为中车集团），辐射全国的轨道交通装备制造产业链和产业集聚区。

（五）智能制造装备的空间分布格局

近几年，我国智能制造装备产业快速发展，据不完全统计，2011 年智能制造装备产业销售额超过 4000 亿元，2012 年产业销售额已经突破 5000 亿元，根据《"十二五"智能制造装备产业发展规划》，到 2015 年，智能制造装备产业销售收入超过 1 万亿元，年均增长率超过 25%，工业增加值率达到 35%；到 2020 年，智能制造装备产业销售收入超过 3 万亿元，国内市场占有率超过 60%。国内的智能制造装备主要分布在工业基础发达的东北、环渤海和长三角地区，其中以数控机床为核心的智能制造装备产业主要分布在环渤海和长三角地区。同时，工业机器人产业已经成智能制造装备发展的新热点，北京、上海、广东、江苏等将是国内工业机器人应用的主要市场。

二、重点企业

在全球化趋势下，我国高端装备制造业不仅成为国际分工体系的重要组成部分，也开始主动"走出去"，在全球范围内资源配置。全球金融危机以来，我国高端装备制造企业海外拓展的主要方式是以提高自主创新能力为主的海外并购，并购发起方从大型国有企业逐步扩大到更多的领先民营装备制造企业。2009 年，高端装备制造业海外并购达到高峰，之后转为和缓，但始终保持在较高水平。从 2012 年统计数据看，我国装备制造企业海外并购交易的金额在我国制造业整体海外并购交易额中的占比超过 40%。但是，我国企业海外并购的数量和金额占全球比重依然偏小。进入 2014 年，我国高端装备制造企业并购重组逐步升温，整合资源的力度进一步加大，其中"中国北车"和"中国南车"合并重组为"中国中车"影响颇为深远。

（一）我国装备制造业重点企业总体情况

2014 年初，中国制造企业协会、中国装备制造行业协会、中央国情调查委员会和焦点中国网联合评选并发布"2013 年中国装备制造业 100 强"，如表 7-4 所示。

表 7-4　装备制造业百强企业排名

排名	公司名称	所在地	排名	公司名称	所在地
1	上海汽车集团股份有限公司	上海	51	广西柳工集团有限公司	广西
2	东风汽车公司	湖北	52	郑州宇通集团有限公司	河南
3	中国第一汽车集团公司	吉林	53	精功集团有限公司	浙江
4	中国兵器工业集团公司	北京	54	云南冶金集团股份有限公司	云南
5	中国兵器装备集团公司	北京	55	远东控股集团有限公司	江苏
6	中国航空工业集团公司	北京	56	深圳市中金岭南有色金属股份有限公司	广东
7	河北钢铁集团有限公司	河北	57	河北兴华钢铁有限公司	河北
8	首钢总公司	北京	58	重庆力帆控股有限公司	重庆
9	武汉钢铁（集团）公司	湖北	59	沈阳机床（集团）有限责任公司	辽宁
10	北京汽车集团有限公司	北京	60	大连机床集团有限责任公司	辽宁
11	中国船舶重工集团公司	北京	61	江苏新世纪造船有限公司	江苏
12	广州汽车工业集团有限公司	广东	62	太原重型机械集团有限公司	山西
13	太原钢铁（集团）有限公司	山西	63	福田雷沃国际重工股份有限公司	北京
14	天津钢管集团股份有限公司	天津	64	北方重工集团有限公司	辽宁
15	天津天钢集团有限公司	天津	65	德龙钢铁有限公司	河北
16	潍柴控股集团有限公司	山东	66	庆铃汽车（集团）有限公司	重庆
17	天津汽车工业（集团）有限公司	天津	67	河南济源钢铁（集团）有限公司	河南
18	上海电气（集团）总公司	上海	68	海马汽车集团股份有限公司	海南
19	中国北方机车车辆工业集团公司	北京	69	宗申产业集团有限公司	重庆
20	华晨汽车集团控股有限公司	辽宁	70	江西赛维LDK太阳能高科技有限公司	江西

（续表）

排名	公司名称	所在地	排名	公司名称	所在地
21	徐州工程机械集团有限公司	江苏	71	金海重工股份有限公司	浙江
22	天津冶金集团有限公司	天津	72	超威电源（集团）有限公司	浙江
23	天津天铁冶金集团有限公司	天津	73	方大特钢科技股份有限公司	江西
24	中联重科股份有限公司	湖南	74	成都神钢工程机械（集团）有限公司	四川
25	酒泉钢铁（集团）有限责任公司	甘肃	75	沪东中华造船（集团）有限公司	上海
26	湖南华菱钢铁集团有限责任公司	湖南	76	精工控股集团有限公司	浙江
27	万向集团公司	浙江	77	大连重工·起重集团有限公司	辽宁
28	中国南车集团公司	北京	78	湘电集团有限公司	湖南
29	三一集团有限公司	湖南	79	福建省汽车工业集团有限公司	福建
30	四川长虹电子集团有限公司	四川	80	上海胜华电缆（集团）有限公司	上海
31	北京建龙重工集团有限公司	北京	81	山东临工工程机械有限公司	山东
32	中天钢铁集团有限公司	江苏	82	华通机电集团有限公司	浙江
33	包头钢铁（集团）有限责任公司	内蒙古	83	杭州金鱼电器集团有限公司	浙江
34	天津百利机电控股集团有限公司	天津	84	沈阳鼓风机集团股份有限公司	辽宁
35	中国东方电气集团有限公司	四川	85	柳州五菱汽车有限责任公司	广西
36	比亚迪股份有限公司	广东	86	河南省中原内配股份有限公司	河南
37	广西玉柴机器集团有限公司	广西	87	山推工程机械股份有限公司	山东
38	奇瑞汽车股份有限公司	安徽	88	天津塑力线缆集团有限公司	天津
39	安徽江淮汽车集团有限公司	安徽	89	中国第一重型机械集团公司	黑龙江

（续表）

排名	公司名称	所在地	排名	公司名称	所在地
40	江苏扬子江船业集团公司	江苏	90	上海浦东电线电缆（集团）有限公司	上海
41	哈尔滨电气集团公司	黑龙江	91	杭叉集团股份有限公司	浙江
42	江铃汽车集团公司	江西	92	广州广船国际股份有限公司	广东
43	长城汽车股份有限公司	北京	93	西宁特殊钢集团有限责任公司	广西
44	重庆机电控股（集团）公司	重庆	94	山东华兴机械股份有限公司	山东
45	人民电器集团有限公司	浙江	95	常熟市龙腾特种钢有限公司	江苏
46	山东时风（集团）有限责任公司	山东	96	中国四联仪器仪表集团有限公司	重庆
47	北京京城机电控股有限责任公司	北京	97	华菱星马汽车（集团）股份有限公司	安徽
48	天津友发钢管集团有限公司	天津	98	浙江诺力机械股份有限公司	浙江
49	东北特殊钢集团有限责任公司	辽宁	99	哈尔滨哈锅锅炉容器工程有限责任公司	黑龙江
50	王力集团有限公司	浙江	100	安徽叉车集团有限责任公司	安徽

数据来源：中国制造企业协会，2014 年 1 月。

（二）航空制造领域重点企业

经过多年快速发展，我国的航空企业在产品研发、系统综合集成和数字化生产等方面的能力快速提升，若干具有一定国际竞争力的航空企业正在逐步形成之中，2012 年航空产业收入达到 188 亿美元，仅次于美国和欧盟。我国航空发动机整机制造及维修领域也得到长足发展，据海关数据显示，2013 年我国航空发动机行业进出口总额为 59.72 亿美元，同比增长 13.69%；其中，进口额为 40.74 亿美元，同比增长 10.12%；出口额为 18.98 亿美元，同比增长 22.2%；实现贸易逆差 21.76 亿美元，同比略有上升。航空制造领域重点情况如表 7-5、7-6、7-7 所示。

表 7-5　2014 年中国十大通用飞机整机生产公司排名

排名	公司名称
1	中航通用飞机有限责任公司
2	中国航空科技工业股份有限公司
3	哈飞航空工业股份有限公司
4	西安飞机国际航空制造股份有限公司
5	江西洪都航空工业股份有限公司
6	成都飞机工业（集团）有限责任公司
7	沈阳飞机工业（集团）有限公司
8	石家庄飞机工业有限责任公司
9	山东滨奥飞机制造有限公司
10	珠海雁洲轻型飞机制造有限公司

数据来源：前瞻产业研究院整理，2014 年 7 月。

表 7-6　2014 年中国十大航空发动机整机制造及维修公司排名

排名	公司名称
1	西安航空发动机（集团）有限公司
2	沈阳黎明航空发动机集团有限责任公司
3	中国南方航空工业（集团）有限公司
4	贵州黎阳航空发动机（集团）有限公司
5	成都发动机（集团）有限公司
6	中航商用飞机发动机有限责任公司
7	哈尔滨东安发动机（集团）有限公司
8	四川海特高新技术股份有限公司
9	珠海保税区摩天宇航空发动机维修有限公司
10	四川国际航空发动机维修有限公司

数据来源：前瞻产业研究院整理，2014 年 7 月。

表7-7 2014年中国六大无人机企业排名

排名	公司名称
1	中国航空工业集团公司
2	中国航天科技集团公司
3	北方导航科技集团有限公司
4	江西洪都航空工业股份有限公司
5	中国航天科工集团公司
6	西安爱生技术集团公司

数据来源：赛迪智库整理，2014年7月。

（三）港航船领域重点企业

2014年1月，《航运交易公报》发布《2013年中国港航船企市值排行榜》，列举了所有74家在中国证券市场（包括中国大陆、中国香港和台湾地区）上市的主营业务为港口、航运、船舶及相关行业的上市公司，并按照市值大小进行排名。船舶海工企业的市值排名提升较大，在榜单前五位中占据三席，资本市场的投资者也普遍对船舶海工企业重燃投资热情。

表7-8 中国港航船企市值排名表

排名	公司名称	市值（亿元）	所在地
1	上海国际港务股份有限公司	1190	上海
2	中海油田服务股份有限公司	942	北京
3	中国船舶重工股份有限公司	862	北京
4	招商局国际有限公司	566	香港
5	中国国际海运集装箱股份有限公司	372	广东
6	海洋石油工程股份有限公司	337	天津
7	中国船舶工业股份有限公司	332	上海
8	中国远洋控股股份有限公司	326	北京
9	宁波港股份有限公司	324	江苏
10	中海集装箱运输股份有限公司	256	上海
11	中远太平洋股份有限公司	244	香港
12	东方海外有限公司	194	香港

（续表）

排名	公司名称	市值（亿元）	所在地
13	中海发展股份有限公司	166	上海
14	天津港股份有限公司	140	天津
15	上海振华重工股份有限公司	138	上海
16	长荣海运股份有限公司	128	台湾
17	深圳盐田港股份有限公司	119	广东
18	招商局能源运输股份有限公司	114	香港
19	大连港股份有限公司	103	辽宁
20	广州广船国际股份有限公司	100	广东
21	深圳赤湾港股份有限公司	95	广东
22	裕民航运股份有限公司	94	台湾
23	中外运航运有限公司	92	香港
24	芜湖港储运股份有限公司	82	安徽
25	太平洋航运集团有限公司	82	香港
26	阳名海运股份有限公司	79	香港
27	日照港股份有限公司	78	山东
28	锦州港股份有限公司	75	辽宁
29	营口港务股份有限公司	73	辽宁
30	万海航运股份有限公司	69	台湾
31	中国熔盛重工集团控股有限公司	66	江苏
32	海丰国际控股有限公司	66	上海
33	天津港发展控股有限公司	64	天津
34	唐山港集团股份有限公司	62	河北
35	中远航运股份有限公司	60	广东
36	中船江南重工股份有限公司	59	上海
37	中国长江航运集团南京油运股份有限公司	55	江苏
38	珠海港股份有限公司	43	广东
39	天津市海运股份有限公司	42	天津
40	中国外运股份有限公司	40	浙江
41	渤海轮渡股份有限公司	40	山东
42	海南海峡航运股份有限公司	39	海南
43	中远国际控股有限公司	38	香港
44	厦门港务发展股份有限公司	39	福建

（续表）

排名	公司名称	市值（亿元）	所在地
45	江苏舜天船舶股份有限公司	35	江苏
46	张家港保税科技股份有限公司	34	江苏
47	新兴航运股份有限公司	33	台湾
48	江苏亚星锚链股份有限公司	31	江苏
49	宁波海运股份有限公司	31	江苏
50	江苏连云港港口股份有限公司	30	江苏
51	秦皇岛港股份有限公司	29	河北
52	慧洋海运集团	29	台湾
53	台湾国际造船公司	29	台湾
54	重庆港九股份有限公司	26	重庆
55	台湾航业股份有限公司	24	台湾
56	上海佳豪船舶工程设计股份有限公司	23	上海
57	中海海盛船务股份有限公司	22	海南
58	中国航运股份有限公司	21	台湾
59	珠海恒基达鑫国际化工仓储股份有限公司	20	广东
60	四维航业股份有限公司	17	台湾
61	长航凤凰股份有限公司	17	香港
62	北海港股份有限公司	15	广西
63	中昌海运股份有限公司	15	广东
64	益航股份有限公司	15	台湾
65	珠江船务发展有限公司	15	广东
66	南京港股份有限公司	13	江苏
67	龙翔集团控股有限公司	9	香港
68	金辉集团有限公司	9	香港
69	厦门国际港务股份有限公司	8	福建
70	荣丰联合控股有限公司	8	香港
71	勇利航业集团有限公司	4	香港
72	中国基建港口有限公司	3	香港
73	中海船舶重工集团有限公司	3	香港
74	任瑞投资控股有限公司	1	香港

数据来源：《航运交易公报》2014年1月。

（四）中国智能制造装备领域重点企业

经过多年的发展和积累，我国智能制造装备领域形成了一批骨干企业。目前，我国机床行业内销售收入、产值超过百亿元的企业有 2 家，超过 20 亿元的企业有 6 家，超过 5 亿元的企业有 39 家，其中沈阳机床集团和大连机床集团销售额已经进入世界机床前 5 位。随着我国机器人产业的迅速发展，一批有实力的企业也脱颖而出，重点企业如表 7-9 所示：

表 7-9　2014 年中国十大机器人企业排名

排名	公司名称
1	新松机器人自动化股份有限公司
2	安徽埃夫特智能装备有限公司
3	南京埃斯顿机器人工程有限公司
4	广州数控设备有限公司广州公司
5	深圳拓野机器人
6	广东造裕智能装备机器人有限公司
7	东莞普洛汇森自动化科技有限公司
8	上海新时达电气有限公司
9	成都佳士科技有限公司
10	南京熊猫电子股份有限公司

数据来源：赛迪智库整理，2014 年 7 月。

表 7-10　2014 年中国十大智能装备关键部件制造公司排名

排名	公司名称
1	浙江三花股份有限公司
2	安徽中鼎密封件股份有限公司
3	浙江天马轴承股份有限公司
4	杭州前进齿轮箱集团股份有限公司
5	吉林华微电子股份有限公司
6	山东豪迈机械科技股份有限公司
7	同方股份有限公司
8	洛阳轴研科技股份有限公司
9	武汉高德红外股份有限公司
10	浙江大立科技股份有限公司

数据来源：前瞻研究院整理，2014 年。

第八章　新能源产业

新能源产业的概念有广义与狭义之分。广义上讲，新能源产业包含了目前已知可以利用的有别于传统能源的所有能源形式，及其开发利用技术、配套装备设施生产等，具体可分为新能源开发利用、各类新能源技术、新能源装备和基础设施三个层次。狭义上讲，新能源产业就是指在利用新技术开发利用各种非常规的能源形式。联合国开发计划署（United Nations Development Programme, UNDP）将新能源分为三类：大中型水电；新可再生能源，包括小水电、太阳能、风能、现代生物质能、地热能、海洋能；传统生物质能。世界各国对新能源并无明确统一的界定，多从本国实际情况出发，发展技术较为可行、资源较为丰富的新能源种类。如欧洲大力发展太阳能光伏发电和风力发电；美国在推进"页岩气"量产的同时也涉足太阳能光伏发电和风力发电领域；日本在风能方面起步较晚，但在太阳能发电、生物质能尤其是生活垃圾清洁利用方面技术成熟；欧美地区和日本的核电技术较为领先；巴西致力于将丰富的生物质能转化为清洁二次能源，并在利用生物制取燃料乙醇方面取得突破。《国务院关于加快培育和发展战略性新兴产业的决定》（国发〔2010〕32号）中，着重提到了新能源产业中的5个重点方向：核电技术产业、风能产业、太阳能发电产业、生物质能产业和智能电网产业。

第一节 新能源产业发展动态

一、整体概况

（一）全球一系列新能源重要技术取得突破

总体来看，以欧洲、美国为代表的发达国家是新能源技术前进和发展的主要推动力量，在产业化方面也走在前列。

太阳能因其分布广泛、取之不尽、绿色无污染的特性，曾被誉为人类社会可持续发展的重要清洁能源，目前太阳能光伏发电技术已经取得重要进展，太阳能电池原材料的类型和工艺已经得到很大发展，有效转化率迅速提高，已经具备了大规模产业化应用条件。

风电是迄今为止产业化应用最为成功的新能源形式之一，单机容量不断增加，直驱式风电机组已经广泛应用，变桨变速技术已经成为主流，大大提高了风能利用效率，降低了风力发电成本，欧洲已经开始建设规模化海上风电及相关电网布局，并在风况分析、机组设计、工程咨询等生产性服务业领域具备明显竞争优势。

核电由于具有高度的国防安全敏感性和较高的技术门槛，因此其技术演进和产业化应用范围均较为有限，目前世界主流核电技术已经发展到第三代，核电技术来源和类型进一步多样化，ABWR、ESBWR、EPR、AP1000、APR1400、APWR1600等均已成为主力堆型。美国、法国、日本等国家是核电的主要应用国家，三国拥有全球60%左右的核电容量，并已开始第四代核电站的研究论证。美国是世界上核发电量最大的国家，在运核反应堆逾100座；法国2009年核能发电占全国发电量的比例高达76.2%，位居世界主要工业大国的首位；日本核电占全国发电量的比例也超过了1/5，但由于福岛核电站核泄漏事故影响，其未来发展前景并不明朗。在核燃料提取、乏燃料后处理、配套体系建设和安全性处理等方面，发达国家也都具有一定优势，尤其是核燃料提取方面，美国的相关技术实力独占鳌头，在核反应堆小型化方面也占据先机，美国许多核驱动的潜艇、船舶等装备，其核燃料浓度已接近核武器级别，相应地其续航能力和动力水平也居世界顶尖水平。

生物质能产业的核心技术是生物质能转化技术，目前主流的技术方法有气化、

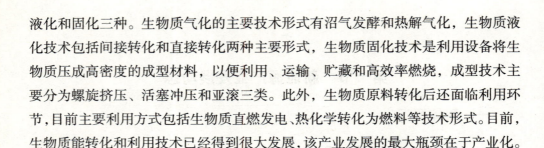

液化和固化三种。生物质气化的主要技术形式有沼气发酵和热解气化，生物质液化技术包括间接转化和直接转化两种主要形式，生物质固化技术是利用设备将生物质压成高密度的成型材料，以便利用、运输、贮藏和高效率燃烧，成型技术主要分为螺旋挤压、活塞冲压和亚滚三类。此外，生物质原料转化后还面临利用环节，目前主要利用方式包括生物质直燃发电、热化学转化为燃料等技术形式。目前，生物质能转化和利用技术已经得到很大发展，该产业发展的最大瓶颈在于产业化。

（二）出台支持举措是新能源发展起步阶段各国政府采取的普遍做法

面对日益突出的能源安全、环境保护和气候变化问题，世界许多国家和经济体都相继进入新能源领域，制定了自己的发展纲领、技术路线和阶段目标，试图寻找和开发新的经济增长点，并长效地解决能源利用效率问题，进而掀起了一场新能源竞赛。在这场竞赛的起跑阶段，各国政府都出台了许多支持政策以推动自身新能源产业起步和发展。

美国于1997年就宣布"百万屋顶计划"，2011年又推出SunShot孵化器计划，推动太阳能发电产业化应用；2001年颁布了《美国国家能源政策报告》，并于2006年发起"全球核能伙伴计划（GNEP）"，重点支持新的后处理技术和先进燃烧快堆（ABR）技术的研究；2004年美国能源部（DOE）推出了风能计划，重点支持海上风电开发；2002年能源部和农业部联合提出《生物质技术路线图》，联邦和各州政府也相继制定了一系列推进计划；2005年公布了能源新法案（EPACT），提出促进清洁能源使用的相关措施。

欧盟各成员国也积极推进新能源发展，德国是其中的标杆国家。以《可再生能源优先法》为核心，德国形成了完善的新能源产业发展法律体系；1991年就通过了强制购电法（EFL），明确了公共电力公司对于新能源发电"强制入网"、"全部收购"和"规定电价"三义务；德国联邦政府先后出台了5期能源研究计划，2009年制定了"E-Energy"计划，投资1.4亿欧元进行智能电网实证实验。此外，英国政府在积极推进本国新能源发展方面也提出很多有效措施，2012年相继提出了生物能源战略和"碳捕捉与存储计划"。

日本政府在推进本国新能源产业发展方面起到更大的作用。1974年开始相继制定颁布了6部新能源法律法规；1974年制定了新能源技术开发长期规划"阳光计划"，1993年在合并"阳光计划"和"月光计划"基础上推出了"能源和环境领域综合技术开发推进计划"；2002年提出了生物质能源战略，2009年颁布了

《新国家能源战略》，并发布了"日本智能电网开发计划"，2012 年又制定了"可再生能源全量固定价格收购法案"和"生物质事业化战略"。同时，日本政府投入大量资金支持技术开发，推进政府和社会团体带头利用新能源，对从业企业加大财政金融扶持力度，并对使用新能源设备的家庭提供直接补贴。

（三）我国新能源产业呈现快速发展势头

2006 年《中国可再生能源法》出台以来，我国新能源产业迅速发展。2007 年，中国全口径装机容量为 71329 万千瓦，其中水电 14526 万千瓦，占 20.4%，火电 55442 万千瓦，占 77.7%，各种新能源 1361 万千瓦，占 1.9%；全口径发电量为 32559 亿千瓦时，其中水电 4867 亿千瓦时，占 15%，火电 26980 亿千瓦时，占 82.86%，核电 626 亿千瓦时，占 1.9%，其他形式新能源发电 86 亿千瓦时。截至 2014 年，中国全口径发电量 55459 千瓦时，同比增长 3.6%；其中水电 10661 亿千瓦时，占 19.2%，火电 41731 亿千瓦时，占 75.2%，核电、并网风电和并网太阳能发电量分别为 1262 亿千瓦时、1563 亿千瓦时和 231 亿千瓦时，占全国发电量的比重分别为比上年提高 0.2 个、0.2 个和 0.3 个百分点。

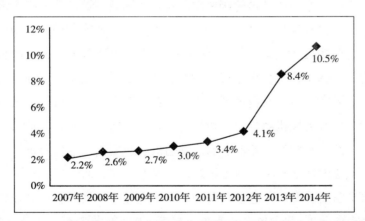

图8-1　2007—2014年中国新能源装机容量占全口径总装机容量占比情况

数据来源：中国电力企业联合会、赛迪智库整理，2015 年 3 月。

注：新能源指并网的风电、太阳能发电、核电以及其他形式新能源发电，不包括并网水电。

表 8-1　各类新能源产业发展阶段

分类	投入商业运行的程度
风力发电	规模快速扩大，产业化程度较高，成本降低，盈利趋稳，但并网方面仍存在技术和制度障碍
太阳能	热利用较为成熟，处于世界领先地位 光伏发电受高成本、政策及市场限制，产业化程度低
生物燃油	多数地区处于研制阶段，技术尚不成熟
乙醇	处于试点推广阶段，靠国家补贴盈利
地热能利用	拥有地热资源的地区已开始开发，多依靠国家补贴
热泵	部分地区正在小规模推广
燃料电池	基本处于开发阶段

数据来源：赛迪顾问整理，2015 年 3 月。

（四）我国新能源产业的自主创新能力持续提升

通过大规模技术引进和消化吸收再创新，我国新能源产业在多个环节和领域上技术水平已经大幅提升，部分达到国际先进水平。核能方面，自 20 世纪 80 年代初我国引进核电技术开始，经过 30 年的发展，已经能够自主设计和建造第二代核电机组，掌握了第三代核电技术的大部分核心关键技术，逐渐形成自主设计和技术流派；同时，在核废料处理、核安全技术等方面也取得较大进展。风力发电方面，我国在大型风机叶片设计和制造方面已经跻身世界领先地位，风电机组整机设计，检测，齿轮箱、偏航轴承、发电机、逆变器、电控系统等关键零部件制造，以及风资源评估与风电场优化设计，风能储能，海上风能利用，风电并网等技术的水平也快速提升。建立起内资企业为主导、外资和合资企业共同参与的风电设备制造体系[1]，我国风电装备企业在满足内需的同时已开始进入国际市场。太阳能发电方面，我国在太阳电池技术方面进步较快，但从全产业链角度看还亟待加强关键技术的研发，例如我国在太阳能级多晶硅生产上多采用提纯技术，与国际先进的闭式改良西门子法相比成本高、耗能多。智能电网方面，与国外注重配电环节不同，我国发展智能电网更多关注输电网环节，相关技术的发展进步较快，尤其在特高压电网建设方面，保证了电网的安全可靠和稳定，提升驾驭大电

---

[1] 《风电发展"十二五"规划》。

网安全运行的能力。

（五）我国新能源产业集聚发展趋势明显

新能源产业是伴随着传统能源成本的上升而催生的新产业门类，对产业基础和技术水平要求较高，因此往往在经济较发达地区发展态势较好。经过近年来的快速发展，人才、技术、产业基础、市场环境，尤其是有效需求等因素对新能源产业发展的影响已经显露，设计、研发、制造等环节集中于东部经济发达地区，其中长三角地区是新能源装备产业的高地，大量核电装备、风电装备、太阳能光伏发电装备等行业的优势企业集聚在该地区；其次是京津冀地区、珠三角地区，以及中东部地区部分产业基础较好的城市和区域。

以风电产业为例，由于中东部地区具有较好的产业基础和配套，具备人才和交通优势，因此风电设备生产企业相对集中在中东部地区。例如天津市依托交通优势，以传统重工业为基础，充分发挥毗邻北京的产业、人才外溢效应，深入挖掘科技研发和土地开发潜力，在将新能源产业作为其重点发展方向之一后即吸引大批企业入驻，歌美飒（中国）将总装厂、电机厂、齿轮箱厂、电气控制柜厂和叶片厂全部布局在天津；维斯塔斯（中国）将其中国代表处设在北京，在上海开设了全球采购办事处，而其叶片厂、机机舱厂、发电机厂、机械加工厂和控制系统厂均则布局在天津；天津已具备承担风电装备生产制造几乎全产业链的功能。而从风力发电环节看，风电厂的分布则符合我国主要风场的分布特点，集中在内蒙古东、西部地区，新疆部分地区，江苏沿海等地区，一部分风电装备生产企业也将部分生产线靠近风电厂布局，目的是降低产品运输成本，

再以太阳能发电产业为例，目前我国太阳能光伏组件和装备制造产业链条各环节的区域集聚态势均较为明显，原材料生产和供应企业主要集中在中西部地区，制造企业主要集中在长三角区域。目前北京、天津和保定等地凭借装备制造业基础、人才集聚和产业政策利好等有利条件，也逐渐集聚了一批光伏装备生产企业。河北衡水、宁晋，广东顺德、清远，安徽合肥等地也积极利用劳动力密集优势，加大产业支持力度，形成了一批光伏组件生产基地。

二、存在问题

（一）产业化成为困扰新能源产业发展的全球性问题

尽管新能源产业在部分国家和地区发展成效显著，但从全球来看，由于较高

的技术门槛、较大的基础设施投入和不菲的成本，各种新能源形式在能源供需体系中仍然是配角，大量的发展中国家仍然被排斥在"新能源俱乐部"之外。

有机构预测，到2040年，尽管化石能源占一次能源消费结构的比例将下降到74.5%，其中石油由33.1%下降至25%，天然气从23.7%升至26.1%，但化石能源仍将占据主导地位。其原因有二：

一是随着技术进步，人类对于各种新形式化石能源和以前无法产业化利用的化石能源储量的开发利用能力大大加强，延长了化石能源主导能源消费的时间。时至今日，世界石油和天然气探明储量仍然在不断增加，随着中东这一传统石油产地占世界原油供应比重的下降，中亚、南美等地区迅速补充和占据了这些空缺，并进一步丰富了世界石油供需市场。美国经过长期的研发和实践，成功突破了页岩气产业化开采技术，不仅使其在能源供应方面迅速实现了自给自足乃至出口，而且大大增加了全球天然气的可采储量和开采潜力。中国等国家积极研发煤炭高效开采和利用技术，也延长了煤炭资源的开采时间，提高了煤炭的利用效率。等等这些技术进步，一方面增加了可利用的化石能源形式，另一方面也增加了化石能源的可采储量，延长了化石能源主导能源供应和消费的时间。

二是尽管新能源技术不断积累和进步，但囿于基础设施建设的缺失，其在广大发展中国家的产业化仍然是不经济和不实际的。世界依赖化石能源支撑工业发展和经济增长的历史已有数百年，在基础设施方面已经十分完备，技术利用也具有一定基础和延续性，在相同条件下，利用化石能源的时间、资金和技术成本大大低于新能源，而且世界工业体系中绝大多数能源消费终端设备（如锅炉、汽车等）都是依照利用化石能源的技术模式设计生产的，要经过改造或重新设计制造才能有效利用新能源。因此，尽管许多新能源利用在技术上已经不存在问题，但限于在既有工业体系、技术路线，出于产业化成本、基础设施投入等原因，新能源的大规模开发利用还要经过一个较长的时期，尤其欠发达国家和地区要走的路更长。

（二）宏观层面缺乏对新能源领域的持续性投入

目前，我国新能源的利用方式以发电为主，一些太阳能光伏发电、风力发电、核能发电的重要技术已被我国逐渐掌握，且新能源领域的基础研究和应用研究已取得一定成绩，但整体上仍与世界先进水平有不小差距。集中体现为：缺乏对前沿领域的系统前瞻和布局，在短期内难以产生重大原创性突破；创新资源重复分散，技术成果转化和持续投入机制尚不完善，一定程度上制约了重大技术产业化的快速推进。反观世界其他在新能源领域取得成绩的国家，无不是通过若干年的持续性投入，依托自身优势发展原创性科研技术，来解决自身需求的。美国以数十年的持续研究和投入为代价，成功掀起了"页岩气革命"浪潮，成为世界上唯一实行页岩气大规模商业性开发的国家，截至 2010 年美国页岩气产量已超过 1000 亿吨，在 5 年里增长了 20 倍，并于 2009 年超过俄罗斯成为世界第一天然气生产大国。日本自 1974 年起即着手推动新能源产业发展，颁布了相关法律，制定了一系列优惠政策，在太阳能、风能、核能等很多领域都取得了长足进步，尤其是核电技术已达世界领先水平，形成了独立的技术流派。巴西从 1975 年就开始积极研发新的能源形式，并将重点放在生物质能领域，制定并出台了"全国乙醇计划"，依托丰富的生物资源研发石油的替代产品。经过多年努力，巴西生物能源在其能源消费结构中占据半壁江山，并在汽车燃料方面取得进展，年销售新车中约有 80% 是可以使用乙醇燃料的新能源汽车。

因此，我国若不尽早确定新能源产业发展的重点方向和路径，对有关技术选择问题开展前瞻研究和设计，并在政策、资金等要素上给予持续性投入，我国新能源产业发展就有可能陷入对其他国家的"路径依赖"和技术上的"低端锁定"，从而在国际上丧失自身特色和市场竞争力，进而危及能源安全。

（三）基础设施和制度建设成为限制新能源产业发展的短板

近年来我国产业界较为热衷于项目投产，在生产制造和产品销售方面取得了较快进展，但在技术引进消化吸收和再创新、标准制定、制度完善和基础设施建设等方面投入资源较少，使产业发展出现不平衡的局面，也对新能源产业的进一步加快发展和转型升级造成局限。基础设施建设方面，以新能源并网发电为例，我国缺少大型的风电、太阳能并网装备，在分布式电网的建设方面也滞后于市场需求，限制了新能源的并网发电。制度方面，以太阳能光伏产业为例，欧美市场的大量需求使得我国太阳能光伏生产企业如雨后春笋般快速发展，形成了原料和市场"两头在外"的发展模式；但当国际贸易壁垒打击了外贸出口后，由于国内尚未建立成熟的市场机制，导致大量企业经营困难乃至破产。再以风电和核电并网为例，尽管国家发展改革委已经发布通知规定了二者并网的标杆电价，但尚未形成完备的价格机制，在具体操作层面仍有很多缺陷，导致风电与核电并网困难，甚至局地出现"弃风"现象。

（四）新能源产业各行业领域、产业链各环节技术进步不均衡

近年来，世界范围内新能源技术不断突破，各主要国家在新能源技术方面都投入不菲。但由于工业科技基础和产业配套等因素，发展水平并不均衡。一些发达国家已经进入大规模商业化阶段的技术在发展中国家仍然处于试验示范阶段。同时各国在新能源发展中各有所长，逐渐形成自身的优势产业，或专注于某个具有优势的产业环节。欧洲在风电、太阳能、核能、海洋潮汐能技术及装备方面具有领先优势。北美在核电和生物质能方面取得了重大成就。中国、印度和巴西在风电、光伏、生物质能方面取得的成绩一定程度上弥补了全球新能源产业受欧洲和北美经济危机冲击所造成的不利影响，但由于起步较晚，对欧洲和北美的技术、资金依赖较大，很难在短时间内取代二者的领先地位。

总体上看，我国新能源产业在核心技术、关键零部件、关键原材料、关键生产工艺等方面与国外先进水平存在差距，从业企业管理水平相对不高，产业链条尚不完整。在发展过程中，在技术和市场上对国外依赖性较强，没有站在产业链前端和价值链高端，形成自身竞争优势，导致新能源产业发展有陷入"高技术、低水平"怪圈的风险。从根本上看，就是由于我国新能源产业在发展过程中优先注重占领市场，对于能够立即带来经济回报的行业领域和产业链环节投入巨大，而不注重长远布局，在技术投入上冷热不均，进而造成技术进步的不平衡。

行业领域上看，我国优先发展的核电、风电、太阳能光热光伏发电等领域，技术进步速度较快，综合水平较高；生物质能产业和智能电网等因为起步较晚，尤其生物质能产业由于原料搜集处理基础设施建设水平相对滞后，因此还未形成大规模产业化经营。

产业链环节上看，我国总体上在新能源生产环节技术水平较强，与国外先进水平差距不大；但在原料加工制取、产业化应用、高端技术研发和设计等方面严重落后，受制于我国传统工业在基础材料、基础工艺、基础元器件等方面的缺陷，新能源装备的设计、研发、制造等也受到相应影响。

三、政策动态

概况而言，中国的能源政策也有广义与狭义之分。所谓广义能源政策，包括能源相关法律、法规、规定和规划、计划等；而狭义的能源政策限定在规划和与之相关的各种规定，即是对产业发展带来最直接影响的部分。从内容上，能源政

策又包括财税、金融、价格等等不同类别。

法律层面，我国涉及能源的专题性法律主要有可再生能源法、循环经济促进法、电力法等，以及配套的环境保护法等。

规划层面，我国在每个国民经济和社会发展五年规划《纲要》中均对能源领域有所涉及，也会出台若干能源类规划，如能源发展规划、可再生能源发展规划以及新能源规划；国家发改委出台的《关于国家应对气候变化规划（2014—2020年）》是我国首个应对气候变化的国家级专项规划，其中大量涉及能源。此类规划明确了相关专题领域的发展重点、主要任务、工作抓手和推进路线，更重要的是对国家能源发展思路进行了总体阐述和具体部署。

与产业发展关系更为直接和密切的则是有关规定，包括指导意见、管理办法、通知，以及有关技术性文件，如行业标准等，这些政策性文件往往针对某个或某类专门问题而制定，具有较强的指向性和可操作性，也是落实规划的主要政策载体。如国家能源局发布的《2014年能源工作指导意见》，我国在"十二五"时期针对新能源并网电价、新能源并网发电、新能源项目审批核准等出台了一系列通知和意见，以及各级政府出台的地方性意见、规定和办法等均属于此类范畴。

近年来，我国能源政策具有越来越清晰的指向性和统一的框架。在规划层面，"十二五"时期我国新能源相关规划包括《风电发展"十二五"规划》、《风力发电科技发展"十二五"专项规划》、《太阳能光伏产业"十二五"发展规划》、《太阳能发电发展"十二五"规划》、《太阳能发电科技发展"十二五"专项规划》《核安全与放射性污染防治"十二五"规划及2020年远景目标》、《全国能源林建设规划》、《生物质能源科技发展"十二五"重点专项规划》、《全国林业生物质能源发展规划（2011—2020年）》、《智能电网重大科技产业化工程"十二五"专项规划》等。

在法规层面，现行相关法规主要针对并网、补贴、准入和审批等环节；其中并网环节是近年来新能源各界普遍关注的重点。《可再生能源法》规定了电网企业对于可再生能源企业上网电量的法律责任；国家发改委制定的《可再生能源发电有关管理规定》作出了进一步细化规定；电监会制定的《电网企业全额收购可再生能源电量监管办法》给出了电量收购的具体办法。新能源并网电价大多采用标杆电价，其中《关于完善风力发电上网电价政策的通知》（2009年7月）将全国按风能资源状况和工程建设条件分为四类风能资源区，不同区内的风电标杆电价不同；《关于完善太阳能光伏发电上网电价政策的通知》中提出了全国统一的太阳能光伏发电标杆上网电价；核电方面我国长期以来采取统一收购方式，价格为"一厂一价"模式，目前正在向标杆电价管理模式转变；《可再生能源发电价格和费用分摊管理试行办法》和《关于完善生物质发电价格政策的通知》对生物质发电的并网电价做出了规定。

第二节　中国新能源产业重点领域分析

一、核电技术产业

（一）发展概况

目前，我国大陆在运核电项目共有 15 台，总容量 1257 万千瓦，以二代核电技术为主；在建 26 台，容量 2884 万千瓦，已批准尚未开工的 5 台机组，装机容量 422 万千瓦。我国的核电发展有"后发优势"，在广泛借鉴经验教训基础上，运用了当前科技发展的新成果，在设计上采取了一系列改进，提高了安全水平，同时加强科研攻关，提升了核电自主创新能力，我国核电机组在综合性能总体上已经达到甚至优于现役国际同类核电站。2012 年，国务院再次讨论并通过《核电安全规划 (2011—2020 年)》和《核电中长期发展规划 (2011—2020 年)》，后者对 2007 年发布的《核电中长期发展规划（2005—2020 年）》做了大幅调整，确定了到 2020 年核电装机规划提高到 8600 万千瓦，占届时总装机的 5%，在建规模约 4000 万千瓦的目标。目前，国家能源局正在研究调整中长期规划，加快沿海核电发展，积极推进内陆核电项目。与此同时，按照"安全第一、质量第一"的原则，积极加强核电安全管理，依法强化核电安全监督，推进核安全文化建设，积极扩展核电安全科技研发。

（二）技术进展

我国引进的第三代核电技术正在加快消化吸收，积极参与国际热核聚变实验堆计划 (ITER)，ITER 采购包研制进展已跃居 ITER 国际合作七方的前列。

1. 核裂变能发电

当前核电发展有两个方向：一是技术改进，推进核电机组升级换代；二是开发新的堆型。二者并行不悖。美、日、法三国已经能够自主设计、建造、施工、运营、维护第三代核电站，全面掌握了三代核电技术并实现了全国产、独立自主知识产权。我国目前在核电关键技术领域已经基本进入世界领先行列，能够独立设计、建造、施工和运行第三代核电机组，但由于核电技术的复杂性、高敏感性等原因，在核电技术自主化、核电装备国产化等方面仍有不足：

一是核电技术领域技术不同源的问题困扰着我国核电"走出去"的战略部署，在最近一段时期显得比较突出。以第三代核电技术为例，中广核集团、中核集团、国家核电技术公司分别拥有 ACPR1000+、ACP1000 和 CAP1400 三种具有独立知识产权但技术不同源的反应堆。目前，三大公司都在积极践行"走出去"战略，但核心技术不同源导致三者间的"内斗"远远多于合作，削弱了在国际市场上的竞争力。

二是一些关键技术和设备还有缺陷。在核燃料技术的研发、乏燃料后处理技术、核电站的运行检修技术等方面与国外还有较大差距；同时，我国第三代核电相关的主管道、压力容器、蒸汽发生器、主泵等关键设备仍难以完全自主设计制造。

三是人才培养能力不足，关键领域仍主要依靠国外力量。由于核电技术人才培养周期长，具有很强的专业性、复杂性，加之师资力量等的不足，我国核电技术人才的培养能力尚不足以支撑未来的核电发展计划。

2. 核聚变能利用

目前核聚变能在全球范围内还处于探索试验状态。我国积极参与国际热核聚变实验堆计划 (ITER)，ITER 采购包研制进展已跃居 ITER 国际合作七方的前列，同时自主设计、建设、成功运行了世界上首台全超导非圆截面托卡马克核聚变实验装置（EAST）。

二、风能产业

（一）发展概况

2005—2013 年，我国风电装机容量从 126 万千瓦迅速增长到 92039 兆瓦。据《风电发展"十二五"规划》显示，到 2010 年底，我国已建成 802 个风电场，安装风电机组 3.2 万台，形成了一批装机规模百万千瓦以上的风电基地，内蒙古风电装机达到 1000 万千瓦以上。2013 年全国风电累计并网容量 7716 万千瓦，同比增长 23%；发电量 1349 亿千瓦时，同比增长 34%。2014 年并网风电 1563 亿千瓦时，同比增长 12.2%。在此基础上，我国风电产业在发展过程中进一步夯

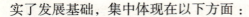

实了发展基础，集中体现在以下方面：

一是基本摸清了风能资源状况。据《风电发展"十二五"规划》显示，国家组织开展了全国风能资源评价、风电场规划选址和风能资源专业观测网建设，建立了全国风能资源数据库。目前，全国陆上 70 米高度风能资源在现有技术条件下的可开发量约 25.7 亿千瓦，近海 100 米高度 5—25 米水深范围内在现有技术条件下的可开发量约为 1.9 亿千瓦、20—25 米水深范围约为 3.2 亿千瓦。我国北方及沿海地区风能资源较为丰富。

二是产业服务体系初步建立，运营管理水平不断提高。据《风电发展"十二五"规划》显示，我国初步建立了覆盖全产业链的管理办法、技术规定和工程规范，建立了国家级风电设备检测中心和试验风电场，完善了检测试验技术手段，依托国内主要科研机构和骨干企业，建立了多个国家级风电技术研发中心，将风电纳入了教育培训体系，培养了多层次、多领域专业人才。依托快速发展的风电产业，在市场需求拉动下逐步形成了专业的风电场规划设计、工程咨询、建设安装和运营管理力量。

（二）技术进展

总体看，我国风电装备技术水平和国产化率不断提升，已形成涵盖主要零部件的生产体系，整机企业迅速壮大，产品性能明显改善，尤其在大型叶片配套生产能力方面提高较快。基础结构件、铸锻件等产品已经开始供应国际市场。

表 8-2　国内风电装备领域技术现状

序号	领域	国内现状
1	整机	基本具备兆瓦级风机国产化能力，已开展大功率风机预研
2	发电机	基本与国外先进水平持平，并同步开展包括大功率风机在内的先进技术研发
3	叶片	材料技术相比国外先进水平有所滞后，产能满足国内需求并寻求出口；龙头企业一般自建叶片厂
4	塔架/轮毂/机舱罩	产能完全能够满足国内需求，并大量对外出口
5	齿轮箱	基本满足国内1.5兆瓦级以下机组需求，在工艺及寿命方面不及国外产品；2兆无法满足瓦级以上机组需求
6	轴承	包括主承力轴承、偏航轴承和变桨轴承。产能不足，尤其对于2兆瓦级以上机组，且工艺及寿命方面不及国外产品

（续表）

序号	领域	国内现状
7	电控系统	大部分从国外购买，产能严重不足，是国内风电装备制造业最薄弱的环节
8	风电开发商	数量较多，分布区域较广

数据来源：赛迪智库整理，2015 年 3 月。

表 8-3　中国风能技术发展路线图

项目	项目细则	2009—2020年	2021—2030年	2031—2050年
风能资源评估技术		中尺度气象模型 复杂地形风模型 风能资源数值模拟系统		
风电机组技术	设计技术 制造技术 标准、检测与认证技术 恶劣气候环境下可靠性	兆瓦级风电机组总体设计 风电机组物理试验与数值仿真 风电机组产业体系建立 标准、检测与认证体系建立 风电机组在线监测与故障诊断系统	多兆瓦级风电机组设计与制造 恶劣气候环境下风电机组可靠性技术应用	
风电并网技术	风电系统仿真技术 风电调度管理 风电功率预测技术 输电技术	风电系统仿真模型与应用 风电调度管理系统示范 风电功率预测模型与示范 分频输电技术示范 直流输电技术示范	风电并网技术标准与规范 风电调度管理系统商业应用 风电功率预测商业应用 分频输电技术应用 直流输电技术应用	
风能应用技术	分布式电源系统 储能技术 风电直接应用系统	分布式电源与微网示范 新型储能系统研发与示范 风电直接应用系统研发	分布式电源系统商业化应用 新型储能系统商业化应用 风电在海水淡化、制氢和高能耗企业中的直接应用示范	新型储能系统商业化应用 风电在海水淡化、制氢和高耗能企业中的商业化应用

（续表）

项目	项目细则	2009—2020年	2021—2030年	2031—2050年
海上风电技术	海上风电机组 海上风电场	海上风电机组研发运行 近海风电场（离岸20km以内）示范	海上风电机组规模化生产 海上风电场（离岸50km以内）示范	海上风电场（离岸50km以内）规模化

数据来源：《中国能源中长期（2030、2050）发展战略研究》（可再生能源卷），科学出版社 2011 年版。

三、太阳能发电产业

（一）发展概况

目前我国太阳能光伏产业规模较大，在成本上具有国际竞争优势。太阳能发电成本快速下降，具备了在国内较大规模应用的条件。2010 年，我国大陆地区光伏电池产量达 1000 万千瓦，占全球市场份额 50% 以上[1]；光伏电池技术居世界前列，半数以上的光伏电池生产设备可在国内生产，一批重大装备设计、制造和系统集成等技术取得突破。我国的太阳能光伏产业链条呈现"上游重、下游轻、两头在外"的状态，电池及组件生产商较多，拥有大批从事多晶硅电池、硅基薄膜电池、铜铟镓硒薄膜电池和聚光电池生产的企业，而设备制造商较少。中游的生产加工环节企业较多，上游的基础原材料生产、下游的产业化利用环节基本依靠国际市场。太阳能光热利用方面，德州皇明太阳能是我国太阳能热水器产业龙头，年推广集热器面积 300 万 m²，相当于整个欧盟的总和，比北美的两倍还多；济南力诺瑞特集团是我国太阳能行业唯一一家拥有完整产业链的集团公司，江苏太阳雨新能源公司专业从事太阳能等新能源应用产品技术研究、生产制造和市场推广，是中国最大的太阳能热水器出口产品制造商。

近年来，受国际金融危机和贸易保护主义影响，我国太阳能光伏产业受到较大打击。为此，我国加快启动了太阳能光伏的多元化国内市场建设，制定了太阳能发电上网电价政策，在西部太阳能资源优势地区建成了一批并网光伏电站，并推动向无电地区供电。到 2010 年底，全国累计光伏电池安装总量约 86 万千瓦，其中大型并网光伏电站 45 万千瓦，与建筑结合安装的光伏发电系统 26 万千瓦。

---

[1] 《太阳能发电发展"十二五"规划》。

同时，太阳能发电产业的配套服务体系日趋完善，初步建立了太阳能光伏电池组件产品的标准、检测和认证体系，基本具备了光伏发电系统及平衡部件的测试能力[1]。

（二）技术进展

目前太阳能利用技术主要包括热利用和发电两类。热利用方面，目前世界主流太阳能热利用方式包括建筑供热、取暖、制冷、海水淡化和工业领域应用等。在我国主要的应用领域为太阳能热水器。我国太阳能热利用产品产量和运行保有量世界第一，形成了从原材料加工、集热器生产到热水器生产的完整产业链，但主流产品为整体直插式太阳能热水器，与国际上先进的二次循环、承压产品相比，舒适性、卫生性和稳定性均较差，不易与建筑结合。

发电技术又按种类不同分为热发电和光伏发电两种。我国发展较快的是光伏发电。太阳能光伏发电是目前最具有应用前景的太阳能利用方式。依托相关技术的不断发展，有效带动和牵引了产业链和装备链的完善，从而形成完整的产业发展环境和格局。多晶硅的提纯技术是制约光伏产业链中最大的瓶颈，一方面是提炼晶体硅的工艺成本和技术，另一方面是生产多晶硅流程中的高耗能高污染的环境成本。

四、生物质能产业

（一）发展概况

过去10年我国在生物质利用方面技术不断进步，生物质能产业呈现快速发展的势头。2010年，生物质能利用量（不含直接燃烧薪柴等传统利用方式）约2400万吨标准煤[2]。我国生物质资源丰富，发展潜力较大，每年农业生产产生大量的秸秆、农产品加工物，大面积的自然林和经济林也产生大量林产品剩余物，城市生活垃圾和工业废弃物也可以成为生物质能源的原料。

---

[1]　《太阳能发电发展"十二五"规划》。
[2]　彭源长：《2015年生物质发电装机容量1300万千瓦》，《中国电力报》2012年12月31日。

表 8-4　我国生物质能源利用潜力

资源来源	可利用资源量		已利用资源量		剩余可利用资源量	
	实物量（万吨）	折合标煤（万吨）	实物量（万吨）	折合标煤（万吨）	实物量（万吨）	折合标煤（万吨）
农作物秸秆	34000	17000	800	400	33200	16600
农产品加工剩余物	6000	3000	200	100	5800	2900
林业木质剩余物	35000	20000	300	170	34700	19830
畜禽粪便	84000	2800	30000	1000	54000	1800
城市生活垃圾	7500	1200	2800	500	4700	700
有机废水	435000	1600	2700	10	432300	1590
有机废渣	95000	400	4800	20	90200	380
合计		46000		2200		43800

数据来源：《生物质能发展"十二五"规划》。

（二）技术进展

生物质能的主要利用方式有生物质发电、生物质燃料等。前者主要有农林残留物发电、生活垃圾发电两种形式；目前我国已掌握了高温高压生物质发电技术。后者目前包括生物质柴油、生物燃料乙醇等；目前我国已培育了一批抗逆性强、高产的能源作物新品种，由木薯和高粱制取乙醇技术基本成熟，纤维素乙醇技术研发取得较大进展。生物质能利用的难点在于原料收集加工和转化环节。我国生物质资源极为丰富，种类多数量大，且居民生活每年产生大量生活垃圾，农业生产也产生许多副产品，但尚未建立起集中、有效、成规模的收集系统，导致目前生物质发电很少用于公共电网的并网发电，生物质燃料也尚未大规模应用。

生物质能装备制造企业主要生产生物质直燃、混燃和气化供热/发电装备，和生物质气化制氢等相关装备；为生物质制取并利用燃气、生物质成型燃料制取并利用、生物质发电、生物液体燃料制取并利用提供装备。

表 8-5　我国各类生物质能利用规模

利用方式	利用规模		年产能量		折合标煤
	数量	单位	数量	单位	万吨/年
生物质发电	550	万千瓦	330	亿千瓦时	1020
户用沼气	4000	万户	130	亿立方米	930
大型沼气工程	50000	处	10	亿立方米	70
生物质成型燃料	300	万吨			150
生物燃料乙醇	180	万吨			160
生物柴油	50	万吨			70
合计					2400

数据来源:《生物质能发展"十二五"规划》。

五、智能电网产业

(一)发展概况

我国的智能电网建设主要目的是解决电力供需的时空矛盾,侧重点在输电环节。自 2007 年华东电网正式启动智能电网可研项目以来,相关研究不断推进,技术路线不断清晰。我国已形成了目前世界上实验能力最强的特高压实验研究体系,制定了《智能电网关键设备(系统)研制规划》和《智能电网技术标准体系研究及制定规划》,在关键设备研制和技术标准体系建设、清洁能源并网及大容量储能等方面均取得进展。根据国家电网公司 2009 年制定的"智能电网计划",2020 年我国将建成以华北、华东、华中特高压同步电网为中心,东北特高压电网、西北 750 千伏电网为送端,联结各大煤电基地、大水电基地、大核电基地、大可再生能源基地,各级电网协调发展的坚强智能电网。

表 8-6 我国智能电网主要试点

领域	项目名称	项目内容	预期完工时间
综合示范	上海世博园智能电网综合示范工程	上海世博园智能电网综合示范工程建设内容分为两类，一是示范工程，包括：智能变电站、配电自动化系统、电能质量检测与控制、故障报修管理系统、储能系统、分布式电源接入、用电信息采集系统、智能用电楼宇/家居、电动汽车充放电与并网；二是演示工程，包括：以特高压交直流系统为代表的智能输电展示系统、服务"三华"电网一体化运行的智能电网调度技术支持系统、信息化平台、其他可视化展示。	2010年4月
发电	风光储联合示范工程	全国第一个风光储能综合示范项目计划位于张北县大河乡、台路沟乡境内，占地面积200km^2，开发规模为50万千瓦风电、10万千瓦太阳能光伏发电、7.5万千瓦化学储能。项目建成后将成为世界上最大的太阳能光伏发电场、最大的风光储实验中心、第一个超百万千瓦风电集中输出检测基地、世界上规模最大的风光储三位一体示范工程。	2011年6月一期工程
发电	常规电源网厂协调试点工程	选取接入华北、华东500kV电网的部分机组为发电测试对象，具体建设内容包括：发电机励磁系统、调速系统参数实测，确定适用于电力系统稳定计算的数学模型及参数，完善计算数据库；发电机PSS参数配置，确定PSS数学模型及参数，完善计算数据库；发电机机组涉网参数在线管理；研究机组涉网保护对电网稳定运行的影响，优化保护定值设置。	2010年6月
输电	输电线路状态监测中心试点工程	采用国网电科院研制的新一代雷电监测技术，完成新疆、西北等空白或未完全覆盖区域的探测站布点和监测系统建设，对运行年限较长的部分网省公司雷电监测系统进行升级改造，实现雷电监测全面联网，建成以特高压线路、大跨越和微气象为监测对象的应用系统，初步建成公司线路状态监测中心。	2010年12月
变电	智能变电站试点工程	开展一次设备智能化关键技术研发攻关，建设7座智能变电站。其中，新建4座（750kV、500kV、220kV、110kV各1座），升级改造3座（500kV、22kV、11kV各1座）。实现全站信息数字化、通信平台网络化、信息共享标准化、高级应用互动化。新建站的试点单位和试点工程为：陕西公司延安750kV变电站、东北公司长春南500kV变电站、江苏公司西经220kV变电站、湖南公司张家园110kV变电站。改造站的试点单位和试点工程为：浙江公司兰溪500kV变电站、山东公司青岛午山220kV变电站、河南公司金谷园110kV变电站。	2011年6月

（续表）

领域	项目名称	项目内容	预期完工时间
配电	配电自动化试点工程	规范配电自动化技术的开发、设计、建设和运行，形成针对各种不同需求的实用配电自动化典型模式系列。选择北京市西城区和东城区、杭州城区、银川金凤区、厦门岛内的恩明区和湖里区4个重点城市的中心区域进行配电自动化试点工程建设，建成具备系统自愈、用户互动、高效运行、定制电力和分布式电源灵活接入等功能的智能电网。	2011年12月

数据来源：中金公司研究部，2012年1月。

（二）技术进展

我国积极推动智能电网技术和设备的研发，制定了关键技术框架，2012年印发的《智能电网重大科技产业化工程"十二五"专项规划》中部署了9项重点任务：大规模间歇式新能源并网技术、支撑电动汽车发展的电网技术、大规模储能系统、智能配用电技术、大电网智能运行与控制、智能输变电技术与装备、电网信息与通信技术、柔性输变电技术与装备、智能电网集成综合示范。目前，我国已在新能源并网、智能变电站、电动汽车充换电服务网络、智能电网调度技术支持系统、输变电设备状态监测系统、用电信息采集、自动化配电等方面取得了进展，已建成28个智能小区和智能楼宇，25.7万用户电力光纤到户。建成了上海世博园、中新天津生态城、扬州开发区3项智能电网综合示范工程。

第三节 中国新能源产业布局及重点企业

一、空间布局

政策和资源是影响中国新能源产业布局的重要因素。在区域政策和资源影响下，我国新能源产业集聚特征显现，初步形成了以环渤海、长三角、中部、西南、西北等为核心的新能源产业集聚区。

依托区域产业政策、资源禀赋和产业基础，各集聚区新能源产业发展迅速，特色明显。长三角区域是我国新能源产业发展的高地，聚集了全国约1/3的新能源产能；环渤海区域是我国新能源产业重要的研发和装备制造基地；中部区域的河南、江西两省对环渤海、长三角区域形成有力支撑；西北区域是我国重要的新能源项目建设基地；西南区域是我国重要的硅材料基地和核电装备制造基地。在整体上形成了东、中、西部统筹发展的局面。

环渤海区域有较强的技术研发实力和装备制造业基础，是我国新能源产业重要的研发和装备制造基地，集聚了30%左右的风电装备制造企业。长三角区域是我国新能源产业发展的高地，聚集了全国约1/3的新能源产能，集中了60%的光伏企业、20%以上的风电装备制造企业、53.5%的建成核电站装机和近40%的生物质发电装机。中部区域主要产业基地有洛阳国家硅材料及光伏高新技术产业化基地、新余国家硅材料及光伏应用产业化基地、上饶国家光伏高新技术产业化基地等；著名企业有洛阳中硅、江西赛维LDK等。西南区域依托雄厚的资源和重工业基础，成为我国重要的硅材料基地和核电装备制造基地；其中四川集中了全国多晶硅产能的30%和产值的20%，占据了国内核电核岛核心设备50%的市场。西北区域是我国重要的新能源应用基地，该区域风能和太阳能资源丰富，是大规模风电和太阳能光伏发电项目的集中区，集聚了我国90%以上的风电项目和太阳能光伏发电项目。

（一）风电产业布局

1. 风电场布局

目前我国已具备在陆上、海上和潮间带进行风电装机并网的能力。其中大型的陆上风电基地主要有河北、蒙东、蒙西、吉林、甘肃、山东、江苏、新疆和黑龙江等9个。潮间带风电装机试点已在江苏省盐城市开展，首批4个项目已经开工并陆续并网发电。上海东海大桥海上风电项目是中国第一个海上风电项目，也是目前国内规模最大的近海风电项目，总装机容量102MW。除该项目外，其他海上风电装机主要为各风电装备制造企业制造安装的样机。

全国31个省（区、市）和香港、台湾地区，除四川、西藏外，已经全部建成不同数量、不同规模的风力发电基地。

表8-7　2013年各省（区、市）新增及累计风电装机容量

序号	省（自治区、直辖市）	2012年累计/MW	2013年新增/MW	2013年累计/MW
1	新　疆	3306.1	3146.0	6452.1
2	内蒙古	18623.8	1646.5	20270.3
3	山　西	2907.1	1309.0	4216.1
4	山　东	5691.0	1289.6	6980.5

（续表）

序号	省（自治区、直辖市）	2012年累计/MW	2013年新增/MW	2013年累计/MW
5	宁　夏	3565.7	884.7	4450.4
6	贵　州	507.1	683.0	1190.1
7	辽　宁	6118.3	639.7	6758.0
8	黑龙江	4264.4	623.0	4887.4
9	甘　肃	6479.0	617.0	7096.0
10	陕　西	709.5	583.0	1292.5
11	江　苏	2372.1	543.6	2915.7
12	广　东	1691.3	527.6	2218.9
13	湖　南	249.3	522.0	771.3
14	河　北	7978.8	521.1	8499.9
15	云　南	1964.0	520.0	2484.0
16	湖　北	193.9	453.6	647.5
17	吉　林	3997.4	382.5	4379.9
18	福　建	1290.7	265.5	1556.2
19	青　海	181.5	204.5	386.0
20	广　西	203.5	157.0	360.5
21	河　南	492.6	154.6	647.2
22	浙　江	481.7	128.6	610.3
23	安　徽	494.0	97.5	591.5
24	四　川	79.5	77.5	157.0
25	江　西	287.5	38.0	325.5
26	天　津	278.0	27.0	305.0
27	重　庆	104.4	19.7	124.1
28	上　海	352.0	18.0	370.0
29	西　藏	0.0	7.5	7.5
30	北　京	155.0	1.5	156.5
31	海　南	304.7	0.0	304.7
32	香　港	0.8	0.0	0.8
	汇总	75324.2	75324.2	16088.7
33	台　湾	621.0	4.6	625.6
	总计	75945.2	75945.2	16093.3

数据来源：中国风能协会（CWEA），2013年3月。

表 8-8　中国潮间带风电装机情况

省份	项目名称	开发商	制造商	装机数量/台	装机容量/MW
山东	滨海海上风电项目一期	国电	联合动力	1	3
	潍坊实验风电场			1	6
福建	福清海上风电项目样机	福建投资	湘电风能	1	5
天津	天津滨海项目33MW	龙源	联合动力	—	27
江苏	如东潮间带项目	龙源	重庆海装	2	10
	如东15万千瓦海上（潮间带）示范风电场	龙源	远景能源	20	50
	如东15万千瓦海上（潮间带）示范风电场增容			20	50
	江苏响水潮间带2*3MW试验风机项目	三峡	东汽	1	3
总计				46	127

数据来源：中国风能协会（CWEA），2013 年 3 月。

2. 风电装备产业布局

从新增和累计装机容量看，截至 2014 年，排名前 20 位的风电装备制造企业中的 18 家（同时出现在累计装机容量前 20 和新增装机容量前 20）中，有 15 家是国内企业。18 家企业占据了新增装机容量的 93.4%，累计装机容量的 98.4%；15 家国内企业占据了新增装机容量的 87.5%，累计装机容量的 87.6%。概况而言，风电装备生产基地相对集中在中东部地区，其集聚因子可以分为两类：一是向具有工业基础、人才优势、交通优势等区域集中，例如环渤海传统重工业基地、长江三角洲装备制造业基地、老三线建设时期产生并沿革至今的工业基地，这些区域具有较为完善的生产要素配套，交通物流成本较低，投产后可以较快生产出产品；二是向风能资源丰富的区域集中，如内蒙古东、西部地区，新疆部分地区，江苏沿海等，靠近生产原料投资建厂有利于促进产品销售，降低产品运输成本，不利因素是工业基础差，前期投入大。

在这些风电装备生产基地中，有一部分相比其他基地吸引了更多的企业投资建厂。如天津市依托水、陆交通优势，以传统重工业为基础，充分发挥毗邻北京的产业、人才外溢效应，深入挖掘科技研发和土地开发潜力，近年来产业发展基础不断夯实，吸引了一大批工业企业入驻，以风电为例，歌美飒（中国）将总装厂、电机厂、齿轮箱厂、电气控制柜厂和叶片厂全部布局在天津；维斯塔斯（中国）将其中国代表处设在北京，在上海开设了全球采购办事处，而其叶片厂、机机舱厂、发电机厂、机械加工厂和控制系统厂均则布局在天津；天津已具备承担风电装备生产制造几乎全产业链的功能。

（二）太阳能光伏产业布局

我国属太阳能资源相对丰富的国家，拥有日照时间长、日照角度佳的荒漠地带，适于建设大型光伏发电站。

但是，由于我国目前促进太阳能发电发展的土地、价格、财税等方面的经济政策和电网接入技术还不够完善，适应分布式光伏发电的电力管理体制和价格机制还不成熟，我国光伏产品产能扩张过快，国内光伏产品应用市场培育不足，95%的产品销售依赖国外市场。在国际市场需求增速下降和部分国家实行贸易保护主义后，产能过剩矛盾十分突出。从国内市场看，尽管各省（区、市）都在推动光伏装机和并网，但效果并不理想，只有江苏省光伏发电占到全省发电量的30%以上，其他普遍未超过10%，还有一些未达1%。

表8-9　中国太阳能资源区划

名称	符号	指标〔千瓦时/（平方米·年）〕	占国土面积百分比（%）	地区
极丰富带	I	≥1750	17.4	西藏大部分、新疆南部以及青海、甘肃和内蒙古西部
很丰富带	II	1400—1750	42.7	新疆大部、青海和甘肃东部、宁夏、陕西、山西、河北、山东东北部、内蒙古东部、东北西南部、云南、四川西部
丰富带	III	1050—1400	36.3	黑龙江、吉林、辽宁、安徽、江西、陕西南部、内蒙古东北部、河南、山东、江苏、浙江、湖北、湖南、福建、广东、广西、海南东部、四川、贵州、西藏东南角、台湾地区
一般带	IV	<1050	3.6	四川中部、贵州北部、湖南西北部

数据来源：《可再生能源丛书》（太阳能卷），中国电力出版社2008年版。

目前我国太阳能光伏组件和装备制造产业形成了以长江三角洲为制造基地、中西部地区为原材料供应基地的格局。长三角地区是我国最早的光伏产业基地，目前北京、天津和保定等地凭借装备制造业基础、人才集聚和产业政策利好等有利条件，也逐渐集聚了一批光伏装备生产企业。河北衡水、宁晋，广东顺德、清远，安徽合肥等地也积极利用劳动力密集优势，加大产业支持力度，形成了一批光伏组件生产基地。随着产业链延伸，江西新余、景德镇，安徽芜湖，河南洛阳，四川乐山等地成为国内硅片制造和原料多晶硅生产基地。

（三）核电产业布局

世界范围看，核能利用有几个热点区域，一是北美地区，二是欧洲地区，三是东欧、俄罗斯等前苏联地区，四是东亚地区，以日本和中国为代表。其中欧洲（以法国为代表）、美国和日本是核电发展起步较早、基础较好的国家和地区。另有印度、巴西等新兴市场国家也在积极发展利用核能。

中国目前主要在运核电站均分布在沿海地区，在建核电站中有一部分在中部地区。主要核电常规岛、核岛供应商及其制造基地则主要分布在四川、黑龙江，以及靠近市场的沿海地区。

核电设备制造业布局总体上呈现东部集聚的特点，尤其是长三角和珠三角，与我国高端制造业发展较好的区域相一致，既体现了核电装备制造对于传统工业、科技工艺的依赖，又符合市场指向型的明显特点（我国现有核电站大多分布在沿海地区）。考察若干主要核电装备上市企业，可以得到我国核电装备制造业的大致空间布局。

二、重点企业

（一）风电产业重点企业

根据在产业链上的分工不同，风电企业可以分为风电整机制造商、零部件制造商和风电开发商三类，其中零部件制造商又包括发电机制造商、叶片制造商、基础零构件制造商(轮毂/塔架/机舱罩/齿轮箱/轴承)、电控系统制造商等。目前，风电行业中的龙头企业全部为整机制造商，其他零部件制造商多以订单生产为主要模式。

风电整机制造商中，歌美飒、维斯塔斯是全球性的领军企业，在技术水平、装机能力、设计能力、运营和维护水平上都居于世界前列。但由于近年来世界范围内风电行业市场发展缓慢，加之以金风、苏司兰等为代表的中国和印度企业崛起，传统巨头在成本和市场上面临双重压力，前进步伐放缓，维斯塔斯甚至不得不以 1 欧元的价格出售几家配套工厂以缓解危机。我国实力较强的风电整机制造商有金风科技、联合动力、明阳风电、远景能源、湘电风能、上海电气、华锐风电、重庆海装、东汽、华创风能、南车风电、三一电气、京城新能源、兰州电机、保定天威保变等。

（二）太阳能光伏产业重点企业

目前在我国光伏产业链中，有实际产能的多晶硅生产商 20 余家，硅片生产企业 60 余家，电池企业 60 余家，组件企业 330 余家。截至 2010 年底，国内已有海外上市的光伏产品制造公司 16 家，国内上市的光伏产品制造公司 16 家，行业年产值突破 3000 亿元，进出口额 220 亿美元，就业人数 30 万人。

目前，国外成熟企业多位于光伏产业链上游，控制多晶硅提纯和新技术开发环节，目前已进入稳步成长阶段；国内涉及多晶硅的企业多处于成长初期；海外上市的国内企业则由于海外市场需求的扩张和此类企业向上游拓展等因素，逐渐向产业链整合的方向发展。但从整体看，我国太阳能光伏企业集中于电池组件生产环节，原材料和市场"两头在外"，两头受制于人。

（三）核电产业重点企业

核电领域的企业类型按在产业链上的分工不同，主要分为核资源（材料）企业、核设备企业、运营企业、施工建设企业、设计企业等。

在核资源领域，我国铀矿资源主要掌握在中钢集团、中核集团、中国水电集团三家手中。相关研究显示，到 2020 年中国需要铀原料为 7000—10000 吨 / 年，同时产生的核废料达到 1500 吨 / 年，期间的累积量更高达 14000 吨。目前国内直接和铀原料相关的上市公司还没有，但有与核电站材料相关的上市公司，比如作为反应堆冷却剂的钠，燃料包壳管锆管，以及反应堆缓和剂的石墨，可以重点关注的上市公司有：东方锆业、兰太实业、方大碳素。

在核电设备制造领域，我国综合实力较强的企业为：东方电气集团、上海电气集团和哈尔滨电站设备集团。上海电气与西门子联合体占有率达 45%（每年订单近 30 亿元），哈电与 GE 联合体占有率仅有 5%，剩余的 50% 为东方电气所占；在常规岛设备市场上，上海电气与西门子联合体、哈电与 GE 联合体和东方电气基本上是三分天下。其他主要提供核电装备的上市公司有上海机电、海陆重工、天威保变、哈空调、自仪股份、沃尔核材、奥特迅、上电股份、中成股份、中核科技、哈尔滨动力、嘉宝集团、振华科技、江钻股份、宝胜股份、西部材料、中国一重、大西洋、九龙电力、湘电股份、南风股份、江苏神通等。

第九章　新材料产业

2014 年新材料产业在多个领域加快技术突破和产业化，新材料产业已经成为一个国家或一个企业在新一轮世界产业竞争格局重构中确立自身地位的关键因素，成为很多国家摆脱金融危机影响的重要战略支撑点，新材料产业对整个制造业的影响正在加速放大，而中国企业后来居上的态势进一步凸显。

第一节　国内外新材料产业发展动态

一、整体概况

（一）新技术新产品层出不穷

后金融危机时代，发达国家企业和研发机构加快新技术和新产品的研发，以期待冲破金融危机带来的消极影响。以可穿戴材料为例，除了用在智能终端方面，医疗体征检测方面也有新的进展，日本电话电报公司和东丽公司等，开发出一种可穿戴新材料，该材料只要穿件汗衫，就可以戴上电极，用来监测脉搏和心电图。以复合材料为例，波音公司目前正在开展复合材料防雷用多孔金属箔裂纹方面的研究，由于裂纹容易导致金属腐蚀，该项研究可防止复合材料结构油漆产生微裂纹。在金属材料方面，目前日本正在开展一项使金属材料同时获得高强和高韧的研究，这种鱼和熊掌兼得的研究，可以使得在航空和医疗领域一些金属采购器件功能性大幅提升。又例如，2014 年欧洲一个联合研究团队，成功合成了二维材料锗烯，与石墨烯相同，该材料同样具有出色的光学和电学性质，可以广泛应用在各种电子设备之上。

（二）国际企业巨头继续深化全球合作

无论是在研发还是产业化，无论是在技术转让还是深化垄断，国际新材料企业巨头都在积极主导全球新材料产业资源布局。例如，在研发方面，空客创新部与中航工业基础技术研究院等签署协议，共同组建新材料研究卓越中心，以适应在教育、市场、知识产权等方面分工共享的国际趋势。在产业化方面，如山东济南拟围绕新材料等，建设中日韩自贸区济南先行示范区，旨在加大对国际新材料企业巨头的招商与合作。在高分子材料领域，如巴斯夫投资700万元扩建明斯特的树脂工厂。该项投资可以看作这一新材料巨头继续扩大该公司在该领域的优势，以迎合汽车等领域的发展需求。该项投资还改进了原有的加热技术，从而产品更具环保性。类似项目，印度阿迪塔亚博拉化学品公司将增产环氧树脂，而该公司在泰国也有类似工程，产能约10万吨。

（三）地方发展热情依然相对高涨

受传统产业发展不景气的影响，国内各地在地方政府和企业的共同作用下，投资新材料领域的热情依然相对高涨。如宝鸡高新区利用钛、钨、钼、钽、铌、锆、铪等稀有贵金属研发优势，目前已经形成生产企业400余家，钛材深加工产业链目前已经基本形成。宝鸡高新区正在加紧修编发展规划，主推多项重点项目，打造孵化器、研发中心以及交易中心等。在北方的哈尔滨，正在全力组织实施新材料产业规划，瞄准铝镁材料、纤维复合材料以及焊接材料等，力争打造国内一流的新材料产业基地。重庆市新材料产业发展则将瞄准产业链的两端，2014年新材料全球交易网在重庆正式上线，成为国内唯一的新材料产业为主的交易平台，目前已有500家企业入驻。这一平台利用到达数据分析等手段，力争未来两年交易额突破千亿。

（四）国家加快规范行业发展

材料行业规范化是材料产业深入发展的基础，只有规范化才能加快与下游协同发展，加快研发成果的产业化，打击以次充好，整合研发资源。2014年，工信部、行业协会等均通过各种途径引导子行业规范化发展，也制定了一些子行业的标准。例如2014年9月24日，中国耐火材料行业协会重新修订了《中国耐火材料行业行规公约》，同时，工业和信息化部也发布了《耐火材料行业准入条件（征求意见稿）》，对新增茶能、技术改造、节能减排、联合重组、等量或减量置换、生产和推广使用不定型耐火材料以及优化产业结构等，提出了相应举措。又如，2014年中国聚氨酯工业协会联合烟台同化防水保温工程有限公司、万华节能科技集团股份有限公司、北京茂华聚氨酯建材有限公司等11家公司，提出要加强和行业自律与规范，提高严格遵守市场规则，遵守行业进入准则，共同打造健康有序的市场环境，加大对不合格产品的控制，加大知识产权保护，促进行业持续发展。以上这些举措是促进市场公平竞争、整合研发资源的有效途径，对于我国新材料产业实现跨越式发展具有重要意义。

（五）行业加快兼并重组

新材料行业的深入发展需要大企业、大集团作为支撑，从国际经验来看，只有市场化下的大企业和大集团才能不断地进行材料研发投入，不断地向市场推出新产品。2014年我国新材料行业兼并重组进一步加快。稀土行业加快整合步伐，2014年1月，工业和信息化部会同有关部门召开组建大型稀土企业集团专题会议，会议对兼并重组、治理整顿等工作进行了部署。会议指出，将组建大型稀土企业集团，重点牵头企业包钢集团、中铝公司、广东稀土、中国五矿、厦门钨业、赣州稀土等。国内钛白粉行业兼并重组逐渐进入高潮，2014年9月，中核华原钛白以6200万元的价格收购甘肃东方钛业有限公司100%的股权；吉林金浦钛业股份有限公司也在着手整合江苏太白集团有限公司。预计未来随着《钛白粉行业准入条件》、《钛白粉工业污染防治技术政策》的发布与实施，行业兼并重组将进一步加快。在电子领域，隆华节能在2014年年底收购四丰电子100%股权，隆华节能计划将四丰电子打造成为靶材运作的大平台，以深入进军该行业。在高分子领域，新纶科技收购沃特新材100%股权，交易价格约8亿元。以上表明我国新材料领域兼并重组加快，这其中既有同业兼并，也有跨业兼并。

二、存在问题

（一）产业化存在技术和市场双重瓶颈

以碳纤维为例，目前我国碳纤维产量与进口量之比约为1：4，但国内的开工率却仅为25%左右，一些产品在实验室可以达到质量要求，但进入产业化之后，产品质量得不到保障。在浙江部分地区调研中还了解到，一些企业确实能够生产T300到T700的产品，但是企业坦言，由于没有明确的市场需求，也不敢大规模贸然投入研发资源和设备。因此，产品能否研发出来并产业化是很多新材料企业发展的第一道难关，而能否有相应的市场需求是第二道难关。还有第三道难关即存在劣币驱逐良币的现象，以电子铜材为例，一些下游企业宁愿使用低品质产品，也不愿使用高品质产品，低品质产品价格相对低廉，虽然影响电子产品质量，但并不易被发现。

（二）产学研用创新体系机制需要创新

目前，通过产学研用合作破解产业发展中的技术和资金瓶颈在国内广受认可。很多地方大的新材料企业都与当地或者国内其他地方的高校甚至国外的高校等建立了协作关系。但是协作的过程中也出现一些问题，主要表现在合作双方责权不明晰，信息不对称，创新的积极性不够。在调研中一些地方反映，一旦某个高校的专家与某地建立了合作关系，这个高校的其他专家就会自动不再与该地建立合作关系。还有一些地方反映，在与某个团队合作的过程中，过去只强调对团队带头人的激励，对其团员激励不够，这也造成团队凝聚力不强，创新不积极。综合来看，产学研用中最大的问题是一些研发团体不能以市场主体的地位来参与研发及产业化合作，而在前期研发投入方面，由于缺少第三方机构的支撑，造成地方政府对研发团队的真实水平缺乏全面认识，从而造成资源的错误配置。

（三）新产品生产应用等缺少标准

行业标准是有效规避低水平竞争、提高产业门槛、淘汰不符合标准的企业的重要手段，是规范行业发展、提升行业竞争力的重要手段。随着我国产业用新材料行业的高速发展，标准缺失和滞后的问题日益显现。一是加剧了新材料企业间的低水平竞争现象，二是又让新材料企业丧失了对传统材料的竞争优势，三是造成行业生产出来的产品缺乏质量评判标准。以镁建筑新材料为例，由于目前镁建材产品缺少建筑标准准入，一些生产基地生产的新型节能建材市场应用有限，限制了产品的规模化和产业化。再以铝合金电力电缆为例，虽然在欧美等国家，该类电缆已经成为电缆应用和发展的主流，但是由于在我国没有明确的技术和质量标准，造成很难对比，下游企业应用也存在很大的风险。

（四）政府在引导社会资金投入方面需要加大力度

目前，我国虽然已经制定了多个新材料产业规划，但在研发投入、产业转化、配套设施建设、市场推广等方面缺少具体手段，难以满足新材料产业发展的需要。特别是对新材料行业中的科技型中小企业而言，由于新材料产品的研发投入周期长、投资风险高、市场相对不成熟，因此，如果没有政府的支持，没有社会资金共同分担风险，这些中小企业很难融入资金、形成规模化生产。以北京为例，目前多数中小企业资金筹集的主要渠道是股东自筹，政府扶持基金、银行贷款、风险投资等资金占比低，致使一些发展前景良好但还处于投入期的新材料领域中小企业难以扩大生产规模。近两年来，国内在私募基金方面进展较快，国家也在引导设立一些基金，引导社会力量支撑行业发展，如集成电路基金等，已经实实在在帮助了一些企业，如支持了长电科技开展境外并购等。显然在新材料领域，同样需要一些这样的政府引导性资金进入，以实现企业快速扩张。

三、政策动态

（一）实施关键材料升级换代

2014 年发展改革委员会、财政部、工信部联合印发了《关键材料升级换代工程实施方案》，该方案的目的是，支撑我国节能环保、海洋工程、新一代信息技术等战新产业的发展，选择一批市场潜力大、产业发展急需且前期基础较好的关键新材料，通过上下游联动发展等，促进新材料科技研发和推广应用。方案提出到 2016 年，在大尺寸单晶硅、宽禁带半导体及器件、新型平板显示玻璃、石墨烯、PM2.5 过滤材料、高性能 Low-E 玻璃、高速铁路轮对、液化天然气船用殷瓦合金薄带、钛合金管、海水拌养混凝土、新型防腐涂料等 20 种左右重点新材料实现批量稳定生产和规模应用。到 2020 年，继续围绕新一代信息技术、航空航天、先进轨道交通、海洋工程、新能源、新能源汽车等战略性新兴产业和国民经济重大工程建设需要，突出重点，促进 50 种以上重点新材料实现规模稳定生产与应用。新材料产业创新能力和关键材料自给率显著提升，形成多个具有较强持续创新能力和市场影响力的新材料企业，部分企业创新能力和市场影响力达到国际先进水平。[1]

---

[1] 证券时报网，http://kuaixun.stcn.com/2014/1104/11826003.shtml。

（二）加大材料领域两化融合

在当前发达国家再工业化和新一代信息技术迅猛发展的背景下，针对我国原材料领域两化融合水平与国际先进水平相比差距过大，企业信息化投资不足，关键核心软件装备受制于人等问题，工信部制定了《原材料工业两化深度融合推进计划》。该计划要求到 2018 年底，标准引导、平台服务、示范引领、推广普及的原材料工业两化深度融合推进机制初步形成；生产过程控制优化、计算机模拟仿真、电子商务、商业智能等应用基本普及；研发设计、数据分析、质量控制、环境管理、集成应用、协同创新等薄弱环节得到明显加强；两化融合深刻植入企业，成为企业战略决策、行业创新发展的新常态。该计划提出了 8 大任务 6 大工程，分别为深入推进两化融合管理体系贯标工作、建立完善两化深度融合技术标准体系、研究推广重点行业两化融合解决方案、加快建设行业关键共性技术创新平台、稳步推进重点领域工业云服务平台建设、着力培育电子商务和物流业发展、大力推动行业大数据应用、建立健全行业监管及产品追溯系统，以及数字化设计工具开发应用工程、关键工艺流程数控化工程、智能工厂示范工程、数字矿山示范工程、供应链协同管理促进工程、关键岗位机器人替代工程等。

第二节　新材料产业重点领域分析

一、石墨烯

（一）发展概况

2014 年是石墨烯行业取得大发展的一年，石墨烯应用研发越来越活跃，石墨烯领域进一步整合企业和研发机构的力量，中国石墨烯技术创新联盟在行业内发挥的力量越来越大，我国石墨烯论文数量、专利数量等都位列世界第一。石墨烯产品推广应用以及研发成果产业化步伐在不断加快，在半导体、TCO、油墨、阻隔、散热器以及能源等领域的应用正在加紧研发和产业化。但总体来看，由于一些技术刚刚获得突破，目前石墨烯主要应用在电子领域，采用石墨烯薄膜电容触摸屏的手机也刚刚上市不久，整个石墨烯国内市场总值还非常有限，约 2000 多万美元，但未来发展情景会非常巨大。从产业分布来看，目前我国石墨烯产业基础较好或发展势头较好的地区主要包括长三角地区的盐城、南京、常州、无锡、泰州等，山东的济宁和青岛，四川的德阳和巴中，以及内蒙古等。特别是在无锡中国石墨烯产业技术创新联盟与无锡共建无锡石墨烯产业发展集聚区，在常州，国家石墨烯新材料高新技术产业基地已经落成，研发机构和产业规模国内领先。从代表企业来看，天津普兰纳米科技有限公司既生产石墨烯，又提供石墨烯应用方面的咨询服务，是目前国际上唯一可提供公斤级以上高纯单层石墨烯的企业。宁波墨西石墨烯公司，2014年初300吨的石墨烯生产线已经投产。常州二维碳素科技有限公司，目前国内首条年产3万平米石墨烯生产线已经投资，可满足年产500万片4英寸电容式触摸屏模组的需要。辉锐科技集团2014年大规模量产石墨烯，是目前世界上唯一掌握平方米级单原子层石墨烯制备和转移技术的企业。

（二）技术进展

石墨烯在电子领域和工业融合发展领域的应用研究不断突破。如英国剑桥大学石墨烯研究中心和塑料逻辑公司加紧研究石墨烯在塑料柔性电子产品中的应用。近两年，美国西北大学成功研发出石墨烯墨水，进一步加快了在软性电子产品中的应用。同时美国在超级电容器方面研发也在快速突破，与传统电容相比充电时间更短，市场应用前景广阔。2014年3月IBM公司利成功制作出全球首个多级石墨烯射频接收器，并成功进行了测试，这款世界最先进的全功能石墨烯集成电路，可以使智能终端产品和可穿戴电子产品等能耗更低、成本更廉、速度更高。近年来，中国在石墨烯研究方面全球最为积极，专利量已经居全球第二。特别是在石墨烯薄膜和石墨烯微片研究方面，常州二维碳素科技公司的研发团队已突破了石墨烯薄膜应用于中小尺寸手机的触摸工艺，实现了石墨烯触控屏技术的关键突破，为下一代显示器开发以及标准的制定等提供了坚实的材料基础。2014年3月，清华大学成功制备出一种柱撑石墨烯，可用于锂硫电池正极，未来在个人电子产品、电动汽车、大规模储能等领域具有较大发展前景。2014年4月，青岛科技大学与美国劳伦斯—伯克利国家实验室等合作，研究开发石墨烯基太阳能电池，该电池的成本只有约传统电池的一半。预计未来，中国石墨烯在工业防腐等领域的研发及应用将出现巨大突破。

二、碳纤维

（一）发展概况

目前，世界碳纤维发展两极分化非常严重，一方面在T300等低端领域，由于技术门槛已经不高，引资正在出现竞争加剧的情况。但在高端领域，目前依然被东丽、三菱人造丝等公司所掌控。从产业链技术来看，包括 PAN 原丝生产中的聚合、喷丝、牵引以及碳化等步骤，依然只有少数公司能够掌握，这些行业的利润份额占整个行业的一半以上。2014 年全球碳纤维总产能 8.4 万吨，其中日本东丽占了 40%。目前我国企业很少能掌控原丝生产，主要从事合成材料和终端产品环节。从市场应用来看，目前世界碳纤维主要应用在工业等领域，如汽车制造、压力锅炉等等，而在中国，更多地被用在体育器材生产等消费环节。并非我国其他行业不需要这些碳纤维产品，而是从一个侧面说明了国内产品质量不过关。事实也是如此，2014 年中国很多碳纤维产业产能得不到充分利用，其中很大的一个原因是技术不过关，生产出的产品缺少市场支撑。目前我国碳纤维产业发展正处在一个转折点上，文体产品需求市场接近饱和，如何生产满足军工、建筑、风电、汽车等领域的合格材料是行业发展的关键。对我国碳纤维行业来说，2014 年有以下几个事件具有特别意义；一是中国碳纤维产业联盟成立，旨在重点解决中低端产品的成本控制问题、高端产品的产业化问题以及军民融合发展问题等。二是奇瑞推出碳纤维复合材料电动汽车，说明我国电动汽车与汽车轻量化发展方面找到了产业化的结合点。三是河北建筑推广碳纤维电采暖。河北省住建厅发布《关于推广碳纤维电采暖产品与技术的通知》，这种需求端的刺激对于碳纤维推广应用示范具有重大意义。

（二）技术进展

2014 年碳纤维技术的进展方面，主要集中在应用技术开发和生产成本控制两个方面。具有代表性的事件，一是宝马与西格里扩大汽车用碳纤维产能，说明在技术研发的方向上，未来仍要瞄准碳纤维促进汽车轻量化方面，二是日本东丽收购美国 zoltek，旨在加大在大丝束方面的生产比较优势，在碳纤维日渐工业化的今天，控制产品成本现在及未来研发的重点方向。事实上，也在 2014 年，美、德等国企业也正在联合开发大丝束产品。2014 年 7 月，美国 cytec 公司与德国 dralongmbh 公司建立合作关系，双方希望共同开发大丝束工业级碳纤维。国内方面，2014 年 6 月，中复神鹰利用干喷湿纺工艺以及技术装备优势，完成 3500 吨碳纤维生产线建设，表明我国企业碳纤维技术不断取得突破，正在打破国外高性能碳纤维的技术垄断。2014 年，我国首辆碳纤维车身纯电动大巴在烟台开发区研制成功，并通过检测，这对碳纤维扩大应用具有较强的示范作用。

第三节　新材料产业布局及重点企业

一、空间布局

（一）总体空间分布格局

目前，我国新材料产业初步呈现集群化特征，区域分工体系日趋合理，已形成"东部沿海集聚，中西部特色发展"的空间布局。

我国西部地区依托丰富的原材料资源，主要承担上游原材料生产；环渤海地区主要承担上游研发；东部及中部主要承担次级原材料加工，长三角、珠三角主要承担下游应用与销售。另外，各地特色产业也呈集聚趋势，长江三角洲形成了浙江东阳、宁波、海宁磁性材料特色产业区域、杭州湾精细化工特色产业集聚区，江苏沿江新材料产业带等新材料特色产业集中区。在珠江三角洲形成了建筑卫生陶瓷、改性塑料、新型电池、高性能涂料等产业集群。

（二）基于材料应用领域的产业集群分布

1. 高性能结构材料产业集群

新一代高性能结构材料迅速发展，目前我国已形成稀土、镍钴、钛、铟、高分子材料、镁、有色金属、聚氨酯、氨纶、芳纶等特色产业集群，比如包头高新技术产业开发区形成了稀土新材料及其应用的优势产业集群，所生产的高性能烧结稀土永磁材料、超磁致伸缩材料、粘接稀土永磁材料等广泛应用于新能源、节能环保装备以及国防军工、航空航天业等高端装备领域。

图9-1 高性能结构材料主要产业集群空间分布示意图

数据来源：赛迪智库整理，2015年3月。

2. 电子信息材料产业集群

电子材料是有机电子材料与无机电子材料以及作为电子工业产品、半导体工业产品辅助材料使用的化合物与化工材料的总称。电子工业的迅速发展，涌现了大量高性能的电子产品，特殊性能元器件的大量需求和发展，又进一步推动了电子工业的发展。目前，我国已初步形成以中关村科技园区、洛阳新材料产业国家高新技术产业基地、宁波高新区、连云港新材料产业国家高技术产业基地等主要的特色产业集群。例如，洛阳新材料产业国家高新技术产业基地，重点打造晶体硅半导体材料、电子铜基材料、等离子玻璃基板等电子信息材料，洛阳市的新材料产业有望在2015年达到1000亿元以上。

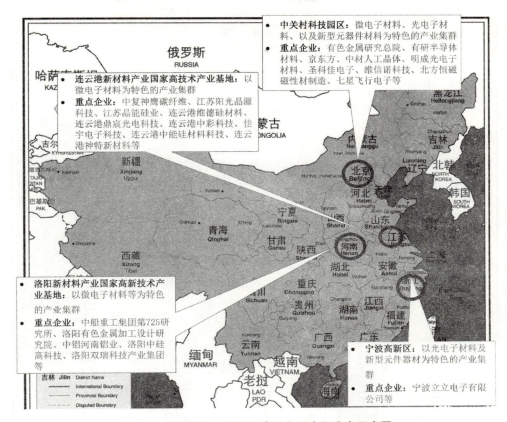

图9-2 电子信息材料主要产业集群空间分布示意图

数据来源：赛迪智库整理，2015 年 3 月。

3. 化工新型材料产业集群

化工新型材料作为新材料的重要组成部分，已日益成为高新技术发展的重要物质基础，是发展新兴产业、推动技术进步的重要支撑。目前，我国已初步形成广州新材料国家高技术产业基地、长春高新区、大连高新区等主要的特色产业集群。例如，长春高新区已经建成 3 个专用技术平台和 2 个通用平台，集聚了蓝星化工新材料股份有限公司等一批企业，形成了以化工新材料为特征的产业集群。

图9-3　化工新型材料主要产业集群空间分布示意图

数据来源：赛迪智库整理，2015年3月。

4. 新能源材料产业集群

　　能源紧张和资源瓶颈是目前世界各国工业发展所面临的严重挑战，发展新能源对我国现阶段工业转型升级尤其重要，而新能源的发展一方面依赖于新的能源利用技术，另一方面也必须依靠新能源材料的开发和应用，才能使新能源利用得以实现。目前，我国已初步形成以中关村科技园区、宁波高新区、大连高新区等主要的综合性的新能源材料产业集群。比如中关村科技园的安泰科技股份有限公司在储能材料方面,技术领先,储氢合金粉（镍氢电池的负极材料）产量全国第三。

图9-4　新能源材料主要产业集群空间分布示意图

数据来源：赛迪智库整理，2015年3月。

5. 生物及环保材料产业集群

生物产业、环保产业都是具有良好成长性和发展空间的新兴产业，国家的重视程度和资金投入不断加大。目前，已初步形成中关村科技园区环保材料膜、深圳高新区生物材料生物降解酶、宁波高新区环保型材料为特色的产业集群，具体空间分布和重点企业如图9-5所示。

图9-5　生物及环保材料产业集群空间分布示意图

数据来源：赛迪智库整理，2015年3月。

二、重点企业

新材料行业涉及门类较多，很难有统一的比较口径，但在特定重点领域，存在一些区域性或全国性的重点企业：

表 9-1 我国新材料重点企业一览表

重点方向	典型企业
1.特种金属功能材料	稀土开采：包头达茂稀土、江西铜业、江西赣州稀土、广东广晟有色、广西有色集团、山东微山湖稀土、福建龙岩稀土、中国五矿、中国有色矿业、中国铝业、厦门钨业等。 稀土发光材料：江门科恒、陕西彩虹、杭州大明、常熟江南、江苏天彩、衢州国光、浙江阳光、上海跃龙、厦门通士达新材料、广州有色院、北京有研稀土新材料等。 稀土永磁材料：中科三环、宁波韵升、北京安泰科技、太原刚玉、北京北矿磁材、浙江横店东磁、中钢集团安徽天源科技、甘肃稀土、彩虹集团、宁波科宁达等。 钼资源：栾川钼矿、大黑山钼矿、金城堆钼矿、北京矿冶研究总院等。 钨资源：厦门钨业、章源钨业、株洲硬质合金集团等。 锆资源：东方锆业、浙江升华拜克、上海高泰稀贵金属股份公司等。 其他：云南锗业、陕西宝钛、西部钛业、江西铜业（生产金属铼）、辰州矿业（锑、钨）、株冶集团（铟）等。 厦门三安、大连路明、上海蓝光、上海蓝宝、杭州士兰明芯、山东华光、江西晶能、河北同辉、广东晶科、广州普光、江西联创、沈阳方大、廊坊清芯、甘肃新天电、西安中为、扬州华夏集成、厦门晶宇等。
2.新型无机非金属材料	陶瓷膜：江苏久吾、南京九思高科等。 高性能陶瓷：山东硅苑新材料、北京中材高新材料、浙江英洛华电子、苏州高频瓷厂、昆山攀特、宜兴丰峰陶瓷、无锡鑫圣慧龙；江苏宝通电子科技、浙江嘉康电子、江苏江佳电子、厦门TDK、福建华清电子等。 深圳南玻集团、山东金晶集团、深圳中航三鑫、信义玻璃、上海耀皮玻璃、湖北新华光、福耀玻璃、河南洛玻、厦门明达玻璃、安徽方兴科技、深圳莱宝高科技、湖北三峡新材、山东力诺玻璃、株洲旗滨集团、彩虹电子玻璃等。
3.先进高分子材料	反渗透膜：北京时代沃顿、杭州北斗星膜制品有限公司、葫芦岛北方膜技术工业有限公司等。 膜应用处理：北京碧水源、厦门三达、北京万邦达、海南赛诺实业、深圳和硕电子、山东东岳集团等。 锂电池隔膜：深圳星源材质、佛山金辉高科、河南新乡格瑞恩等。 广州金发科技、上海普利特、武汉塑料、佛山塑料、沧州明珠塑料、北京蓝星化工、云南云天化、新疆蓝山屯河、上海华谊集团、上海蓝星化工、安徽巨成精细化工、山东海力化工、山东道恩高分子材料、河南卫辉银金达薄膜、四川中蓝晨光等。 辽宁盘锦振奥化工（生产丁基橡胶）、抚顺伊科思（生产异戊橡胶）、山东玉皇化工（生产碳五、顺丁橡胶等）、淄博鲁华泓锦化工（生产异戊橡胶）、重庆长寿捷圆化工（生产氯丁橡胶）、四川晨光科新塑胶（生产TPPE、TPE）、燕山石化（生产丁基橡胶等）、河北河间市利兴特种橡胶（生产氯醚橡胶）、江阴梅达橡塑股份有限公司、上海三爱富新材料股份有限公司（生产氟橡胶）、中石油吉林石化公司（生产丁苯橡胶、乙丙橡胶和氯磺化橡胶）等。

（续表）

重点方向	典型企业
4.高端金属结构材料	东北特钢、上海宝钢、中信泰富特钢、太原钢铁、河北舞阳钢铁、江苏兴达、天津钢管、沙钢集团淮钢特钢、西宁特钢、攀钢集团长城特殊钢、抚顺特钢、首钢特钢、大冶特钢、大连金牛、贵阳特钢、内蒙古北方重工、上海重型机械厂、福建新万鑫精密薄板、江苏诚德等。 铝合金：中国铝业、广东南海中南铝合金轮毂、哈尔滨东方铝合金、广东大明铝合金型材、洛阳新电集团万基特种铝合金、云南铝业、丛林铝材。 镁合金：江苏云海特种金属、安徽镁联镁业科技、吉林临江镁业、青岛金谷镁业、东莞东运镁业、重庆镁业科技、贵州普新。 钛合金：宝鸡宝钛、承德钒钛、攀钢钒钛、攀钢集团锦州钛业、北京亚太空间钛业、西部超导材料、抚顺特钢等。 连云港中复神鹰、江苏恒神、江苏远东复合、威海拓展、吉林神舟、中钢江城、吉林碳谷、中石油吉化、大连兴科、辽宁鞍山塞诺达、沈阳中恒、湖南博云新材等。
5.高性能复合材料	芳纶原料：浙江龙盛、烟台裕祥精细化工等。 间位芳纶：烟台氨纶、广东彩艳、苏州圣欧化纤等。 对位芳纶：苏州兆达特纤科技有限公司、中国石化仪征化纤、河北硅谷化工、河南神马、成都中蓝晨光化工研究院等。 中国石化仪征化纤、北京同益中、宁波慈溪大成、山东爱地高分子材料、湖南中泰特种装备、江苏神泰科技、上海斯瑞聚合体等。
6.前沿新材料	北京首创纳米科技、四川江油核宝纳米材料、山东盛大科技集团、长春大力、陕西中科纳米、北京中科纳新印刷、江苏密友集团、江苏河海纳米科技、上海交大纳米工程中心、上海大学纳米中心、华东理工大学纳米中心等。 陕西西安西部超导、北京英纳超导、北京综艺超导、江苏法尔胜佩尔新材料、中科院上海微系统所等。 北京有研亿金、江苏镇江忆诺唯记忆合金、浙江台州椒光稀土、安徽首文高新材料等。

数据来源：赛迪智库整理，2015年3月。

146

第十章　新能源汽车产业

2014 年被公认为我国新能源车产业化的元年，产业发展开始从导入期进入成长初期。新能源汽车市场以更快的速度成长，随着多种新车型陆续面世，市场需求提升到了新高度，国家和地方各类扶持政策和激励措施，也有效促进了新能源汽车市场的进一步扩大。

第一节　新能源汽车产业发展动态

一、整体概况

（一）新能源汽车产业规模不断扩大

从全球范围看，2014 年主要国家新能源汽车产销量呈不同幅度的增长，部分国家增势强劲。2014 年 1—11 月，美国、中国、挪威、日本、法国、德国和英国等七国电动汽车销售总量超过了 25.1 万辆，比 2013 年同期增长 50%；电动汽车的品种也更加丰富，全球共有 100 余种纯电动和插电式混合动力车型上市销售，对市场起到了强大的催化作用。美国继续保持其全球规模最大电动汽车市场地位，2014 年销量达到 119710 辆，同比增长 22.7%。在挪威，纯电动汽车已经成为主流文化的一部分，政府优惠政策以及公众对电动汽车的追捧，使全国电动汽车累计销售达到 16597 辆。2014 年 1—11 月，日本电动汽车销售 24268 辆，较 2013 年同期增长 4.1%。法国 2014 年共销售电动汽车 12810 辆，同比微弱增长 1.2%。2014 年，德国的制造业实力尽显，插电式汽车生产规模位列全球汽车制造大国之首，至 11 月累计销售插电式汽车 11487 辆，同比增长 68%。英国的电动汽车市场在 2014 年也开始起飞，到 11 月累计销量达到了 11770 辆，比 2013 年增长 257.9%，取得了不俗的成绩。

从国内看，根据机动车整车出厂合格证统计，2014 年全国新能源汽车产量为 8.39 万辆，同比增长约 4 倍。其中：纯电动乘用车产量为 3.78 万辆，同比增长 3 倍；插电式混合动力乘用车为 1.67 万辆，同比增长约 22 倍；纯电动商用车生产 1.57 万辆，同比增长接近 4 倍；插电式混合动力商用车产量为 1.38 万辆，同比增长 2 倍。[1]2015 年初，这种速度得到继续保持，1 月份全国生产 6599 辆，同比增长近 5 倍。各地加大新能源汽车生产和示范推广力度。2013 年 1 月—2014 年 9 月，全国 39 个推广应用城市（群）总计推广新能源汽车 3.86 万辆，其中 2014 年 1—9 月推广 2.05 万辆。如，合肥市 2013 年至 2014 年 9 月累计推广新能源汽车 4145 辆，完成进度达 72%，在全国为最高。2014 年，天津市完成推广应用新能源汽车折算 7510 辆标准车，超额 50% 完成国家考核奖励指标；建成充换电站 21 座，充电桩 500 多个；5 家整车企业获得生产资质，并形成了完整的配套产业链，成为国内聚集度最高的动力电池基地。

（二）产业技术创新不断取得突破

2014 年，我国新能源汽车在整车研制、动力电池、储能系统等技术研发方面继续取得新进展，技术创新机构的组建工作也颇有成果。如，整车研制方面，中国重汽豪沃客车公司自主研发的 JK6129GBEV 即充式纯电动客车下线，该车采用双电耦合、纯电驱动的工作模式，线网与电池无缝对接、空调智能控制等技术处于业内领先水平。电子系统方面，中国电力科学研究院开发出了具备路径规划、行驶记录、双向交互等关键技术的新型纯电动汽车智能交互终端。研发机构组建方面，一汽、上汽、北汽、东风、广汽、长安、华晨等 7 家车企与北京有色金属研究总院、天津力神电池股份公司共同发起设立"国嘉汽车动力电池研究院"，致力于研究开发具有世界先进水平的动力电池，并为行业提供检测、委托开发等服务，其愿景是建立世界级动力电池技术研究机构；科技部批准组建了"国家电动客车电控与安全工程技术研究中心"，预计总投资 3.3 亿元，重点围绕我国电动客车产业发展的重大科技需求，强化产业关键共性技术研发与产业化。

---

[1] 工业和信息化部网站：《12月新能源汽车产量突破2.7万辆》，2015年2月3日，http://www.miit.gov.cn/n11293472/n11293832/n11294132/n12858417/n12858612/16398094.html。

（三）新能源汽车推广模式不断创新

在新能源汽车的推广应用方面，各主要国家也进行了一些新尝试，形成了一些可资借鉴的推广模式。汽车共享正在成为一种趋势，汽车共享为会员提供了私家车的好处，又减少了拥有私家车的成本和责任。如，德国戴姆勒集团率先在2008年推出Car2go汽车共享概念，到2014年底达到了100万会员的使用人次，成为全球最大规模的汽车共享租车服务。据预测，北美和欧洲的汽车共享会员数量在2016年将分别达到440万人和550万人。日本京都府实施了电动车先导运行计划，在技术上将车载资通讯系统应用于电动车，其开展的面向公众的宣传营销活动也颇为精彩，提升了电动车先导运行成功的几率。美国发起的职场充电活动效果明显，企业雇主从2012年起开始在办公场所为员工提供免费或低成本的电动汽车充电服务，这使得纯电动汽车的使用效率成倍提高。

我国的商业模式优化创新步伐也在加快。一方面新能源汽车各种原有商业推广模式不断改进，如郑州的新能源公交推广模式、合肥江淮汽车的定向购买模式、深圳"车店分离、融资租赁、充维结合"模式等，比亚迪集团优化提出了"零元购车、零成本、零风险、零排放"的系统解决方案。另一方面，一些新的商业推广模式也开始出现。如，分时租赁等国际推广模式开始引入，杭州、北京、上海等城市先后开展了新能源汽车分时租赁业务，由于价格低、方式活，并有网上预约、随取随用、异地还车等便捷服务，取得较好的推广效果。北汽新能源汽车公司与富士康科技集团合作，开展电动汽车租赁、分时租赁等业务，并与北京易卡、杭州车纷享等租赁行业领先公司共同合作运营。此外，北汽新能源汽车公司还与京东达成战略合作，共同开展新能源普通及多用途货运车辆、新能源冷藏车辆的推广，共同推动政府对物流快递行业新能源汽车标准的制定等。

（四）产业的跨界合作加强

新能源汽车产业在2014年的快速发展，使其他产业看到了广阔的发展前景，各类产业资本快速涌入新能源汽车产业，跨界合作、企业并购活动频繁。据不完全统计，年度内具有较大影响的新能源汽车产业合作事件达10余起。如，2014年4月，北汽集团和德国西门子公司宣布，将合资建立"北京西门子汽车电驱动系统有限公司"，从事电动车电驱动动力总成生产，包括电动马达和电力电子设备等。7月，上汽集团与阿里巴巴集团签署战略合作协议，意在充分发挥上汽集团的整车与零部件开发、汽车服务贸易实力，集成阿里集团的"yun OS"操作系统、高德导航、阿里通信、阿里云计算等资源，开展在"互联网汽车"和相关应用服务领域的合作。11月，长安汽车与华为公司签署协议，在车联网、智能汽车、流程信息化等领域开展跨界合作。可以看到，这些跨界合作行为具有明显的大资本强强联合、车网（互联网）融合等特征，将成为新能源汽车产业发展壮大的强劲动力。

二、存在问题

（一）充电基础设施建设运营仍然滞后

总体上看，新能源汽车充换电基础设施是否完善，能否快速便捷地充换电，仍然是产业发展的重要环节，这方面仍然问题重重。一是充电设施总量与产业发展不匹配。2014年我国新能源汽车共生产约8.4万辆，按照《政府机关和公共机构购买新能源汽车实施方案》规定的充电接口与新能源汽车数量比例不低于1∶1的标准，现有的充电设备远不能满足电动汽车的需求。二是充电设施的标准化工作亟待推进。充换电设施标准不仅包括与汽车的统一接口物理形式和通信协议，还包括与充换电设施和电网的接口和通信协议，设备和网络系统规范、功能、参数技术标准，基础设施建设和运营管理标准和工作标准等。我国的充电接口目前已初步实现了国家层面上的标准统一，但是其他方面的标准还需要进一步完善。三是充电设施利益协调机制亟待建立。国家电网宣布电动汽车充电用充换电设施对社会全面开放，社会资本在快充、慢充和换电领域都可以同台竞争，建设方、电力部门、城建部门、各类社会资本等多方利益的协调将变得更为复杂。如公用充电桩建设受制于城市建设用地紧张，在电力报装、工程施工等方面也存在程序复杂、时间过长等问题。

（二）推广示范应用进展比较缓慢

据工业和信息化部2014年11月公布的信息，按照申报计划，2013年至2015年，39个推广应用城市（群）预期累计推广新能源车33.6万辆，而实际完成情况不理想，2013年1月至2014年9月底，全部推广车辆仅为3.86万辆，有6个推广应用城市的完成进度为零。在距2015年底仅1年多的时间里，还有近30万辆的推广任务有待完成，完成进度远远低于申报计划的预期。这与新能源汽车的产品售价普遍偏高、电池续航里程较短、产品安全性能缺陷、应用配套设施不便利，以及消费者对新能源汽车的认知度较低等都有较大的关系。

（三）商业模式尚难适应产业发展

商业模式是链接新能源汽车生产端和消费端，推动产业实现高效循环的重要方式。目前来看，与新能源汽车生产的速度相比，商业模式在推动产品销售、应用方面还有待进一步挖潜。一是商业模式创新存在传统路径依赖。我国新能源汽车的潜在消费者与传统汽车消费者并非完全一致，但是不少车企仍然习惯以传统汽车消费者作为潜在消费者，没有深入理解消费者主张，从而不能形成有效的盈利模式。二是现有商业模式很难实现独立运营。国内各新能源汽车试点城市和相关生产、服务企业陆续推出了"零元"购车、融资租赁、互助租车等多种商业模式，这些商业模式运作的背后都有政府财政补贴提供运营资金支撑。目前，大部分商业模式还没有自我造血、独立运营的能力，如果离开政府的资金支持，一些商业模式的运营将很难维持。三是商业模式的地域特征过强。不少创新的商业模式往往是为特定城市量身定做，所依赖的推广政策、财政支持、外部环境等都有非常强的地域特征，较少考虑和其他地区商业模式的协调衔接，造成了商业模式的碎片化，这给日后各种商业模式的互通、整合带来较大问题。

三、政策动态

2013 年下半年以来，我国新一轮新能源汽车政策频繁出台。统计显示，2014 年国家共出台了 16 项新能源汽车政策。这些政策涵盖了示范推广、补贴细则、税费减免、充电设施建设奖励和公务用车采购等多方面，进一步提振了汽车行业发展新能源汽车的信心。本轮政策的突出特点是，国家部委多部门联动，地方政府同时发力、互为补充，基础设施建设也取得实质进展。

（一）国家层面政策更加细化，各项措施的可操作性增强

1. 出台新能源汽车推广应用综合指导意见

2014 年 7 月 22 日，国务院办公厅发布《关于加快新能源汽车推广应用的指导意见》（以下简称《指导意见》），提出了市场主导、政府扶持相结合，建立稳定的新能源汽车发展政策体系。《指导意见》坚持双管齐下，公共服务带动，坚持因地制宜，明确责任主体，对加快新能源汽车推广应用提出 6 个方面 25 条具体政策措施。本轮的新能源汽车产业政策仍以应用市场开拓为主、以税收刺激政策为辅，旨在通过下游产业规模扩张来带动新能源汽车产业突破。[1]12 月 5 日，

---

[1] 《国务院办公厅关于加快新能源汽车推广应用的指导意见》（国办发〔2014〕35 号）。

工业和信息化部牵头召开"节能与新能源汽车产业发展部际联席会议"联络员会议，发改委、财政部、科技部等18个成员单位参加，积极推进《指导意见》各项任务分工的落实。

2. 政府补贴政策连续作出适度调整

2013年9月，财政部、科技部、工信部、发改委联合发布《关于继续开展新能源汽车推广应用工作的通知》[1]，提出继续依托城市特别是特大城市推广应用新能源汽车，重点在长三角、珠三角、京津冀等细颗粒物治理任务较重的区域，选择部分积极性较高的特大城市或城市群开展，补助标准根据新能源汽车与同类传统汽车的基础差价确定，并考虑逐年退坡。2014年和2015年，纯电动乘用车、插电式混合动力（含增程式）乘用车、纯电动专用车、燃料电池汽车补助标准在2013年标准基础上分别下降10%和20%；纯电动公交车、插电式混合动力（含增程式）公交车标准维持不变。其中，纯电动乘用车、插电式混合动力（含增程式）乘用车的补助，以纯电续驶里程作为主要补贴标准。2014年1月，财政部等四部委发布《关于进一步做好新能源汽车推广应用工作的通知》[2]，提出将前述2013年9月《通知》中"2014和2015年度的补助标准将在2013年标准基础上下降10%和20%"的政策，调整为"2014年在2013年标准基础上下降5%，2015年在2013年标准基础上下降10%"，并特别提出，这些补贴推广政策到期后，补贴政策还将继续实施。

3. 出台免征新能源汽车车辆购置税政策

2014年7月9日，国务院常务会议决定免征新能源汽车车辆购置税。自2014年9月1日至2017年底，对获得许可在中国境内销售（包括进口）的纯电动以及符合条件的插电式（含增程式）混合动力、燃料电池三类新能源汽车，免征车辆购置税。8月29日，工信部发布《免征车辆购置税的新能源汽车车型目录（第一批）》，纯电动汽车有17款乘用车车型、75款客车车型以及5款专用车车型；插电式混合动力汽车有6款乘用车车型、10款客车车型。据国家税务局统计，2014年9月至12月，全国共免征车购税新能源汽车3.94万辆。

4. 公共领域新能源汽车推广政策力度加大

2014年7月13日，国家机关事务管理局、财政部、科技部、工信部、发改

---

[1] 《关于继续开展新能源汽车推广应用工作的通知》（财建〔2013〕551号）。
[2] 《关于进一步做好新能源汽车推广应用工作的通知》（财建〔2014〕11号）。

委联合公布《政府机关及公共机构购买新能源汽车实施方案》(以下简称《实施方案》) [1],提出 2014 年至 2016 年,中央国家机关和新能源汽车推广应用城市的政府机关、公共机构,购买的新能源汽车占当年配备更新总量的比例不低于 30%,以后逐年提高。尤其指出,2014 年长三角、珠三角、京津冀等细微颗粒物治理任务较重区域的政府机关及公共机构购买新能源车的比例不低于当年的 15%。《实施方案》围绕规范采购管理、建立设施服务体系、优化使用环境等 3 方面提出了14 项具体措施。2014 年 9 月 16 日,交通运输部发布《关于加快新能源汽车推广应用的实施意见(征求意见稿)》,提出到 2020 年,"公交都市"创建城市在新增或更换公交车、出租车和物流配送车辆中,新能源汽车的比例不低于 30%,其中新能源公交车达到 20 万辆,新能源出租车达到 5 万辆,新能源物流配送车辆达到 5 万辆。[2]

(二)地方政府政策富有新意,根据各地发展要求度身定作

随着国家层面政策频频出台,地方政府也相继提出了新能源汽车推广计划或产业发展规划。据工信部统计,截至 2014 年底,列入新能源汽车推广应用城市(群)的 39 个城市(群)88 个城市中,有 33 个城市(群)70 个城市出台了新能源汽车推广应用配套政策措施。这里,代表性城市或城市群主要情况如下:

北京。北京的政策特点之一是放宽对新能源汽车的限购。一是逐步增加新能源车指标。从 2014 年开始,北京非新能源车辆的指标逐渐递减,2015 年为 12 万个,2016—2017 年减少至 9 万个;同时,新能源车的配比率逐年递增,从每年 2 万辆逐步增加到 6 万辆。二是新能源车购车指标单独摇号。2014 年开始实施的《〈北京市小客车数量调控暂行规定〉实施细则》规定,到 2017 年有 17 万示范应用新能源小客车指标,将对新能源小客车指标单设摇号池,若申请数量少于当期示范应用新能源小客车指标配额将直接配置,并且摇号到期后可向后顺延一期。

上海。上海在加强推广、鼓励消费以及充电设施建设方面综合施策。一是制定鼓励购买政策。2014 年《上海市鼓励购买和使用新能源汽车暂行办法》提出,对购买新能源汽车的消费者,在中央财政补助基础上根据本市补助标准再给予财政补助,纯电动乘用车每辆补助 4 万元,插电式混合动力乘用车每辆补助 3 万元;

[1] 《政府机关及公共机构购买新能源汽车实施方案》(国管节能〔2014〕293 号)。
[2] 交通部网站:《关于加快新能源汽车推广应用的实施意见(征求意见稿)》(交办运函〔2014〕407 号),2015年1月23日,http://www.moc.gov.cn/zfxxgk/bnssj/dlyss/201409/t20140916_1692130.html。

消费者购买新能源汽车用于非营运的，免费发放专用牌照额度，用于营运且涉及行业许可管理的，优先发放专用营运额度。[1] 二是鼓励建设电动汽车充换电设施。《上海市鼓励电动汽车充换电设施发展暂行办法》[2] 提出，对组建的专业充换电设施建设运营公司，予以不超过 30% 的财政资金支持；鼓励充电设施建设运营单位深入住宅小区为私人用户建设充电桩设施，私人用户也可以通过自建、委托代建等方式建设自用交流充电桩；鼓励充电设施建设运营单位在电动汽车用户所在单位建设充电设施，用户所在单位也可以自建或委托代建专用充电设施。

合肥。合肥市推广节能与新能源汽车总量名列全国前茅，纯电动客车和纯电动轿车推广总量在全国试点城市排名第一。2014 年合肥出台《关于进一步促进新能源汽车推广应用的若干意见》，提出将电动公交充电设施纳入市政大建设，并提出对提供便利的物业服务企业给予财政资金补助。在财政补助上，购买纯电续驶里程大于 150KM 的电动乘用车，按照国家标准 1:1 的比例予以配套补助，其他类型按照 20% 给予地方补助；对于个人购买纯电动乘用车，市级财政补助 1 万元用于充电设施安装和充电费用；还对新能源汽车首次机动车交通事故责任强制保险费用给予全额补助。交通管理方面，对购买的新能源汽车实行独立分类注册登记，发放合肥市新能源汽车标识，免收牌照费和市区道路临时停车费用；对 1.5 吨以下的电动物流车辆予以发放全市范围通行证。[3]

河北城市群。河北省的石家庄、唐山、邢台、邯郸、保定、衡水、廊坊、沧州、承德、张家口以及辛集、定州在《首批新能源汽车推广应用城市或区域》名单中以"河北省城市群"名义入列新能源汽车推广试点城市。河北制定实施了一系列新能源汽车推广应用政策。如，在财政补贴方面力度加大，省财政对新能源公交车和公共服务领域用新能源汽车按照中央财政补贴标准 1:1 的比例，其他领域新能源汽车按照 1:0.5 的比例，给予省内购车用户补贴。在充换电设施方面，鼓励多形式建站，尽快形成网络，给予建设资金补助，明确电价政策。在发展环境方面，大幅减免相关税费，加大投融资支持力度，完善运行监测和服务保障体系。

[1] 新浪网汽车频道：《上海市鼓励购买和使用新能源汽车暂行办法》，2014年1月23日，http://auto.sina.com.cn/news/2014-05-20/17241295469.shtml。
[2] 上海政府网：《上海市人民政府办公厅关于转发市发展改革委等七部门制订的〈上海市鼓励电动汽车充换电设施发展暂行办法〉的通知》，2015年1月23日，http://www.shanghai.gov.cn/shanghai/node2314/node2319/node2404/n31171/n31173/u26ai35461.html。
[3] 郭宇《合肥出台推广新能源汽车政策：买电动汽车最高补助六成》，2015年1月23日，http://finance.people.com.cn/n/2014/1219/c364101-26241428.html。

第二节 新能源汽车产业重点领域分析

一、动力电池

2014 年，我国的动力电池产业呈现快速发展的态势，车用动力电池产业化投入急剧增长，生产配套能力明显增强，政策扶持的力度也在加大。

（一）发展概况

一是产量呈现高速增长态势。2014 年，受益于新能源汽车特别是纯电动乘用车、客车产销量的快速增长，对车用动力锂电池的需求连续拉升。根据高工锂电产业研究所进行的一项调研，我国车用动力锂电池 2014 年上半年的产值为 58 亿元，比上年同期增长 205%。[1] 据该研究所的分析，2014 年中国动力锂电池市场格局变化大，市场集中度提升，大厂订单饱满。如，第一梯队的三家企业：比亚迪、CATL 和天津力神，所占产值份额达到 40%，其中惠州比亚迪一家的产值占到了 25.9%。

二是项目投资热度持续提高。由于我国新能源汽车产业和动力电池行业快速发展的利好，各厂商纷纷加大动力电池项目的投资力度。据不完全统计，2014 年签约的各类收购、增资、新建动力电池投资项目约 14 个。如，2014 年 5 月，陕西有色与吉利集团签约锂离子动力电池项目总投资 8.55 亿元，项目主要是生产磷酸铁锂动力电池，年生产磷酸铁锂动力电池约 60 万 kwh。7 月，总投资 30 亿元的国轩高科动力锂电池项目落户武汉，建成投产后将年产 2000 辆新能源客车和 5 万辆乘用车的动力电池，实现工业产值 50 亿元。12 月，比亚迪公司的铁电池基地落户深圳，预计将形成年产铁电池 8GWh 的总生产规模。[2]

三是支持政策的针对性增强。2014 年发布的《关于 2016—2020 年新能源汽车推广应用财政支持政策的通知（征求意见稿）》中，对纯电动乘用车、插电式混合动力（含增程式）乘用车的财政补贴政策，以纯电续驶里程为标准；对纯电动专用车、货车推广应用的补助标准，则直接按电池容量每千瓦时补助 1800 元，

---

[1] 高工锂电网：《GBII：2014 年中国车用动力锂电池产值》，2015 年 2 月 9 日，http://www.gg-lb.com/asdisp2-65b095fb-15540-.html。

[2] 电车之家网站：《2014 年后新增新能源汽车动力电池项目盘点》，2015 年 2 月 9 日，http://www.zhev.com.cn/news/show-1422869122.html。

每辆车补助总额不超过13万元。另据国家"863"电动车研究专家透露，国家有关部门正在酝酿出台补贴动力用锂电池的针对性政策措施。为规范行业发展，工信部已就拟发布的《汽车动力蓄电池行业规范条件》征求了意见，从企业基本要求、生产条件要求、技术能力要求、产品要求、质量保证能力要求、销售和售后服务、规范管理等七方面作出规范。[1] 各地方政府政策也对动力电池给予关注，如2014年发布的《上海市鼓励购买和使用新能源汽车暂行办法》规定，对汽车生产厂商每回收一套新能源汽车动力电池，给予1000元的补助。

（二）技术进展

电池技术研发方面取得重要成果。如，在科技部"863"计划和中国科学院纳米先导专项"长续航动力锂电池"项目资助下，2014年中科院大连化物所先进二次电池研究组成功研制了额定容量15Ah的锂硫电池，是目前世界上容量最大的锂硫电池，并形成小批量制备能力。根据检测结果，电池的比能量大于430Wh/kg，超过SionPower公司研制的锂硫电池的技术指标。[2] 乐凯集团成功研发了面向电动汽车领域的高性能锂离子电池隔膜，产品专有技术已申请国家专利3件，其中2件已获得授权，该产品的研制成功将有望改变高性能锂电池隔膜依赖进口的局面。[3] 但是，与国际先进水平相比仍用较大差距，很多核心技术和材料，如隔膜、电解液用高纯度六氟磷酸锂等，还没有形成产业化能力，电池的能量密度、使用寿命、安全性等一些重要性能指标落后于国际先进水平。

二、驱动电机

我国电动汽车的驱动电机系统几乎全部采用国内电机企业生产的产品。由于电动汽车生产量大幅提高，我国的驱动电机产业的发展速度也在加快，产品日益丰富，能够满足我国新能源汽车产业发展的配套要求。

（一）发展概况

一是受新能源汽车带动发展速度加快。2013年，我国生产新能源汽车驱动电机约4.6万套，产值18.6亿元。2014年我国新能源汽车产销量的快速增长，

---

[1] 中国新能源网：《工信部公开征集对〈汽车动力蓄电池行业规范条件〉的意见》，2015年2月9日，http://www.china-nengyuan.com/news/68627.html。
[2] 汽车电子网：《中科院研制成功额定容量15Ah的锂硫电池》，2015年2月9日，http://www.eeworld.com.cn/qcdz/2014/0917/article_9704.html。
[3] 太平洋汽车网：《2014年一季度动力电池技术研究成果》，2015年2月9日，http://bbs.pcauto.com.cn/topic-4580200.html。

也带动了驱动电机市场加快发展。截至 2014 年 5 月，我国生产新能源汽车驱动电机的厂家有 30 家左右，包括整车厂、汽车零配件生产商、独立电机生产商；能够为整车厂批量供货的国内生产企业有 15 家左右。整车厂中，比亚迪新能源汽车驱动电机均为自主配套；独立电机或汽车零配件生产商中，上海电驱动是新能源乘用车驱动电机的龙头企业，南车时代电动是新能源商用车驱动电机的龙头企业。[1]

二是产品种类更加丰富多样。目前，我国的永磁同步电机主要应用于新能源乘用车，交流异步感应电机和开关磁阻电机主要应用于新能源商用车。乘用车驱动电机产品方面，上海电驱动生产的纯电驱动电机，形成了功率范围覆盖 100kW 的系列化产品，并为多款乘用车配套；上海大郡公司和北汽、广汽、东风汽车等合作，开发了 A00、A0 以及 B 级纯电动汽车驱动电机系统；精进电动与一汽、吉利等合作，推出了深混动力分流双电机、P2 单电机和高速桥驱动电机等产品。商用车驱动电机方面，上海电驱动研制生产出 65—200kW 系列电动客车电机和控制系统，上海大郡开发出应用于增程式城市新能源公交车的发电机和发动机动力总成系统，南车株洲所研制出多种永磁电机和感应电机产品，应用于混合动力客车和无轨电车等。[2]

（二）技术进展

近年来，我国大力研究和推广稀土永磁永磁电机的开发及应用，尤其是高耐热性、高磁性能钕铁硼永磁体的成功开发及电力电子元器件的进一步发展，促使稀土永磁同步电机的研发向着高速、高转矩、大功率方向发展。在永磁驱动电机技术方面，通过电机多领域集成优化设计，国内多个企业已经研制出功率密度超过 3.0Kw/kg 的高速高密度永磁电机，并在多款纯电动乘用车、插电式混合动力乘用车上应用。典型样机如上海驱动匹配长安 C206 纯电动乘用车电机、精进电动匹配清源纯电动轿车平台电机等。

我国的轮毂、轮边电机的研发集中在同济大学、清华大学和中国汽车工程研究院等高校和科研院所，在实际的车辆应用中不多。在技术创新方面，同济大学研究团队提出采用一体化单摆臂悬架与减速时轮边电驱动总成方案，采用摆臂技

[1] 佐思产研网：《2014年中国新能源汽车驱动电机行业研究报告（摘要）》，2015年2月9日，http://www.shujubang.com/IndustryNews/Info.aspx?Id=1254。
[2] 此部分参考中国汽车技术研究中心等编著：《中国新能源汽车产业发展报告（2014）》，社会科学文献出版社2014年版，第66—67页。

术可以有效降低轮边电机带来的非簧载质量的增加，采用电机与减速器集成，可有效提高电机转速，降低电机转矩，从而降低体积和重量。中国汽车工程研究院与上海电驱动合作，采用分布式驱动系统，开发出集成行星减速器的轮边电机和一体式电动轮毂，轮边电机峰值功率达到25kW，峰值转矩达375N·m，功率密度达2.0kW/kg。[1]

三、充换电设施

基于"充电设施建设网络化、规模化"的发展理念，我国的电动汽车充电设施也有了较大发展。

一是充换电基础设施建设步伐加快。据工信部的最新数据，目前国内已建成充电站723座，充电桩28000个，其中国家电网公司建成充换电站618座，充电桩2.4万个；预计到2020年，集中式充换电站将建成1.2万座，分散式充电桩数量将达到450万个。2015年1月，京沪高速公路快充网络全线贯通，这是国内首个高速公路跨城际快充网络，在高速沿线建成50座快充站，平均单向每50公里设立一座快充站，每座快充站规划建设4台120千瓦直流充电机和8个充电桩。主要试点城市方面，北京市建设居民自用充电桩约1600个，分布在约1200个小区；公用充电桩约1500个，遍布188个充电点，其中70%在五环内。[2] 到2017年，北京将建成变电站34座、充换电站107座、充电桩18.8万个。上海市在新建小区"标配"充电桩，到2015年将在全市布局超过6000个充电桩，城区每5平方公里建设1个公共充电点，郊区每10平方公里设置1个公共充电点，初步形成与城市交通容量相适应的智能充换电网络。深圳市到2015年将建160余个公交充电站，50个出租车充电站，500余个快速充电桩和近40000个慢速充电桩。

二是基础设施建设支持力度加大。新能源汽车充换电设施建设将全面放开。2014年3月，国家电网宣布电动汽车的充换电设施将对社会"全面开放"。此前，国家电网于2013年发布的《关于做好分布式电源并网服务工作的意见》和《关于做好电动汽车充换电设施用点包装服务工作的意见》[3]，提出分布式电源并网工程市场和电动汽车充换电桩设施市场向社会资本开放，个人可自建并网设施向电

---

[1] 此部分参考中国汽车技术研究中心等编著：《中国新能源汽车产业发展报告（2014）》，社会科学文献出版社2014年版，第71—72页。

[2] 第一电动网：杨毅沉：《中国新能源汽车公共充电桩建设阻力大》，2015年2月9日，http://www.dlev.com/37407.html。

[3] 央广网：《国家电网向社会资本放开电动车充电桩市场》，2015年1月23日，http://china.cnr.cn/NewsFeeds/201405/t20140527_515590345.shtml。

网卖电，固定车位可自建充电桩。此次全面放开意味着社会资本在快充、慢充和换电领域，都可以与国家电网同台竞争。11月25日，发布《关于新能源汽车充电设施建设奖励的通知》，中央财政拟安排资金对新能源汽车推广城市（群）给予充电设施建设奖励。提出根据推广数量分年度安排充电设施奖励资金；对符合国家技术标准、每日加氢能力不低于200公斤的新建燃料电池汽车加氢站每站奖励400万元；对服务于钛酸锂纯电动等的快速充电设施，适当提高补助标准。[1] 北京发布《北京市示范应用新能源小客车自用充电设施建设管理细则》，对公用充电服务网络给予项目总投资30%的市政府固定资产补助资金支持，允许收取充电服务费；自用充电桩建设采用"一车一桩、桩随车走"；并发布《关于推进既有居住区新能源小客车自用充电设施安装的通知》重点解决充电桩难进小区问题。

第三节　新能源汽车产业布局及重点企业

一、新能源汽车空间布局

我国的新能源汽车企业依托于传统汽车制造企业，有相当一部分企业是传统汽车企业控股成立的分公司。因此，我国的新能源汽车产业主要分布在经济、技术基础雄厚的东部沿海地区，具有传统汽车工业优势的东北地区，以及中部的四川、河南、湖北等制造业基础较好的省份。由于缺乏分省或分地区的新能源汽车产销量数据，目前只能以重点企业的分布情况概略地反映该产业的空间分布状况。

按照新能源汽车整车生产企业的分布，大致可以划分为五大区域。一是东北区域，以一汽、哈飞、华晨等企业为代表；二是环渤海区域，以北汽、北汽福田、中通客车、山东沂星、力神等为代表；三是长三角区域，包括上海、浙江、江苏，以上汽、金龙、吉利、江苏奥新等为代表；四是珠三角区域，含广州、深圳、珠海等城市的广汽、比亚迪、广通等企业；五是中西部区域，包括河南、安徽、湖北、湖南、重庆等省市，如东风、奇瑞、江淮、安凯、宇通、南车、长安等企业。

---

[1]　《关于新能源汽车充电设施建设奖励的通知》（财建〔2014〕692号）。

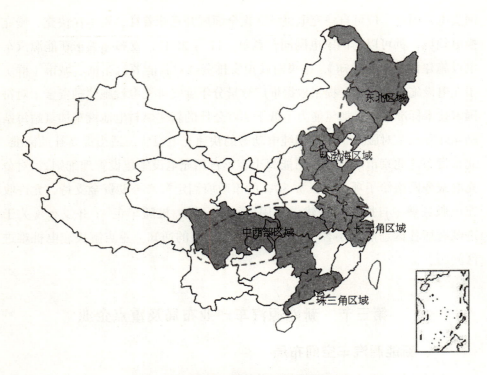

图 10-1　中国新能源汽车产业分布图

数据来源：赛迪智库整理，2015 年 3 月。

二、重点企业

　　我国的新能源汽生产主要依托于传统汽车企业，通过改造传统生产线和引入新的新能源汽车生产线，推出新能源汽车车型。长安、东风、一汽、北汽、上汽、吉利等车企，或组建了新能源汽车生产企业，或引入新能源汽车生产平台，推出了新能源汽车车型，并不同程度地开展了新能源汽车示范推广活动。车企"四大"（一汽、东风、上汽、长安）、"四小"中的北汽、广汽、奇瑞均推出了混合动力汽车或纯电动汽车，吉利、江淮、比亚迪也纷纷进军新能源汽车领域。

表 10-1　主要新能源汽车企业发展情况

企业名称	基本情况	产业化情况
一汽集团新能源汽车分公司（2010年成立）	业务领域：新能源汽车及其零部件制造、销售、维修、技术咨询 研发机构设置：一汽技术中心电动汽车研究室，研发人员40余名	产品：奔腾B50-PHEV、奔腾B50-EV、威志-EV、欧朗-EV等 产能：超1万辆，拟投资43.48亿元建设新能源汽车改造项目，具备20万辆的年产能
东风电动车辆股份有限公司（2001年成立）	业务领域：纯电动、混合动力、燃料电池等各种新能源汽车研发销售 研发机构设置：东风电动汽车工程研究院；东风技术中心新能源汽车研究所	产品：E30和E30L乘用车，系列专用电动车年产能：超1万辆 示范运营情况：开发车型10余款，向市场推广近千辆混合动力公交车和纯电动工程车，在十多个试点城市示范运行
北京汽车新能源汽车有限公司（2009年成立）	研发机构设置：新能源汽车研究院，研发人员200人 业务领域：新能源汽车核心零部件、纯电动汽车、混合动力汽车的生产销售及配套的充电系统、电车更换系统的生产销售	产品：E150EV、绅宝EV、威旺307EV、E150等年产能：单班年产能2万辆 示范运营情况：已经达到1300辆的产销量，其中1200辆已经投放市场，在北京实际示范运营的纯电动车超700辆
上海汽车股份有限公司（2009年成立）	研发机构设置：2007年成立上汽技术中心新能源及新技术部；2009年成立上海捷能汽车技术公司，负责新能源汽车关键零部件技术开发	产品：荣威E50等 产能：目前已形成6000辆的产能 销售情况：已销售纯电动轿车荣威E50达200余辆
江淮汽车股份有限公司（2007年成立）	研发机构设置：2007年，江淮技术中心成立新型动力部；2009年3月成立新能源汽车部；2009年7月与合肥工大成立新能源汽车研究院 研发团队：已经形成100余人	产品：和悦Iev等 产能：目前已具备1万辆的乘用车产能 销售情况：纯电动车共销售近5000辆，占全国纯电动车销量的60%以上，全球销量仅次于日产聆风和三菱iMiEV
奇瑞新能源汽车技术有限公司（2010年成立）	业务领域：混合动力汽车、替代燃料汽车等清洁能源汽车的前沿技术研究开发	产品：QQ3电动版、瑞麒M1EV、奇瑞eQ年产能：到2015年形成5万辆新能源汽车产能 销售情况：奇瑞M1EV电动车型销售已经超200辆，其中公务用车超70辆

（续表）

企业名称	基本情况	产业化情况
比亚迪汽车股份有限公司（2003年成立）	研发机构：2006年成立电动汽车研究所 合资合作：2012年3月，与戴姆勒发布电动车新品牌；2008年10月，收购宁波中纬，从事IGBT研发制造	产品：K9、e6，"秦"等 产能：实现2万辆乘用车及400辆纯电动大巴产能 示范推广：为深圳市政府提供超2000辆新能源汽车，已与天津、西安等城市公交公司打成采购协议

数据来源：《中国新能源汽车产业发展报告》，赛迪智库整理，2015 年 1 月。

第三部分 热点篇

第十一章　信息物理空间：可预见的智能时代图景

2014 年 7 月 7 日，零售业巨头沃尔玛重回《财富》世界 500 强榜首，是什么在支撑其遍布全球的实体店和物流体系运转？2014 年的"双十一"，淘宝网在 3 分钟内完成 10 亿元、1 天内完成了 571 亿元的交易额，这在传统的物理空间怎么可能实现？这些奇迹的发生在德国"工业 4.0"中得到解释：在制造业以及更多领域，人们的活动正从物理世界进入物理世界与信息世界融合的空间——信息物理空间。

第一节　信息物理空间的内涵和意义

一、信息物理空间的概念

以计算机和互联网为标志的两次信息化浪潮，创造出一个有别于现实世界的信息世界。近来，随着信息技术体系的不断发展演进，信息世界与现实世界交互融合的趋势日益显著，一个全新的"第三世界"正在形成，正在开启世界信息化的第三次浪潮。所谓信息物理空间，在学术界被称为 CPS(Cyber-Physical System)，即通过 3C（Computation，Communication，Control）技术的高度集成，把计算能力、通信能力和感控能力深度嵌入物理过程，并利用反馈循环对物理过程进行有效控制，实现物理世界与信息世界的互联和协同。CPS 这一术语，以顶级的、高位的、高度概括的概念，表达了人们把虚拟世界和物理世界融合起来的美好愿景。如同互联网使得人类通信和相互作用关系发生了变革一样，CPS 将引发人类与物理世界之间的相互作用关系发生根本性变化。

二、信息物理空间与其他网络空间的区别

CPS 具有自治、交互、协同、精准、可靠、高效等特性。与物联网不同，CPS 中所有的计算模块、网络节点、物理实体，包括人自身都可视为物理组件，而在物联网中"人"是作为控制者出现的；CPS 实现的是对物理组件的远程通讯和控制，而物联网仅仅实现人对物体状态的感知功能；CPS 比物联网具有更好的容错性、计算管理能力、协同性和适应性等系统性能。与无线传感器网络不同，现有无线传感器网络可为 CPS 提供平台，但无线传感器网络的节点在空间上基本是静态配置，适用性不广，还面临节点数量受限问题；CPS 的传感器和执行器节点融入了控制和计算能力，加入了对信息的智能判决和对环境的反馈控制过程，系统更为复杂，并减少了人的参与。与网络控制系统不同，CPS 主要采用分散式布控，以中枢连锁可调节反馈控制的控制模式实现调度决策，优化控制模型精准度，实现系统自主自适应调节，提高系统的整体响应速度和任务执行效率。

三、信息物理空间的前景及影响

CPS 将改变人类与物理世界的交互方式，其在多个领域的广泛应用，将对未来世界产生深远影响。一是推动生产智能化。"以工业生产力为代表，对能源、材料的加工，与以信息生产力为代表，对信息资源的加工，这三种资源、两种生产力合在一起，改变着产业发展的方方面面。"在制造业领域，通过智能机器、存储系统和生产设施的独立运行和相互控制，打造"智能生产模式"和"智能工厂"，推动工业产品和技术的升级换代。二是促进社会智能化。CPS 与社会生活息息相关，在智能交通领域将实现"人—车"及"车—车"之间的自治协调与协同，解决交通拥堵问题；在生物医疗领域通过远程诊断、精准监测与远程手术等的应用，实现医疗资源高效利用；在智能电网、家庭机器人、智能建筑等方面的普及，将为构建未来智慧城市奠定重要基础。三是提升国家综合实力。作为世界范围内信息化发展的新趋势，CPS 的技术突破意味着一国将在新技术和产业革命中获得先发优势。在 CPS 环境下，产品的开发、生产和国际营销都将处于有利地位，国家对装备、产品、技术、标准的控制力将进一步增强，将形成新一代网络安全服务体系结构，极大地保障国家网络信息安全。

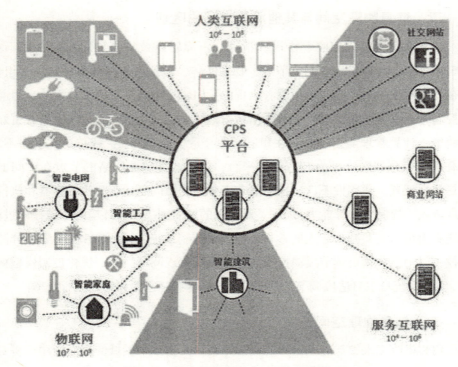

图11-1　信息物理空间（CPS）示意图

数据来源：博世软件创新公司（bosch），2012年。

第二节　国内外 CPS 发展状况

鉴于信息物理空间广阔的应用前景和不可估量的市场规模，CPS 得到不少国家政府的支持资助以及学术界和工业界的高度重视，在基础理论及应用研究方面取得了积极进展。

一、美国

美国在 CPS 的研究上起步较早。在 2006 年 2 月发布的《美国竞争力计划》中，信息物理系统即被确立为重要研究项目；2007 年 7 月，美国总统科学技术顾问委员会在《挑战下的领先——竞争世界中的信息技术研发》报告中，把 CPS 列为八大关键信息技术之首，由此开启了美国对 CPS 的研究；2008 年，美国成立 CPS 指导小组，在其《CPS 执行概要》中提出将 CPS 应用于能源、交通、医疗、农业、大型建筑设施和国防等领域。美国国家科学基金会连续多年把 CPS 作为科研重点，批准 CPS 相关研究项目 130 余项，投入了大量资助经费。美国的 CPS 研究主要集中在嵌入式与自动化、网络化与信息安全、信息基础设施等方面。如麻省理工学院设计了基于移动机器人的分布式智能机器人花园，为提高 CPS 节点间的自主交互和高效实时通讯建立了基础；宾夕法尼亚工程学院研究的汽车导航软件 GrooveNet，能够同时支持对真实车辆与虚拟车辆的运行监控，为车辆 CPS 的构建和自治导航的优化搭建了建模及仿真测试平台。在美国，CPS 在智能电网、新型智能生物医疗设备、物流和供应链优化、城市下水道网络、抗灾预警等领域也均有一定的应用。

二、德国

德国在工业领域较早提出了明确的 CPS 发展战略。CPS 是德国工业 4.0 的核心概念，德国设想按照建立"智能工厂"和"智能生产模式"两大主题，促进未来企业以 CPS 的形式建立全球网络，整合其机器、仓储系统和生产设施；通过集成软件、传感器和通信系统，实现人、设备与产品的实时连通、相互识别和有效交流，从根本上改善从制造、工程、材料使用到供应链和生命周期管理的工业过程。德国工业 4.0 的立意，是以信息物理系统为基础打造本国制造业的核心竞争力，从而奠定在世界下一代工业中的领先地位。德国所在的欧盟也制定了庞大的 CPS 研究计划，提出从 2007 年到 2013 年将投入 54 亿欧元用于 CPS 相关的嵌入智能与系统研究，力图在 2016 年成为智能电子系统的世界领袖。目前，欧盟在系统构架、系统建模、系统安全、QoS 和应用案例等方面取得了一些探索性研究成果。

三、中国

从 2009 年起，信息物理空间开始在国内引起关注，在当年举办的多个网络控制技术论坛和计算机大会上，CPS 在工业领域的应用多受重视。国家自然科学基金、"973 计划"和"863 计划"都将其作为支持重点；2010 年，国家"863 计划"信息技术领域办公室和专家组在上海举办了"信息—物理融合系统发展战略论坛"，对 CPS 科学基础及其关键技术、战略布局、分领域应用等进行了研讨。目前，国内关于 CPS 前沿技术已有一些研究基础。如，武汉大学信息资源研究中心结合物联网和云计算，研究了 CPS 网络互联和自主交互等技术，对 CPS 的普适化网络环境开展了探索性研究；清华大学、同济大学、西北工业大学等高校也创建了 CPS 研究组，从事 CPS 技术相关研究；中国香港和台湾地区的部分高校成立了 UCCPS (User-centric cyber-physical systems workshop) 亚洲论坛。总体看，国内 CPS 研究的战略层次不高，研究力量相对分散，基础理论研究还不深入，应用领域仍然比较狭窄。

第三节　启示与建议

一、把构建信息物理空间放在国家信息化战略突出位置

信息物理空间是世界信息化发展不可逆转的大趋势，也是未来信息社会的重要基础设施。目前，世界范围内对 CPS 的研究均处于起步阶段，但在战略层次上，美、德等国已经领先一步前瞻布局。我国的信息化战略必须立足当前，着眼未来数十年甚至更长时期的发展趋势，加强对 CPS 等重大问题的前瞻研究和系统部署。建议提高 CPS 研究的战略层次，在国家信息化发展战略中对 CPS 进行总体布局，研究制定 CPS 的战略目标、重点任务、发展路径和政策举措。同时，在制造业发展、智慧城市、国家网络和信息安全等重要领域，以需求为导向，超前部署基础研究、技术研发及示范应用。

二、组建国家信息物理空间研究和开发中心

CPS 的技术特征决定其研究议程将是庞大的、复杂的和跨领域的，涉及计算科学、网络科学、通信科学、生命科学、工程相关科学的知识与技术，远非单个研究机构所能独立完成。借鉴美国组建"国家制造业创新中心"的做法，建议我国在现有开展 CPS 相关研究的高校和科研院所的基础上，探索组建"国家信息物理空间研究和开发中心"。该中心应首先在 CPS 研究的优先领域设立，由若干企业、高校、研究机构以及行业协会等机构共同构建，对单个机构难以开展的 CPS 基础理论、构架与建模方法等关键技术、重要领域应用等，加大政府投入与协调，联合探索 CPS 研究技术路线图，加强研究创新链上不同主体间的分工与协作。

三、开展重大应用示范的区域试点

为系统推进国家 CPS 建设，促进基础研究与应用研究相结合、学术研究与

实际应用相结合，加快研究成果转化，应当从解决区域经济社会发展的重大需求出发，在工业、农业、交通能源、节能环保、社会事业、城市管理等领域，组织实施一批信息物理系统重大应用示范的区域试点项目。例如，在企业层次，可选择一些信息化水平较高的制造业企业开展建设"智能工厂"的示范试点，基于 CPS 网络优化企业制造和管理流程，探索建立"智能生产模式"；在园区层次，可选择一部分国家新型工业化产业示范基地特别是"智慧园区"试点的工业园区开展 CPS 重大应用示范；此外，还可以开展社区、城市等区域性的 CPS 在交通运输、生物医疗、能源开发、城市基础设施建设等领域重大应用的试点示范。

第十二章　移动互联网产业正步入2.0时代

如果说以智能手机的广泛普及和移动互联企业的"圈地运动"为移动互联网产业 1.0 时代的标志，那么围绕企业软实力和商业化进程的竞争即意味着移动互联网 2.0 时代的开启。面对移动互联网新的发展，应理清其下一阶段的发展特征，并采取有效策略积极应对。

第一节　移动互联网产业正告别起步期

移动互联网产业经过过去三年的迅猛发展，当前正处于从"摸索爬行"时期向"蹒跚学步"阶段迅速演变的转折点，竞争的焦点亦迅速转移。

一方面，硬件军备竞赛阶段已告终结，纷纷聚焦软实力。过去两年里，智能终端"更大、更快、更薄、更清晰"的进化主旋律已不可避免地遇到瓶颈，行业领先者和落后者之间的技术差距逐渐减小，竞争焦点逐步转向操作系统、应用软件、人机交互功能的软实力上。如三星在 2013 年 3 月推出的最新旗舰机型 Galaxy S4，其卖点已不再是达到顶峰的硬件配置，而是手势操作、人眼识别、动作感应等人机交互和智能化操作。iPhone5 自 2012 年底上市以来，其操作系统 iOS 已陆续进行了 10 余次升级，在与前代产品硬件差别不大的情况下，通过不断提升使用体验实现单一产品的优化升级。

另一方面，巨头"圈地"格局初显，加快启程商业化。移动互联网行业已浮现出竞争格局的基本雏形，行业巨头从过去各自为营、不计代价的"圈地运动"突然转向针锋相对的商业化试水。如在即时通信领域，截止到 2014 年 7 月底，微信月活跃用户数已接近 4 亿户，稳坐头把交椅，并及时更新 6.1 版本，新增微信小视频、微信卡包、在线支付、游戏中心、表情商店等增值服务，为进一步完成电商和生活领域的商业闭环铺平道路。此举被阿里巴巴视为直接威胁，以"安全"为由暂停了面向微信的第三方应用服务。在社交领域，微博则坐拥 5 亿用户，开始大规模接硬广告践行商业化，并与阿里巴巴合作推出微博淘宝版，欲共同加快开拓社交化、生活化的电商通路。

第二节　移动互联网产业发展的新特征

一、从发展模式上看，"开放平台+大数据"模式正不断催生移动互联网独特的商业模式

在逐渐成熟的产业生态系统中，将由少数互联网巨头提供开放平台，各方参与企业以平台为依托拓展业务，平台提供商利用大数据对海量用户信息进行挖掘，向各参与方提供增值服务。

微信平台除了聚集了 4 亿月活跃个人用户外，还通过"微信开放平台"、"微信公众平台"等方式向第三方开发者、银行、企业、媒体、政府部门等开放。而微信平台则利用汇聚在其上的海量数据，利用大数据技术，为企业提供数据管理服务，企业登录后台后，可清楚明了地看到本企业的整体销售情况和会员增长情况。此类数据服务解决了企业数据库管理、会员关系管理、会员精准营销等问题，使企业能够实时把控商机、了解运营情况。

作为全球第三大互联网交易平台的淘宝网也开设了移动端，移动端延续了 PC 端的特点，不仅对卖家、各大银行、物流公司等开放，使各方能够在此平台上开展特色服务。淘宝网还利用大数据技术，盘活其平台上庞大数据资产来帮助卖家预测用户需求，通过对历史上所有买家、卖家的询价和成交数据进行挖掘，形成询盘指数和成交指数，这两个指数如果保持在一个稳定的范围内，则企业经营情况正常，若检测到不正常变动，则及时通知企业应对危机。

二、从创新方式上看，单点扩散式创新方式正朝移动互联网参与型的协同创新方式转变

移动互联网开源系统的快速发展，催生了新的创新模式。创新队伍不仅是单个企业或科研机构，众多网民、开源社区、第三方开发者都可能参与创新过程，

大大增强了创新的协同性，极大加快了创新速度。

小米公司在研发 MIUI 操作系统时就采取了这种产品开发模式。通过小米论坛上约 50 万粉丝互动，小米公司搜集意见，每周快速更新版本。小米手机的研发还扩散到之后的生产运营过程，小米公司通过论坛、微博等网络渠道与用户频繁快速的互动，产品开发部门可直接、快速地掌握客户对产品问题的一手信息，并不断完善产品。小米公司的粉丝及关注者大都是智能终端发烧友，其对手机要求最为苛刻，小米公司通过吸收其意见，极大地优化了用户体验，使得小米手机在短期内销售百万部，2014 年更是以 6100 万部的销量位列国内市场第一。

三、从扩张方向上看，O2O 爆发式发展正引领移动互联网产业与传统服务行业跨界融合

O2O（Online To Offline）将移动互联网站与线下服务体验结合在一起，让移动互联网站成为线下服务的交易前台。这样线下服务就可以用移动互联网站招揽顾客，顾客可以通过移动互联网筛选服务，交易可以在线结算，很快达到规模。因此，O2O 的快速发展使得移动互联网产业链条延伸到线下传统服务业。

在餐饮业领域，通过移动互联网微信平台发送当前地理位置后，外卖网络就会自动传来附近 1 千米内 15 条左右的餐馆信息，包括种类、距离、人均消费等资料，用户通过手机回复餐馆编号后，外卖网络则会发送此餐馆的详细菜单资料和订餐电话，方便用户择优就餐。在零售业领域，上海、深圳、广州等城市的不少商店外开始印有醒目二维码的易拉宝，消费者可以通过手机扫拍二维码获得电子优惠券，即拍即得，之后消费者就可以到实体店凭借电子券享受优惠消费。在金融服务业领域，支付宝与线下卖场上品折扣共同推出移动支付服务，消费者在上品折扣店购物时，用安装支付宝客户端的手机拍摄商品二维码，并在手机上完成支付，即可提货离开，免去往返收银台和排队的不便。又如，支付宝推出"超级收款"业务，消费者通过回复手机短信付款，而商家可以通过安装在智能设备上的应用软件进行收款，此举可有效填补 POS 机未覆盖到的市场。

四、从应用特征上看，需求的碎片化正牵引移动互联网应用向短、快、精、微方向发展

移动互联网需求的碎片化包含两方面含义：一是占用时间的碎片化，即每次上移动互联网的时间较短；二是信息消费的碎片化，即海量信息包围下，用户只

选择其感兴趣的信息和应用。例如乘坐公交车、地铁从等车到乘车再到下车，大多数人会掏出手机，看微信、发微博或者查看地图。这种需求特征要求移动互联网提供的内容或应用必须具有短、快、精、微的特点。

这种短、快、精、微应用的一种类型是内容本身短、平、快，例如新浪微博通过订阅功能提供的新闻快讯。又如各大网络视频公司大力推出的"微视频"，视频反映某一方面事情，但本身非常简短，而且时效性强。在另一种类型中，移动互联网应用利用人际关系节点将海量信息筛选出所需内容。例如，移动社交媒体可向用户提供其感兴趣的人，从而提供有效需求信息，用户也可以随手记录、拍照、编辑信息，然后把这些内容分享到移动社交媒体上，其他同爱好者通过关键词找到所需信息。

第三节　对我国移动互联网产业发展的建议

一、依托成熟创新平台，加大核心基础技术攻关

用户规模大、产业生态环境优越的大移动互联网平台（如微信、淘宝网）具有核心技术的应用和检测环境、产业带动性强。应集中力量，发挥重大科技专项、技术改造专项、电子发展基金的导向作用对其进行支持，力争突破移动互联网大数据、云计算、数据仓库等核心技术，缩小与国外技术差距、解决专利隐患等问题。同时，采取积极的措施鼓励这些大平台企业"走出去"，在国际竞争中发现自身的不足，利用国外资源寻找突破核心技术的路径。

二、围绕创新要素供应，加强产业创新环境培育

加快移动互联网知识产权审批速度，推进企业快速占领市场。积极从海外引进移动互联网核心技术人才和产业领军人才，并通过股权激励等方式留住人才。鼓励建立移动互联网产业投资基金，吸引社会资本进入，对处于种子期、初创期、成长期的移动互联网创新项目加以培育。建立移动互联网协同创新平台，开展共性关键技术研发、行业标准编制研究。整合IDC（互联网数据中心）公共平台资源，为企业发展提供成本低、效率高的基础设施和平台云服务。

三、应对产业跨界融合，推进部门管理协同创新

传统服务行业经过多年发展，已经形成了相对稳定的行业规范和政府监管体

系，在移动互联网向传统行业渗透过程中，往往会对原有的体系形成巨大冲击，例如移动互联网应用可能会触犯既有法规、侵犯公共利益、有违市民安全、妨碍公平竞争。政府相关部门应加强联合调查、研判，一方面，对确实能够提高传统行业运营效率的应用给予鼓励，积极妥善解决发展中存在的问题；另一方面，对可能给传统行业造成巨大不利影响的移动互联网应用，要加强行业管理，建立严格的资质审批制度，规范其发展。

四、调动产业各方力量，加快网络基础设施建设

协调各主管部门和电信运营商，推进科技园区、工业园区、商务楼宇等商务类场所光纤到楼入室。着力培养几家覆盖面广、竞争力强的专业 CDN 等专业化企业，提高移动互联网的响应速度。依托智慧城市，加快推进第三代移动通信网（3G）建设，进一步扩大公共热点区域无线局域网（WLAN）覆盖规模，不断提升无线宽带网络在行政单位、公共场所、居民小区、商业街区的覆盖率。加快第四代移动通信网（4G）建设技术试验，加速布局新一代移动通信网、下一代互联网建设。

第十三章 互联网思维下的制造业新业态

近来对互联网思维的讨论较多，认为互联网思维是一种用户体验至上、商业民主化的思维，是在云计算、大数据和移动互联网背景下思考产品创新、营销推广等企业发展问题，将形成全新的产业生态环境。互联网思维对企业的生产方式、组织模式都将产生颠覆性影响，激发产业形态的重大变革，目前已经促成一批制造业新业态的快速崛起，成为制造业发展新的亮点，为我国制造业加快形成竞争优势提供新路径，为企业开拓市场提供新机遇。

第一节 互联网思维的本质

2010年才创立的小米科技，2014年当年手机销量突破6100万部、营业收入达到743亿元。其创始人雷军说，小米奇迹也是互联网思维的胜利。当前，互联网思维正以雷霆之势席卷而来，它引发了索尼、诺基亚等巨头的快速陨落，助推了小米、特斯拉等新贵的成功逆袭，带来了海尔、华为等的全面变革。那么，互联网思维的本质是什么？

小米董事长雷军认为，"专注、极致、口碑、快"是互联网思维的七字诀；联想总裁杨元庆将其总结为：客户体验、快速响应和粉丝经济；360总裁周鸿祎提出互联网思维的关键词是：用户至上、体验为王、免费的商业模式。可见，人们对互联网思维有着不同的解读。我们认为，其本质主要包括五个方面：

一是用户思维。传统工业经济模式下，用户很少参与企业创新过程。互联网时代要求企业处处"以用户为中心"，最大限度挑起用户的参与感，打造让客户尖叫的产品，提供极致的用户体验，把用户变成对自身品牌拥有高度忠诚和热情的粉丝。

二是快速迭代。传统制造企业做一个产品从调研到上市需要一个漫长的周期，且流程复杂。互联网时代要求企业在产品研发中实现小团队、快动作，允许推出的产品和服务有所不足，在不断试错、持续迭代中完善产品。

三是追求简约。互联网时代，信息爆炸式增长，用户耐心越来越不足。越简单的东西越容易传播，乔布斯曾说，"专注和简单是我的梵咒"。要想在短时间内抓住用户，必须做到外观尽可能简洁，内在流程尽量简化。

四是平台经济。平台经济的精髓在于打造一个开放、共享、共赢的产业生态圈，吸引更多用户与合作伙伴，提供更多的服务，再去吸引更多的用户。这些平台中，有些演化为专业化平台，有些甚至成为颠覆或改写整个商业生态的巨大力量。

五是大数据思维。用户在网络上一般会产生信息、行为、关系三个层面的数据。企业借助大数据分析工具，充分发掘用户行为信息，可对市场进行准确预测和判断，进而形成一种高层次的信息垄断，信息和数据经营越来越成为核心竞争力。

第二节　互联网思维推动制造业新业态不断涌现

互联网应用的逐步丰富，深刻影响和改变人们的生活和消费方式，促进企业用互联网的思维，重新思考和构建制造业的生产模式和组织方式，进而形成了大量的新业态。整体上，基于互联网思维形成的制造业新业态可以分为以下三类：

一、基于社交化生产的新业态：如小米手机、开源硬件等

人们日常基于互联网的交流、评论等社交行为，逐步渗透到制造业的生产模式中，对产品的外观、性能进行个性化创造，对产品的流通渠道进行扩展。如，来自11个国家粉丝站及论坛上40万粉丝为小米手机提供升级建议；而开源硬件社区和众多互联网资源，让用户成为产品设计的参与者。

二、基于用户体验的新业态：互联网汽车、智能手表、智能眼镜等

在互联网思维下，汽车、手表、眼镜等传统产品，通过互联网及相关软件系统，变为手机一样的移动智能终端，提供娱乐、查询、维修等智能化服务。如，宝马

汽车已经实现了与 iPhone 的无缝对接，可通过手机控制音乐、查询地图、导航等；而 Google Glass 也在 2014 年我国"两会"期间参与新闻报道。

三、基于平台经济的新业态：大数据、O2O服务等

在互联网思维下，很多企业并不制造产品，而是通过为制造类企业提供交易场所或平台获利，大数据、O2O 服务等是其重要业务类型。大数据通过收集用户消费偏好等个人信息，或性能故障等产品信息，深入挖掘提取内在规则，为用户及制造商提供信息服务。O2O 利用线上查询，为线下消费提供信息，进而引导用户进行产品选择。

第三节　互联网思维下制造业的基本特征

一、从产品形态看，终端产品更像产品与服务的"综合体"

传统产品制造以型号、功能为核心，在互联网的推动下，产品的制造与服务进一步融合，终端产品已经延伸为制造商提供服务的载体，提供优质丰富的服务或完备的解决方案是制造业的重要收益来源。例如，2012 年，乐视网宣布推出"超级电视"，构建了"平台＋内容＋终端＋应用"的全产业链业务体系，而其推出的"乐视盒子"，更是打出了"硬件免费＋服务收费"的产品策略，互联网思维下的电视成为家庭的信息中心和娱乐中心，对传统电视行业造成了不小的冲击。

二、从研发制造看，个性化定制、社交化生产成为新趋势

传统制造业中，用户通常是产品的被动接受者，只能根据企业既定的产品方案决策自己的需求。而在互联网思维下，产品制造突破了"时间和空间的限制"，带来了企业研发制造模式的深刻改变，用户将拥有对产品形态、功能等方面更多的话语权，个性化将成为很多产品的基本属性，这也为解决企业同质化竞争困境提供了新的思路。如，小米手机通过广泛收集并采纳粉丝的意见，贯彻了"用户需要什么，我们把它做出来"的理念，造就了从 2.5 亿美元到超百亿美元的行业传奇。2012 年，海尔在"双十一"时推出了颜色自主选择的电视机，当日即获得上万订单。

三、从组织形式看，消费者、品牌商、渠道商等共同组成"并行制造"体系

传统的工业化思维以层级结构管理企业的内部运行，以串联结构与上下游企业共同形成产业链条，强调管理组织等级化，强调企业业务"大而全"，难于适应市场和产品的多样化需求。而互联网思维强调开放、协作与分享，组织内部讲究小而美，要求弱化企业管理的层级结构，在产业分工中注重专业化与精细化，使得企业的生产组织更富有柔性和创造性。近年来，海尔通过不断合并业务单元、削减边缘业务来实现企业运作的扁平化，取得了显著成效。

四、从经营管理看，企业需重点经营用户而非经营产品

在传统制造业思维模式下，顾客仅为产品的购买者与使用者，企业与客户之间仅存在简单的购买关系。而在互联网思维下，客户将成为产品推广的重要力量，参与到产品的设计、消费和宣传的多个环节，用户将成为产品制造的合作伙伴，论坛、微博、微信等渠道从社交平台转为产品展示平台和用户集中平台。因此，企业通常将用户群体的壮大作为产品成败的关键进行经营和维护。如，小米手机的"米粉"，华为手机的"花粉"等圈子经济、粉丝经济的兴起，正是各企业对互联网思维的理解和实践能力的较量。

第四节　互联网思维下制造业的典型模式

一、小米模式

打造发烧文化。在设计和研发时，"米粉"们通过微博、微信、论坛等渠道将对手机的需求、意见和建议传递给小米，而小米则根据不同需求，每周都会对手机系统进行更新。小米还通过预售工程机，让铁杆粉丝参与内测；发烧友自愿组成"荣誉开发组"，更深度地参与产品的设计和测试。

注重口碑营销。在品牌营销上，小米从不大规模投放广告，而是注重和用户的沟通，进行口碑传播。在产品发布会上，董事长雷军亲自讲解产品，成百上千名"米粉"参与。发布后，还借助于新浪微博、微信、QQ空间等最炙手可热的平台进行传播和推广。小米还采用"闪购"、"F码"等方式制造一种稀缺的错觉，激发网友对产品进行下一步传播和逐级分享。

经营"粉丝"团体。小米手机在售出了大量产品以后，营销并没有结束。它通过 MIUI 系统把成千上万的"米粉"联结起来，形成了一个互相链接、实时互动的社群，建立了自己的商业模式。除小米手机这个基础硬件外，在小米商店里还有很多配套硬件和软件，成为小米新的收入来源。

二、海尔模式

实现平台化运营。海尔将"日日顺"销售平台定位为专注家电、家具、家装、家居、净水等的垂直品类的电商平台，在网络化营销的同时，充分挖掘用户需求；同时，推出集众筹、用户交互、C2B 定制和孵化器于一体的"海立方"产品创新平台。这两大平台改变了传统制造企业的调研—设计—生产—销售—售后模式，让海尔可以从"销售"和"生产"两端，灵活地应对互联网时代的瞬时变化和用户多样化的需求。

促进员工"创客化"转型。海尔将原来所有部门按照线体、型号、市场划分为两千多个自主经营体，这些自主经营体有用人权、分配权、决策权，彻底改变了决策流程链条太长、执行迟缓、员工被动的缺陷。这种自主经营体式的组织非常扁平，如负责一个县所有业务的就是一个 7 个人的团队，可随时响应用户的个性化需求。

构建众筹众包的开放性组织。张瑞敏认为："在互联网新平台的支撑下，全世界都是我的资源！"海尔实行的是按单聚散的平台型人力资源体系。项目确定后，按照提升效率的原则去灵活配置资源。这些资源可能是海尔内部的，也可能是海尔外部的。比如，海尔建立了开放式研发，与超过 200 家的顶级供应商、研究机构、著名大学、创新公司建立战略合作关系；形成了以虚实网为媒介的 120 多万名科学家和工程师的创新生态圈。

三、特斯拉模式

做到极致的用户体验。雷军曾说，"如果你没见过，没开过 Tesla 汽车，你很难想象这辆全智能的车有多酷"。特斯拉在每个体验点上都做到极致，比如百公里加速只要 4.2 秒；充电最快 4 个半小时，续航 400 多公里，并且普通家用电就能充电；中控板几乎取消了所有物理按键，音量、空调、导航等功能键都在 17 英寸的液晶屏上完成；车门把手为自动伸缩感应，当你走过去，它就会自动翻起来。超好的用户体验，使得汽车在特斯拉拥趸的眼里只剩下了两种：一种是

Tesla，另一种是其他。

"线上＋线下"相结合的营销模式。区别于传统"进店、交钱、提车"的4S店购车模式，"相知、相识、相许"是购买一辆Tesla Model S所必须经历的过程。当消费者想要购买特斯拉时，需要线上预定，线上支付，并且通过官网，根据个人偏好模块化的选择汽车配置。

第五节　几点建议

一、强化多部门的协同支持

制造业新业态跨界趋势明显，企业业务同时包括产品设计、研发、物流、服务等多个环节，其健康发展需要多个政策上的协调和配合。因此，要加强新业态政策制定上的系统性和一致性，统筹不同部门和机构的协调配合，形成政策合力。同时，应深入理解互联网思维的作用方式和模式，灵活采用政府采购、基金投资等支持方式，促进新业态健康快速成长。

二、组建四位一体的创新综合体

在互联网思维下，制造业企业创新是一个开放的、多方参与、多模式交融的长期的互动过程，其创新的形成和扩散过程更为复杂。因此，应统筹实施制造业新业态伙伴计划，组建以各领域骨干企业为核心，政府出资大力支持，各高校和科研院所提供智力协作，各行业协会共同参与的创新综合体，共同推动新业态的创新发展。

三、推进新业态试点的应用推广

目前，在消费性电子等部分行业中，由于用户群体较大而且产品贴近生活，新业态发展和创新速度较快，而在生产性装备等领域发展相对滞后，新业态的实践应用较少。因此，对于发展前景较好、增长空间较大的新业态，政府应组织实施一揽子支持计划，从政府采购、消费侧补贴等方式，加强对制造业企业试点示范的支持力度，鼓励企业进行模式创新和实践探索。

四、调整现有产业分类统计体系

制造业新业态中，产品的价值同时凝结在产品及配套服务中，企业的业务类型、收益实现与积累方式都发生了根本性的转变。而现有产业分类与统计体系仍是以农业、传统制造业、服务业等三个产业严格划分为基础的，难以反映新业态的发展动态和趋势，不利于对行业整体情况的掌握和判断。因此，需要加快现有产业分类统计体系的调整，重新拆分、整合相关环节，更好地反映制造业新业态发展状况和运行规律，为行业管理和决策部门提供支撑服务。

五、促进企业选择符合自身特点的互联网化转型路径

互联网思维导致了传统行业企业在管理方式、组织形式、商业模式等方面的颠覆性改变。企业要结合自身业务特点、发展阶段和特色优势，真正以用户为中心，按照快速迭代、追求简约、平台经济、大数据思维等要求，重构企业的思维模式、营销模式、研发模式、运营模式，而不是仅仅把互联网作为工具叠加在传统模式之上。同时，还要根据自身经营方式和用户需求特征，更加关注服务和商业模式创新，提高企业的价值创造能力。

第十四章　极端制造：通往制造强国之路

极端制造（也称极限制造或超常制造）是先进制造技术的核心之一，是指在极端条件或环境下，制造极端尺度（特大或特小尺度）或极高功能的器件和功能系统。极端制造集中表现在微细制造、超精密制造、巨系统制造和强场（如强能量场）制造。20世纪下半叶以来，极端制造快速发展，并向多领域渗透，已成为当代先进制造的重要特征，是各国抢占新一轮制造技术制高点的战略必争之地，所形成的强大生产力已成为国家发展和国力竞争的重要基础。我国的极端制造已取得积极进展，但在技术能力、整机产品、关键环节等方面都与发达国家存在较大差距，迫切需要加紧部署，提升我国极端制造能力，加快向制造强国转变。

第一节　加快发展极端制造具有极其重要的战略意义

一、极端制造是一国制造业综合实力的集中体现

在当今的工业生产中，极端制造技术显得越来越重要，已成为许多高技术领域的基础和前提。表面上看，极端制造是产品尺度及环境的变化，实质上则集中众多高新科技，具有极强的带动效应。如飞机发动机以高温、高压、高转速、高负荷这"四高"为技术难点，是衡量一个国家材料工业和制造工艺尖端加工能力的重要标志。各国"航母竞争"的背后是高端装备制造业、尖端材料学乃至燃料工业等综合实力的竞争。当今世界制造强国，均拥有较强的极端制造能力。缺乏极端制造能力，也就缺乏国际竞争的"杀手锏"。

二、极端制造是各国抢占先进制造竞争制高点的战略要求

目前，极端制造正处于蓬勃发展的阶段，工业发达国家早已将极端制造列为重点研究方向。美国 1991 年就提出将"微米级和纳米级制造"列为国家关键技术。半导体设备作为重要的极端微细加工设备，是整个半导体产业链的基础与核心，美国则凭借半导体工业的领先地位牢牢把控着制造业的主导权。德国确立了机械制造业持续发展的"绿色制造"、"信息技术"和"极端制造"三大发展目标，为"德国制造"的品质保障提供了有力支撑。

三、极端制造是带动工业转型升级的重要突破口

目前，传统工业向新型工业化道路转变的方向已经十分明确，但如何推动转变仍在探索之中。传统增长轨迹已显乏力，亟须在先进制造前沿领域发力。一方面，极端制造从前沿"倒逼"我国制造业转型升级。如航母用的极细、韧性极高的四条拦阻索由美国和俄罗斯控制，我国只能依靠自主研制。另一方面，极端制造应用到常规产品设计和制造当中，将对产品升级换代和制造技术改造提升起到极强的带动作用。航母千亿元级别的投资将带动航空、动力、机械、电子、材料乃至燃料工业的转型升级，同时也将锤炼中国制造业的复杂大系统集成能力。

第二节　我国在极端制造领域与国际先进水平的差距

一、极端制造的研发不足

极端制造技术涉及现代设计、智能控制、超精密加工等多项高新技术，需要发挥多学科优势进行联合攻关。目前，我国极端基础技术开发不足，极端制造技术研发投入过于分散，产品研发孤军深入，尚未形成体系，产业化进程困难重重。用于研究的材料计量、测量和表征技术明显落后于国外。在多自由度重载操作装备方面的研究十分薄弱。纳米材料等极端制造领域的基础研究、应用研究和开发研究出现脱节，学科交叉，技术集成不够。

二、极端制造的制造能力不足

我国虽然在大型、超大型机床制造、精细制造等领域取得一定进展，但与发达国家相比，整体上仍存在较大差距。比如纳米制造领域，目前我国在纳米基础、

纳米电子器件、纳米生物医药等领域研究能力薄弱。同时，我国绝大多数的纳米加工、检测的仪器设备均采用欧美日等国家的产品，自主研发的设备占有的市场份额很少。虽然我国微电子产业已具备一定规模，但微制造的科学研究未形成对整个领域有影响的研究成果，几乎没有自主的核心技术，依靠引进技术与装备形成的制造能力滞后于国际先进水平1—2代。

三、极端制造的应用不足

目前，我国在大型构件制造方面落后于世界先进水平，船舶、电力等大型工业装备制造还没有摆脱对国外的依赖。尽管单项技术指标很高，但我国在超精密加工设备的研制和生产等方面存在着较大差距，应用尚处于初级阶段。例如Precitech公司和Moore公司已商品化生产五轴超精密切削加工设备，而国内的金刚石切削设备目前只做到了两轴。极端制造在国外已广泛应用，并为产业发展提供了有力支撑。以大型金属构件塑性成形制造能力为例，美、俄、法等4.5万—7.5万吨的巨型水压机，大大提高了大型飞机的制造能力及洲际运载能力。

第三节 提升极端制造能力的若干思考

一、把握机遇，将极端制造作为国家战略重点

现代基础工业、航空、航天、电子制造业的发展，促成了各种超常态条件下制造技术的诞生。极端制造是制造业面对日益个性化市场需求出现的新趋势。哪个国家能够更快地抢占极端制造制高点，哪个国家就是当代制造强国。当前，世界各国的纳电子、强场制造等极端制造关键技术都处于起步和发展阶段，迫切需要我国把握这一历史时机，将极端制造列入国家发展的战略重点。

二、夯实基础，加大极端制造重点领域研发力度

目前，我国的极端制造尚处于研究力量分散、发展目标不明确、规划缺乏的状态，导致各相关部门和研发机构间尚未形成有效协同，迫切需要国家将其列入国家自然科学基金、国家重大基础研究规划等各项重大国家计划，明确极端制造的战略目标与重点，凝聚国内优势学科力量集中突破。同时，突出以建设巨系统、微系统、超强制造等研发转化基地为重点，加快建立材料体系、制造工艺、器件与系统、精密检测、制造装备、精良控制等科学基础研究平台，着重突破几个重

大问题，使极端制造真正为我国先进制造领域的先导性科学基础。

三、应对挑战，加紧布局极端制造前沿领域

现代基础工业、航空、航天、电子制造业的发展，对机械工程技术提出了新的要求，促成了各种超常态条件下制造技术的诞生。当前，极端制造技术处于快速发展变化之中。从极端制造所达到的"实际制造极限"距离"理论极限"还有相当大的差距。迫切需要我国密切关注现代极端制造前沿领域的变化和发展，积极应对挑战，加快布局我国极端制造的研发。

第十五章　4D打印：开创互联网制造新纪元

经过新一轮科技革命和产业变革，未来制造业将可能呈现出完全迥异于现在的形态。美国麻省理工学院的研究人员正在研发的"4D打印"技术，通过在材料部件中嵌入预设编码程序，使之按照预先设定的结构和外观模式自行组装完成。4D打印将是一项左右世界未来制造业发展的革命性技术突破，有可能彻底颠覆传统的制造业。

第一节　4D打印的内涵与特征

一、4D打印："自我组建"的制造方式

在距离最初产生30多年后，3D打印才于近期引发了全球热潮，而4D打印则是最近一两年刚刚出现的概念。2013年初，美国麻省理工学院自组装实验室主任斯凯拉·蒂比茨（Skylark Tibbits）公开展示了他和美国著名3D打印公司Stratasys合作研发的4D打印技术成果。

与3D打印相比，4D打印作为一项颠覆性制造技术，增加了第四维，使产品被制造后能够在特定时间改变形状和功能，实现自我组建。具体而言，在4D打印的制造过程中，通过在材料中引入可编程材料（PM）[1]，使得物体能够通过程序化的方式进行变化（包括形状、密度、模量、颜色、压力等），从而为产品赋予了动态演变的能力，创造出有智慧、有适应能力的新产品。

---

[1]　可编程材料（PM）是指物体能够通过程序化的方式进行变化（包括形状、密度、模量、颜色、压力等），涉及科研、工程和设计等多个领域。PM至少有两种形态：一是由4D打印出的各种元素预先连接而成，作为一个可自变化的完整组装结构；二是可自主合并或分解的未连接的体素。

4D 打印的产品有两种生成方式。第一种是将各种元素在 4D 打印过程中预先连接，打印出一种可根据预设程序自动变化的完整组装结构，例如制造出可以根据气流自动适应变形的机翼。这样的产品材料构成相对稳定，但是不能进一步分解为体素。[1] 第二种则是利用可自主合并或分解的、未连接的体素进行 4D 打印，从而确保打印出的物体能够被循环利用；按照指令拆解后的体素能够再构成新物体，进而具有新的实物形态和新的功能。在产品制造过程中，通过对体素数字编码的收集和传输，4D 打印不仅能够实现从二维编码世界到三维空间的转换，还可以实现复杂形状的自动化生产以及单一设计的多种定制产品。

二、4D打印区别于3D打印的特征

可编程物质（PM）为 3D 打印材料赋予了"编程"的属性，使其成为 3D 打印技术的扩展。与之相比较，4D 打印具有以下几个突出的特征。一是 4D 打印产品具备动态演变的能力。由于使用能够自动变形的物理材料，使得产品可以根据周围环境和制造要求的动态变化调整产品的部分结构。二是降低了复杂产品的生产成本。可编程的材料使得对打印产品嵌入新算法和新功能都更加低廉，将在很大程度上简化制造机器人和电子机械的组装过程。三是为实现大规模定制创造有利条件。体素和零部件的通用性、自动化形变的实现、对环境的自动响应，使 4D 打印可以更便捷地根据用户的需求，批量生产个性化产品。四是产品制造过程更加简化。4D 打印只需要打印出极简的产品框架，再根据产品制造要求增加、减少或调整产品结构和系统即可。五是突破对生产场所的限制。4D 打印可以在受到较少约束条件的场所，通过设计程序编程体素快速得到终端产品，较大程度上减少了对生产地点的限制；甚至在一些严苛和极端的环境条件下，如外太空环境，制造行为也会变得更为容易。

三、4D打印的应用领域

4D 打印技术体现的是多领域的新技术融合，它把微纳米技术与制造业、软件编程、建筑业等行业结合起来，又涉及先进的复合智能材料（如记忆合金）的研究。尽管 4D 打印技术目前尚且处于研究的初期阶段，但可以预见的是，未来这项技术将具有广阔的应用前景。一是利用可编程材料制造带有传感特点的复合

---

[1] 体素，即体积元素，概念上类似二维空间的最小单位——像素，是三维空间分割上的最小单位，通常作为定义数字空间和可编程物质的基本单位。

材料,生产根据环境动态演变的产品。例如,把可以改变对电磁波反映特性的纳米材料嵌入到打印对象中,当遇到不同的可见光,材料的颜色随之改变,具有显著的自我感应能力。再如,通过利用可编程材料打印机翼,使其可以通过信号或传感器自动响应外界空气压力、温度等环境变化,在飞行过程中改变形状,从而减少空气阻力、提高产品性能。4D打印的汽车轮胎,可以通过传感器感应道路、天气状况或者驾驶需求自动改变形状,从而增强汽车行驶性能,提高驾驶的舒适度和安全性。二是制造功能形式多变的模块组件,通过组合可编程材料改变产品形状和功能。在大型4D制造中,可以利用多种原材料和其对特定条件的反映特性制造相关的模块组件,仅需通过不同模块的组合就可以制造出大型的产品。未来,大型建筑物等也可以呈现出生命特质,人们将能够以可编程材料为基础,通过编程使这些材料模块自动堆叠形成各种形状的建筑物,并具备嵌入式电力装备、管道等配套设施。

第二节　4D打印将引发未来制造业变革

一、数字信息转化为真实产品成为可能

一直以来,制造业的发展受到地域和材料的限制,互联网的发展和4D打印的实现将会打破这种局限。互联网消除了信息传输的物理距离,设计和程序将会以四维的方式把我们的世界数字化,带有生产信息的产品设计编码可以即时发送到世界的任何地方。从理论上讲,4D打印的制造者只需下载产品设计程序,就可以通过采集和编程体素制造出所需要的产品。这样一来,4D打印技术就实现了从电子字节到物理产品量子的转化。随着4D打印技术的发展,体素和其在数字空间的编码将会削弱传统制造的地位,全球范围的即席生产就能够实现。例如,与传统制造过程中数以千计的零件组装相比,汽车等大型的终端产品可以直接通过4D打印过程生产,这也意味着分布在全世界的零件供应链和组装生产线将迎来大变革。

二、在动态和智能意义上全新定义制造

在4D打印中,可编程材料的动态演变能力为智能制造提供了新的定义,改变了传统制造业的生产模式。随着一系列融合技术的演进发展,可编程材料的制

造已成为可能，打印技术也已有了大量改进。金属、陶瓷、塑料甚至复合材料的物体都可以打印出来。通过可编程功能的引入，可以把以往通过机器执行的功能直接嵌入相关材料，通过材料的"自我组建"进行智能生产，减少对能源消耗大且易出故障的机电设备的需求。另外，可编程材料把"惰性"的世界转变为动态的环境，使得材料的属性（如灵活性、孔隙度、电导率、光学性质、磁性等各个方面）充满形式多样的变化，从而创造出能够智能组合、分解以及重组成所需形状和具有复合属性的大规模物体。

三、开辟制造业可持续发展的新途径

能够重复利用的可编程颗粒（体素）的应用为制造业的绿色循环发展找到了一种新的方式。体素可以是数字也可以是物质，数字体素是 3D 数字模型中的描述性词汇，物质体素则包含原材料、纳米材料、集成电路、生物材料和微型机器人等。不同类型的体素可以满足 4D 打印设计师的各种需求：如果在材料中加入导电的体素，就可以制造配线；加入电阻器、电容器、晶体管性能的体素，就可以制造电路；加入驱动器和传感器的体素，就可以用来制造机器人。若所有 4D 打印产品都是由最基础的体素组成，那么这些已经完成的产品就可以被分解、重组、再次打印成其他产品形态。这样，材料将可以反复利用，各种零部件也不需要运输和储存。而且，相对于传统的制造而言，4D 打印所造成的工业排放几乎达到了可以忽略不计的程度，在真正意义上实现了绿色生产。4D 打印的长远发展潜力突出表现为，它能够通过利用更少的资源制造产品，促进形成一个环境更加友好和可持续发展能力更强的制造业。

第三节 对策建议

一、跟进4D打印前沿研究，把握未来制造最新趋势

18 世纪中叶开启工业文明以来，从蒸汽时代、电气时代到网络信息时代，世界制造业的形态不断发生革命性变化，发达国家总是依靠对制造业的理念变革和技术引领占尽先机，从而逐步奠定其制造强国地位。4D 打印技术代表了人们对未来制造的一个充满期待的方向，如果这条技术路线能够最终成功，它对世界制造业的变革将是颠覆性的。4D 打印是制造理念的革命、材料的革命、工业设

计的革命以及制造业信息化的革命，这些革命性变化预示着未来制造业形态将发生重大变化，人们关于制造业的现有认识将在很大程度上得到改观。尽管4D打印技术的研究仍然起源于发达国家，但是我国在相关领域与世界前沿科技的差距处于历史最小时期，已经有能力并行跟进这项有着广阔应用前景的技术。我国应当着眼于未来10年、20年以至更长时期的制造业变革大势，把4D打印作为国家重大前沿科技进行前瞻部署，鼓励有研究基础的高等院校和科研院所积极跟进4D打印技术最新研究进展，开展材料科学、生物科学、工业设计、信息编码等理论和基础研究，做好充分的知识储备；鼓励有研发条件的高新技术企业与研究机构合作，实验性地开展4D打印产品的应用研发制造。

二、评估4D打印潜在挑战，做好政策层面的积极应对

4D打印是一项未来制造技术，即使是在其技术源头美国，这项技术也还处于概念期和实验阶段，距离实际应用还有一个较长的过程。但是，对4D打印特性所引发的一些问题和挑战必须予以高度关注。如对于国家安全的潜在威胁，由于4D打印实物可以自由变化，可变形机翼可能被黑客攻击而导致坠机，4D建筑物可能由于一条错误指令而坍塌，未来物联网更加大了4D打印的危机成分，政府必须对4D打印可能造成的危险预先采取有效防控措施。再如对知识产权保护的影响，由于4D打印产品能够自由转化为其他形态，如何确定知识产权的边界，怎样追溯动态产品的风险承担者等，可能需要更加复杂的知识产权保护机制。最后，4D打印在技术上还存在一系列前所未有的挑战。例如：如何创建具有多功能属性和嵌入式逻辑功能的材料；如何确保体素之间的附着力，同时允许具有可重塑性或使用后再循环能力；如何有效地嵌入在亚毫米尺度级别电子等等。在投入巨额的研发资金后，4D打印能否顺利走完从实验室到生产线的漫长过程，也需要政府在政策层面预先评估并制定应对措施。

第十六章　跨界融合成为推动制造业转型升级的重要力量

近年来，以互联网为代表的信息通信产业变革蓬勃兴起。小米科技公司是近几年中国互联网产业的宠儿，从零起步到 2014 年销售额达到 743 亿元，格力是老牌家电制造企业，2014 年销售额达到 1407 亿元，两者的收入相差从 2012 年的近 900 亿元缩小到 2014 年的 664 亿元。两者 2013 年关于五年后营业额更高的赌局，已成为产业界关注的重要话题，这场"赌局"表面看是速度之争，实则是模式和前景之争，反映出企业对互联网与制造业跨界融合新出路的探索。

第一节　小米与格力之争在何处

2013 年小米与格力的赌局被认为是互联网新模式与传统实业的对决，所争之处主要有三：

一、互联网与制造速度之争

小米属于典型的"跨界发展"，定位于互联网手机，用"软件 + 硬件 + 互联网服务"的模式，四年时间销售额达到 743 亿元，整体估值已经达到 450 亿美元，成为国内仅次于阿里、腾讯、百度的第四大互联网企业，并计划五年内达到千亿规模。格力也在稳步增长，2014 年格力实现 1407 亿元销售额，并制定了每年 200 亿的增幅目标，五年再造一个格力的目标，在家电领域属于较高的增幅。小米超过格力，则需要每年 300 亿元的增长。相比于传统制造企业，互联网企业增

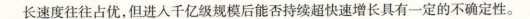

长速度往往占优,但进入千亿级规模后能否持续超快速增长具有一定的不确定性。

二、营销与产品之争

小米、格力赌局蕴含着两种商业模式和商业思维的较量:传统实业与互联网模式的对决,传统思维和互联网基因的碰撞。小米强调营销,以网络营销为主,通过自营生态系统、服务 APP、论坛,与使用者建立了深度联系,把企业的产品真正变成客户的产品,创造了国产手机销售最快的纪录,10 万台小米 3 手机 1 分 26 秒售出,10 万台红米手机 90 秒售出。格力强调技术优势,以持续技术研发不断积累技术优势,现拥有 4 个研究院,5000 多名专家和技术人员,最近也依托互联网开展新型电商业务。

三、发展前景之争

小米、格力之争也是对未来发展前景之争,究竟哪种模式能够走得更远? 互联网、高科技领域的公司,一旦在产品研发或商业模式上有所突破,就可能带来营业收入的爆发式增长。但是,互联网领域竞争也十分激烈,行业变化快、风险大,许多声名鹊起的互联网公司很快便泯于众。当前互联网繁荣是否为新一轮泡沫的讨论已经开始。小米虽然自成立以来实现了高速发展,但相较于苹果、三星手机产品还有一定差距,国内也面临华为、酷派等品牌竞争。格力作为传统企业,表现沉稳持重、技术积累雄厚,但家电行业同属竞争性行业,在家电智能化发展趋势影响下,也需要继续提升创新能力才能立于不败之地。两者同属竞争性行业,都有庞大的市场作为支撑,也都不乏实力强劲的竞争对手,两者之争,也可以看作是未来哪一种商业模式更具前景。

第二节　小米与格力之争反映出产业跨界融合发展的趋势

小米、格力都有制造业部分,也都有互联网部分,在互联网与制造业融合方面的"成分"相同,配方各异,反映出当前互联网企业与制造业企业融合发展的趋势。

一、制造业与互联网虚实融合大势所趋

互联网新经济与传统制造业的关系不是对立的,随着移动互联网、大数据、

云计算等新技术应用不断深化，融合与跨界是产业发展的大势所趋。制造企业普遍通过互联网进行营销方式，传统制造企业、大型渠道商、商贸企业、大型渠道商等加速向互联网转型，基于互联网、移动互联网的线上线下营销模式（O2O，Online To Offline）几乎势不可挡，2013 年北京市网上消费已超过实体店消费。海尔将研发中出现的问题置于互联网研发平台之中，以整合全球研发资源。海信、创维等一批家电企业，纷纷推出互联网条件下的智能化产品，并开辟了网上服务站。业界有"脱硬入软"的说法，认为传统的硬件制造将没有出路，必须融入互联网浪潮之中。

二、互联网企业也在努力向实体经济拓展

互联网企业通过向"实体"拓展，以增加用户黏性。小米是互联网企业向制造领域拓展的典型，相继推出小米手机、小米盒子、小米电视等硬件产品，以打造完整的生态体系。阿里巴巴、百度、腾讯、盛大、新浪、网易、奇虎 360 等互联网企业先后发布互联网手机，通过硬件嵌入软件服务。乐视现已推出乐视盒子、乐视电视，作为网络视频服务的载体。同时，互联网企业也在向金融、物流等生产性服务业和旅游、教育等行业跨界融合，如阿里巴巴、腾讯、百度等互联网企业纷纷推出金融服务或产品，越来越多的电子商务平台推出了为小微企业提供的贷款业务；阿里巴巴还以 22 亿元投资海尔旗下的日日顺物流，以拓展物流业务，改善用户的体验；互联网旅游、互联网教育等行业也在更多互联网企业的推动和众多人的参与下得到持续快速发展。

三、企业在碰撞中寻找融合发展的新出路

小米与格力的碰撞，也是互联网与制造业融合模式出路的探索。小米、格力在实施互联网融合战略过程中，两者都是全而不缺，两者都有完善的产业生态链条，在融入模式方面则各有侧重。小米注重以互联网的思维，通过提升用户体验和较强的用户交流来增强企业的竞争力，格力则立足产品创新，积极开展新型电商业务，相比之下小米的互联网思维更为彻底。互联网企业与制造业企业都无可避免地向对方融合、跨界，这将不断产生新的商业模式、盈利模式及商业思维，促成各类新业务层出不穷。可以预见，未来"硬件＋软件＋互联网"将是互联网企业与传统制造企业发展的重要模式。

第三节 跨界融合将成为互联网与制造业发展的重要方向

当前,互联网、制造业跨界融合趋势日渐明显,基于互联网的新业务、新业态、新应用层出不穷,成为产业发展的重要方向,也是推动产业转型升级的重要力量。

一、融合发展将成为推动制造业转型升级的重要途径

互联网是当今时代创新最活跃、带动性最强、渗透性最广的领域,给经济社会带来了颠覆性、革命性的影响。互联网思维将为制造企业注入新的活力,互联网将给制造业带来信息红利。未来,传统制造业不仅在营销方面利用互联网,研发、设计等环节均可能在网络上开展。小米手机系统的更新有三分之一需求由用户提供,如小米手机老人功能就是网络研发资源开发而成。融合发展将创造新的经济增长点,新业务的出现也将不断改善用户体验、拓展服务需求,带动信息消费市场快速扩张。制造企业采用互联网思维,可以大大缩短与消费者之间的距离,为以往以出口为主逐渐向内需市场转变的企业提供了良好机会,对于扩大信息消费,促进产业转型升级具有重要意义。

二、融合模式多样无高下优劣之分

目前,互联网企业、制造业企业都在凭借各自优势,积极探索虚实融合的发展模式。但没有最为合理或"标准"的产业形态和发展模式。制造业与互联网不是对立面,不存在谁吞并谁,只有融合发展,才能赢得未来。IBM、HP由传统制造企业转型成服务提供商,依然保留部分实体部分,以部分硬件产品作为服务和解决方案的载体。IBM、HP转型后依然成功,形态和模式发生变化,但是企业努力向核心环节掌控是不变的。在产业融合发展过程中,不能单纯以先进的理念,而应以消费者认可为标准对企业融合发展模式是否成功进行评判。

三、亟待关注产业融合繁荣发展背后出现的问题和隐患

当前,互联网与制造业企业融合发展呈现出巨大活力,但也出现了一些问题和隐患:一是一些新兴业务领域处于监管空白状态,企业间相互攻击、恶性竞争

扰乱行业秩序，给整个产业带来消极影响。二是对于商业模式创新的保护还略显不足，一方面，对于一些商业模式创新需要法律规章的保护；另一方面，现有判罚标准过轻，难以为商业模式创新提供有力保护，如当前对盗版案件基本遵循"一部影视剧 2 万元"的处罚标准。三是部分相关政策已不能适应新媒体时代快速发展的要求，需要适当放宽准入门槛。

第四节　促进互联网与制造业融合发展的对策建议

一、优化行业监管，加强对新业务管理

互联网涉及哪个行业，哪个行业就会出现革命性变化。面对当前产业跨界融合加快发展的态势，应进一步优化行业监管，进一步放开互联网企业向金融、物流等领域拓展的限制。深化体制改革，参考借鉴负面清单管理方式，除严控领域外鼓励企业竞相活动。促进互联网金融行业自律和规范，研究建立企业经营异常的名录和黑名单制度，规范引导企业经营行为。尽快推进联合互联网金融监管机构的成立，实现对互联网金融业务的完善监管。

二、积极关注虚实融合新动向，找准扩大信息消费着力点

密切跟踪互联网制造业企业跨界融合发展的新动向、新趋势和新模式，对业务类型、盈利模式、分配机制、合作方式等加强关注，健全新业务备案和评估制度，加强对新业务的跟踪和管理。引导制造企业以互联网思维，优化营销、研发等环节，改善用户体验，加强与消费者沟通，使产品和服务满足消费者需求。将产业虚实融合，作为扩大信息消费，推动转方式、调结构的重要途径，制定有利于全产业链发展的政策体系。

三、鼓励支持模式创新，加大对新兴商业模式保护

促进技术的扩散、应用是新一轮工业革命的重要特征，同时也是互联网与制造业发展的重要特征。鼓励企业以需求为导向，大胆创新商业模式，通过企业联盟等合作方式，创新体制机制，协调解决企业间利益分配，形成各方共同努力推动业务发展的良好局面。制定更加适用于互联网新业务的法律法规和知识产权保护体系，加大对创新活动的保护。

四、推动信息安全公共服务，保障信息安全

促进信息安全产业发展，加强关键技术和核心产品研发，突破信息安全关键技术、产品和服务，为信息安全提供产业基础。积极推动信息安全的公共服务，由政府或第三方机构建设信息安全公共服务平台，为制造业企业和互联网企业提供服务。完善现有互联网安全监管体制，建立健全信息安全政策法规体系。

第十七章 发达国家发展工业机器人的主要做法和启示

工业机器人的研发、制造和应用是衡量一国科技创新和高端制造水平的重要标志，是"制造业皇冠顶端的明珠"，已成为各国发展的热点和竞争的焦点。美、日、德等国纷纷把工业机器人纳入国家战略，谷歌、GE等企业也相继加强布局发展工业机器人产业。研究发达国家促进工业机器人发展的主要做法，为我国工业机器人产业提供借鉴。

第一节 我国工业机器人发展现状及主要问题

一、我国工业机器人产业取得的成绩

我国机器人从20世纪80年代开始起步，经过30多年的发展，已形成较为完善的产业基础，尤其是近年来，取得了令人瞩目的成绩。从市场规模看，据中国机器人产业联盟统计，我国已超过日本成为全球第一大机器人市场，2013年工业机器人销量达到36860台。从政策上看，2013年12月22日，工信部发布了《关于推进工业机器人产业发展的指导意见》（工信部装〔2013〕511号），提出了未来工业机器人的发展目标和主要任务，并制定了相应的保障措施；上海、长沙、深圳等地也通过制定指导意见、实施行动计划、设立专项资金、建设机器人产业园等方式大力发展工业机器人。从产业组织看，为促进我国工业机器人行业健康发展，2013年4月21日，由中国机械工业联合会牵头成立了中国机器人产业联盟；此外，依托地方科委或院所及企业，成立了机器人产业技术创新战略联盟、中国

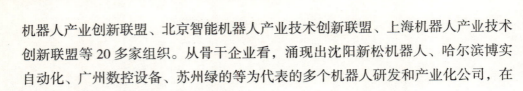

机器人产业创新联盟、北京智能机器人产业技术创新联盟、上海机器人产业技术创新联盟等 20 多家组织。从骨干企业看，涌现出沈阳新松机器人、哈尔滨博实自动化、广州数控设备、苏州绿的等为代表的多个机器人研发和产业化公司，在核心技术上也取得了一定的突破。

二、我国工业机器人产业发展存在的主要问题

（一）核心关键零部件受制于人

我国机器人产业技术积累薄弱，高精度交流伺服电机、控制系统、减速器等核心部件多被国际巨头所掌控。据相关数据统计，国产机器人中 80%—90% 使用国外减速器，60%—70% 使用国外电机、40%—50% 使用国外监控器，大量关键核心部件依赖进口，严重制约了中国机器人产业发展。以机器人核心零部件 RV 减速器为例，国内 13 件有效专利中只有 2 件为发明专利，而国外 26 件有效专利全部为发明专利，在机器人专利方面发展滞后，将为未来机器人产业发展埋下隐患。

（二）自主品牌工业机器人市场影响力薄弱

目前，国内机器人自有品牌市场占有率仅为 4%，发那科、安川等 8 大国外生产商市场占有率高达 74%，技术含量高的多关节机器人多被外资品牌所垄断。此外，国外品牌企业并不满足占领销售市场，还正加紧在中国国内建设生产基地和研发中心，对于我国培育本土企业品牌造成很大压力，产品推广应用难度加大。

（三）重复建设现象十分突出

近年来，国内多省市纷纷制订机器人发展计划和政策，比如上海印发了《关于上海加快发展和应用机器人促进产业转型提质增效的实施意见》、重庆发布了《关于推进机器人产业发展的指导意见》、东莞审议通过了《推进企业"机器换人"行动计划》、洛阳制订了《工业机器人及智能装备产业三年攻坚行动计划 (2014—2016 年)》、深圳设立市机器人、可穿戴设备和智能装备产业发展专项资金支持核心技术攻关、沈阳计划设立机器人产业发展专项资金用于机器人研发制造和应用推广。据不完全统计，目前国内机器人产业园已约 30 多家，机器人及其相关的规模企业超过 4000 家，一些与机器人不相干的企业也在加快进入该领域，重复建设隐忧渐显。

（四）市场应用领域亟待拓展

从全球看，汽车行业约占全球机器人应用的 40%，而我国这一比例却高达 70%，应用领域过于狭窄，工业机器人应用领域亟待拓展。此外，目前许多地方推行的"机器换人"，主要是针对劳动强度大、作业环境差、安全隐患多的工装车间，在人工智能的高端机器人领域涉足较少，产品呈现出明显的低端化倾向。

第二节　发达国家发展工业机器人的主要做法

一、美国

着力抢占智能机器人发展制高点。早在 20 世纪 50 年代，美国科学家便提出了工业机器人的概念，并在 1962 年开发出第一代工业机器人。60—70 年代高度重视工业机器人的理论研究；80 年代制定了一系列政策措施，增加研究经费，鼓励工业界发展和应用机器人，并开始生产带有视觉、触觉的第二代机器人，很快占领了美国 60% 的机器人市场。新世纪以来，又进一步提出投资 28 亿美元用于开发基于移动互联技术的第三代智能机器人。目前，在视觉、触觉等方面的智能化技术已非常先进，高智能、多用途的复杂机器人发展迅速，并应用到了军事、太空探测等方面。

二、日本

把先进机器人纳入"新经济增长战略"。日本号称"机器人王国"，既是机器人生产大国，也是消费大国，本土装备量占世界的 60%，出口也居世界榜首。日本机器人依靠政府强大的低息贷款、长期租赁、鼓励中小企业发展和推广应用机器人等一系列扶植政策，在汽车和电子行业领域培育了绝对的国家竞争优势。在 2014 年《新经济增长战略》中，机器人产业被作为日本经济增长的重要支柱，着力扩大机器人应用领域，设立"实现机器人革命会议"，加快技术研发，未来还将出台放宽限制政策以促进机器人的使用，以此实现到 2020 年制造业机器人使用量增加 2 倍、市场规模达到 2.85 万亿日元的目标。

三、欧盟

为促进机器人产业发展，欧盟的主要做法是制定机器人"SPARC"计划。2014 年 6 月，欧委会和欧洲机器人协会联合 180 家企业及研发机构启动了民用机器人研发计划"SPARC"，又称"星火"计划，重点研发生产制造、护理、交通、农业、医疗等领域的机器人，目标是将欧洲机器人产业规模占全球总产值的比重由 2014 年的 35% 提升到 2020 年的 42%。欧洲各国也高度重视发展机器人产业，德国早在 19 世纪 70 年代就强制要求部分有毒、危险等不利人类健康的岗位必须使用机器人，2012 年每万人机器人拥有量达 273 台；法国 2013 年制定了《法国机器人发展计划》，提出通过政府采购、产学研合作、政府贴息贷款等九大措施促进机器人产业发展；英国 2014 年发布机器人战略"RAS20120"，投资 6.85 亿美元发展机器人、自助系统（RAS）和建设机器人测试中心。

四、韩国

韩国采取的措施是分阶段实施"智能型机器人基本计划"。韩国机器人产业起步较晚，但目前已跻身机器人强国行列。20 世纪 80—90 年代，韩国建立了独立的工业机器人体系，2004 年启动"无所不在的机器人伙伴"项目，2009 年提出"第一次智能型机器人基本计划"，2012 年发布《机器人未来战略展望 2022》。韩国在扶持机器人产业发展方面出台了一系列政策措施，如建设机器人主题公园、举行机器人比赛、建立行业标准和质量认证体系、建立机器人论坛、组建机器人研究所和区域机器人中心等。

第三节　对我国的启示

一、加强体现国家战略意图的顶层设计

工业机器人是新科技和产业革命数字化、网络化、智能化特征的集中体现，发达国家为此纷纷制定国家战略和系列行动计划。有鉴于此，我国应前瞻部署、高点定位，在国家制造业发展战略中突出工业机器人的重要地位，或制定专门的工业机器人发展战略。战略制定要立足国内需求，瞄准世界前沿，提出产业发展目标、重点任务、产业布局、发展路径、政策保障等。目前，应以贯彻《关于推进工业机器人产业发展的指导意见》为重点，制定实施一系列行动计划、重点工程，促进我国工业机器人产业赶超发展。

二、充分挖掘市场潜力形成有效需求牵引

发达国家都是在劳动人口锐减、用工成本高涨的背景下，开始发展本国工业

机器人产业。目前，我国人口红利正在消失、用工成本不断提高，对工业机器人的需求日益迫切。但从应用领域看，目前我国的工业机器人主要应用于汽车行业，在传统制造业转型升级更广泛领域的应用还比较有限，机器人对危险、有害环境的劳动力替代还不够充分，在极端、高端、智能制造领域的应用市场还需要进一步发掘。应当采取多种措施，如制定工业机器人产品推荐目录、举办工业机器人主题展览和比赛、组织工艺技术培训、开展机器人示范应用等，积极培育工业机器人市场需求。

三、谨防形成新的技术依赖和产业制约

一方面，国内机器人的现实和潜在市场需求巨大，另一方面国外机器人巨头在零部件、集成及工艺上相对国内企业优势显著，把持着我国七成市场份额，这是我国机器人产业面临的竞争形势。为此，我们既要发挥比较优势，抓住国外厂商在低端产能自动化领域的空当，从低端入手，发展通用型六轴机器人等经济型本体，适应传统产业"机器替代"需求；又要适应机器人发展的智能化、模块化、系统化趋势，大力攻克关键零部件技术，积极开发自主的智能机器人、智能控制系统和智能生产线，全力支持国内机器人、人工智能、智能系统研发机构和企业联合开发新型智能机器人，防止国内制造业企业在工业机器人应用上依赖于人、受制于人。

四、加大政府投资对机器人产业的引导支持

工业机器人产业的战略重要性和复杂的科学技术属性，使各国纷纷注入巨额政府资金加以支持。为此，我国要发挥政府投资的产业导向作用，带动企业和社会资金的投入。一是加大国家"863"项目、国家支撑计划重大项目、国际合作重大项目等对工业机器人的支持力度，组建工业机器人产业共性技术研究中心，加强关键共性技术和核心功能部件的研究开发；二是推进工业机器人产业化，如设立机器人产业发展基金，加强机器人产业园区建设，培育产业龙头企业和配套产业集群等。

第十八章　美国国家制造业创新计划成效及影响

2012 年 3 月，美国提出"国家制造业创新网络（NNMI，National Network for Manufacturing Innovation）"计划，将投资 10 亿美元建设由 15 个区域性制造业创新研究中心（IMIs，Institutes for Manufacturing Innovation）组成的全美制造业创新网络。经过 2 年时间建设，国家制造业创新网络已经显现出对美国制造业的积极作用，对我国制造业发展具有重大启示。

第一节　美国国家制造业创新网络取得的成效

美国国家制造业创新网络通过政府、企业以及研究机构的共同参与，有力推动了先进制造技术、工艺以及产品的快速发展，主要取得了以下成效：

一、四家专注于不同领域的制造业创新研究中心成立并投入运行

制造业创新研究中心构成了国家制造业创新网络的网络节点，负责创造并展示新的技术、新的产品、新的工艺，全面提升劳动者技能，提高大中小企业的生产能力。2012 年 8 月，国家增材制造中心在俄亥俄州扬斯顿成立，目前，该机构已获得联邦政府提供的 1350 万美元。这些费用用于支持 22 个项目的研究，致力于增材制造相关的材料或工艺研发。一旦在材料性能数据、过程控制、机器性能质量标准以及建模和设计工具等方面取得突破，不仅将打破增材制造技术在高附加值产品应用的局限性，而且所生产的高品质零部件将被广泛应用于不同行业。2014 年 1 月，下一代电子电力制造中心在北卡罗来纳州成立，不仅帮助企业开发、

制造具有成本竞争力的宽禁带半导体功率电子器件，而且为芯片设计和制造企业与大型电力电子制造企业和供应商提供市场供需配对。该中心计划在未来五年内，确立宽禁带半导体相对目前硅基半导体的竞争优势，推动下一代更小、更快、更高效的电子技术的发展。2014年2月，在芝加哥和底特律分别成立了数字制造及设计创新中心和轻质金属制造中心，共获得1.4亿美元的联邦资金支持。前者通过开发并应用数据共享、供应链整合、一体化模型设计、数字制造等技术实现复杂产品从设计到制造的高度整合，当所有制造企业都采用数字制造及设计时，美国制造业成本有望下降10个百分点。后者通过解决轻质金属制造的技术障碍，扩大其使用范围和市场，比如使用轻质金属制造的车辆有望在2016年达到每加仑汽油行驶35.5英里的燃油经济性标准。同年2月25日，奥巴马总统宣布将启动复合材料和结构的清洁能源制造中心的筹备建设，计划5年内投资7000万美元，主要研究低成本、高效率的纤维增强聚合物制造能力，有望通过十年时间的技术攻关，将先进复合材料的制造成本降低50%，能耗减少75%，重复利用率提高到95%以上。

二、由高校、企业和政府部门组成的创新综合体成效初步显现

每一个制造业创新中心都是由工业企业、高等院校、社区学院、联邦机构、州和地方政府等组成的综合性组织，它们共享资源、共同合作、共同投资，加速制造业创新和成果商业化的步伐。比如下一代电子电力制造中心隶属能源部，吸引了ABB（著名的电力和自动化技术企业）、Delta（著名的电源供应商）、II–VI（著名的光学元件和材料生产企业）等18家企业和北卡罗来纳州立大学、美国国家可再生能源实验室等7家大学和实验室；轻质金属制造中心隶属国防部，召集了美国铝业公司、国际金属公司等30多家钢材制造企业和20多家院校或其他组织机构。依托制造业创新中心，国家实验室或高等院校里开展的基础性研究与进行生产和销售的企业，尤其是中小企业之间，建立了有效的联系渠道。比如密苏里州科技大学与诺斯罗普·格鲁曼公司航空系统公司合作并牵头，众多中小企业以及罗伯特·C·伯德研究所共同参与的"熔融沉积成型（FDM）复合材料加工"项目获得了国家增材制造中心的资助。该项目利用ULTEM 9085的属性及优势，开发出高温聚合加工技术，可有效降低复合材料加工的成本及能耗。国家增材制造中心同时也为扬斯顿州立大学的学生提供先进的增材制造技术培训，为他们适

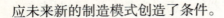

应未来新的制造模式创造了条件。

三、促进美国制造业温和复苏，并创造出大批高收入就业岗位

在"再工业化"战略指导下，美国全面振兴国家制造业体系，通过建设国家制造业创新网络，加强新技术的研发和产业化，不断扩大产业规模、开拓新兴市场，并创造大量就业机会。相关数据显示，美国制造业指数自2013年下半年持续攀升，12月制造业指数达到57，13个行业的活动指数实现增长；年度订单指标从9月的81增长至12月的86；投资指数从9月的53增长至12月的54。伴随着制造业的复苏，2014年1月美国失业率降至6.6%，为2008年10月以来的最低水平。据巴克莱银行预测，美国2014年制造业每月将新增工作岗位2万个，是2013年的5倍。

鉴于国家制造业创新网络取得的成效和即将发挥的重要作用，奥巴马总统提出未来十年将建设45家制造业创新中心的宏伟目标，确保最新的制造业诞生地在美国。

第二节　美国国家制造业创新网络对我国的影响

一、美国在部分先进制造业领域的主导地位将进一步加强

美国拥有众多顶尖高等院校，又凭借一流的科研条件，吸引了全球大量的高层次人才，凭借研发优势和人才优势，美国抢占科技先机，引领科技发展，在先进制造、新材料、新能源等领域优势明显。比如美国的纳米技术全球领先，无论是纳米材料的开发、纳米器件的研制还是纳米尺度的制造技术，都走在世界的前沿。不仅拥有一批享誉世界的纳米技术研究机构，如加利福尼亚大学洛杉矶分校、纽约州立大学阿尔巴尼分校、橡树岭国家实验室、加州纳米技术研究院等，还有一批业内著名的领军企业，如Nantero公司是第一家开发微电子级碳纳米管材料、并使用碳纳米管开发下一代半导体设备的公司。再加上多元化的金融服务、全球化的供应链管理以及丰富的技术产业化经验，美国国家制造业创新网络的建设将对我国制造业发展形成巨大的竞争压力。

二、中美制造业发展的比较优势可能发生动态变化

受劳动力、土地等要素价格上涨、人民币升值等因素影响，长期支撑我国工

业快速发展的低成本优势趋于减弱。而美国高度关注数字化设计制造、新材料、新能源等领域的重大创新与融合，加速推动制造业变革，如增材制造使批量化生产有可能让位于个性化定制；智能组装机器人扭转了劳动力成本的劣势；页岩气革命大幅降低了工业生产中的能源成本……在新的制造业产业生态系统中，中美制造业的比较优势有可能发生逆转。

三、中高端制造领域向美国回流的可能性加大

联邦政府不仅为国家制造业创新网络提供资金支持，而且授权 50 亿美元的清洁能源制造税收减免；制造业创新中心不仅提供共享的技术基础设施，而且开设"教学工厂"提高劳动者技能……这些举措将吸引企业回归美国，不仅是把生产线迁回美国，更重要的是依托美国强大的科研能力，以技术创新的方式重新振兴美国的制造业。2012 年美国麻省理工学院对 105 家美国有海外生产经营背景的企业的调查显示，有 14% 的企业表示将把某些生产线迁回美国。

第三节　美国国家制造业创新网络对我国的启示和相关建议

一、尽快制定并出台国家层面的先进制造业发展战略和路线图

美国自提出"再工业化"战略，就大刀阔斧启动了制造业复兴计划，先是出台《重振美国制造业框架》报告，并成立国家先进制造业项目办公室，然后启动实施先进制造业伙伴计划，再提出创建国家制造业创新网络，美国掀起了一场声势浩大的制造业重塑运动。为应对来自美国制造业的竞争，建议进一步提高对制造业，尤其是先进制造业的重视程度，在国务院设立先进制造业发展部际联席会，由工业和信息化部牵头，与制造业发展相关的部门和机构共同做好制造业发展的顶层设计，就我国先进制造业的发展战略达成共识，出台国家层面的先进制造业发展战略白皮书。同时，结合我国的产业基础和现有的技术储备，针对制约我国制造业发展的薄弱环节，明确制造业的重点攻关领域，提出先进制造业发展路线图。

二、引导既有工业园区（集聚区）向创新集聚转型，打造我国的制造业创新网络

国家制造业创新网络中的枢纽节点制造业创新中心多选址于具有雄厚研究实

力和产业基础的区域，比如芝加哥的数字制造及设计创新中心由伊利诺伊州立大学的超级计算中心 UI 实验室领导；下一代电子电力制造中心的所在地北卡罗来纳州聚集了从电子元器件制造商到供应商的众多企业。建议充分利用我国既有的工业园区（集聚区），如 113 家国家级高新技术开发区、301 家国家新型工业化产业示范基地等，从中筛选出一批基础条件好、科研能力强、产学研融合效果显著的工业园区（集聚区）作为试点，引导产业集聚向产业集群转型，把产业集群与创新活动联系在一起，打造我国的制造业创新中心和网络。

三、加大对竞争前技术研究的政府投入力度

美国建设国家制造业创新网络的初衷是因为认识到美国虽然是世界基础研究、科学发明和创造的引领者，但在发明创造转化为"美国制造"的产品和流程上却失去了竞争优势，以至于新技术外溢，为他国产业化发展做了嫁衣。因此，国家制造业创新网络主要聚焦于产业科技基础研究或竞争前技术研究的创新活动，致力于弥补研发活动与应用技术发明在组织生产之间的断层，不断降低新技术研发和应用的成本和风险。建议借鉴美国的做法，在筛选出的工业园区（集聚区）进行改革试点，由政府提供产业科技基础研究或竞争前技术研究项目的启动资金，吸引企业和科研机构按照一定比例提供配套资金，共同开发制约产业发展的关键共性技术，并加速技术的成果转化和商业化应用。在资金使用中，要避免撒胡椒面，应集中优势力量在若干关键领域开展协同攻关，取得领先突破。

四、鼓励中小企业参与科技创新活动

信息技术和制造业的深度融合催生了众多具有活力的中小企业，中小企业为应对市场竞争压力，有较强的创新动力，灵活的组织结构也有利于提高创新效率，但它们往往缺乏足够的资金开展科技创新活动。因此，美国在国家制造业创新网络中明确提出制造业创新中心的研究机构要帮助初创企业和小企业发展新技术，加快市场的技术转让，推动所聚焦技术产业链的创新。建议在试点的工业园区（集聚区）提供服务中小企业科技创新的公共服务平台，如供中小企业共享的大型实验设备，降低研发成本；帮助中小企业评估其科技成果的商业化价值，缩短商业化的时间；为中小企业提供人员培训等，充分挖掘中小企业的创新潜能。

第四部分　展望篇

第十九章　2015年中国战略性新兴产业发展形势展望

2014 年，我国战略性新兴产业总体保持平稳发展，增速较往年有所回落，发展模式逐步调整，结构不断优化。展望 2015 年，全球新兴产业仍蕴藏巨大发展潜力，将继续保持稳中趋缓的增长态势；国内战略性新兴产业受经济深度调整和国家政策的双重影响，将保持平稳增长，进入提质增效的关键阶段，仍将是引领国内经济增长的重要引擎。

第一节　2015 年战略性新兴产业总体形势判断

一、全球新兴产业有望保持良好增长势头，创新型中小企业将承担越来越重要的角色

国际资本市场有望继续保持对新兴产业的投资热度。资本市场在推动新兴产业发展的过程中，一直发挥着至关重要的作用，美国资本市场在这方面表现得尤为突出。金融危机后，美国之所以能够在计算机、信息技术、先进制造、生物制药等新兴产业获得快速发展，都是通过资本市场发现和推动起来的。美国风险投资协会数据显示，截至 2014 年上半年，全美主要风险投资都投向了以计算机和生物技术为主的新兴产业，其中，近一半的风险投资额集中在软件领域，12.9%的风险投资额投向了生物技术。新兴产业的高速发展也为风险投资带来了高收益，美国风险投资指数 1 年期收益率高达 30.51%。根据彭博公开数据统计，纳斯达克市场总市值最高的 10 家公司主要以新兴行业为主，互联网软件与服务行业的总市值在所有行业中排名第一，占比达 12.76%，科技板块也成为纳斯达克市场2014 年以来表现最好的板块，2014 年 5 月以来累计涨幅接近 9%。综合分析当前

国际资本市场投资收益回报率的表现，以及一级市场和二级市场资金的主要流向来看，新兴产业将会继续获得 2015 年国际资本的青睐，从而获得持续的资金投入，保持良好的增长势头。

创新型中小企业日益成为新兴产业发展的重要力量。扶持中小企业发展是发达国家长期以来的新兴产业发展战略。新兴产业大多处于初创阶段和成长初期的中小企业，由于在研发、商业模式、市场需求等方面存在大量的不确定性，因此，发达国家特别重视对中小企业在创新领域的扶持政策，逐步建立起了比较完备的政策体系，并取得了显著成效。比如，德国出台了中小企业创新计划、数字德国 2015 计划等一系列措施，推动了创新型和研究型中小企业的快速发展，2012 年德国大约有 3.4 万家研究型企业和超过 11 万家创新型企业，到 2020 年研究型企业将增至 4 万家、创新型企业增至 14 万家，中小企业已经成为德国新兴产业发展的主体力量。美国也一直把中小企业作为创新的主要力量，针对科技型中小微企业技术创新市场化支持不足等问题，美国政府推出了一系列政府公共财政专项资金，其中最为著名的是美国小企业创新研究计划（SBA）和小企业技术转移计划（STTR），促进了美国在前沿学科和新兴产业的领先地位。欧盟在"2020 战略"中提出建立"创新型联盟"，促进中小企业创新成果转化。新兴产业的发展规律决定了创新型中小企业在其中发挥的关键性作用，各国不断加大对中小企业创新发展的扶持力度，也将进一步提升中小企业在未来新兴产业发展中的地位和作用。

二、受国内经济转型升级和产业扶持政策密集出台的双重影响，我国战略性新兴产业进入稳中提质的新阶段

提质增效将成为我国战略性新兴产业发展的首要目标。从 2014 年前三个季度的统计数据来看，规模以上高技术制造业同比增长 10% 左右，高于规模以上工业增速，低于 2013 年增速，由高速增长进入中高速增长区间。一方面原因在于受国民经济整体下滑的影响，国内三期叠加压力不断加大，2014 年一至三季度 GDP 增长 7.4%，比 2013 年同期有所回落；另一方面原因在于产业增长的内生动力不足，仍未形成可持续拉动新兴产业高速增长的驱动力。中国经济已经进入以中高速增长为主要特征的新常态，政府主要通过改革促进经济增长和结构调整，这就决定了短期内不会有较大幅度的改变。因此，在可预见的 2015 年，战略性新兴产业将很难回到过去高速甚至是超高速增长的发展阶段，而是进入相对平缓的增长区间，提质增效成为新兴产业发展的首要目标。

战略性新兴产业政策体系将进一步健全，政府支持方式发生转变，产业发展模式进入深度调整期。2014年，国务院及相关部委，在集成电路、新能源汽车、云计算、物联网、新材料等关键领域研究出台了一批重大产业政策，组织实施了战略性新兴产业区域集聚试点工作，扩大新兴产业创投基金规模，推动了相关行业标准体系建设，在资本市场研究设立战略性新兴产业板等，新兴产业宏观发展环境日益完善。2015年是"十二五"规划的收官之年，也是谋划"十三五"规划的关键之年，国家将会进一步加强总体布局，在智能制造、增材制造、机器人等多个领域进行专项规划，进一步完善产业政策体系。同时，政府在推进新兴产业发展的政策方面，也将会呈现出两个比较大的转变趋势：一是从供给端向需求侧转移，重视从市场拓展、需求培育的角度扶持新兴产业；二是从政府直接干预模式向政府规划引导、龙头企业带动、市场配置资源的发展模式转变，注重在研发、应用、推广过程中提供服务支持。

三、部分领域发展潜力进一步释放，优势产业国际化水平和层次不断提升

新一代信息技术、高端装备制造、节能环保等产业将进入快速增长期。国家加快在集成电路、智能制造、增材制造、机器人、节能与新能源汽车的布局，通过专项规划、产业基金、兼并重组、政策扶持等措施加快推进产业发展。2014年10月，国家集成电路产业投资基金正式设立，市场预计一期规模将超过1300亿元，按政策设计目标，国家及各省产业基金规模将达6000亿元，未来十年则将拉动5万亿资金投入，资本的密集进入必然会带来该产业持续快速发展。同时，国家高度重视在消费领域扶持新兴产业发展，国务院要求重点推进信息消费、绿色消费等六大领域消费。最新数据显示，在"宽带中国"战略推动下，2014年前三季度，信息消费规模达到1.9万亿元，同比增长18%，2015年信息消费有望取得新突破。

生物医药、新材料等产业将保持平稳发展，新能源产业复苏或迎来转机。生物医药和新材料产业普遍存在投入大、见效慢的特点，因此，推进速度较为缓慢，在2015年将继续保持相对平稳的发展速度。对新能源产业来说，在资金与政策的双驱动下，2015年或迎来复苏转机。国内A股上市公司2014年三季报数据显示，前三季度，20家新能源概念公司实现净利润合计30.42亿元，较2013年同期合计亏损3.43亿元大有改观，资本市场对新能源板块的态度，经历了由冷转暖的

迅速扭转。同时，随着推动环保和治理雾霾等政策陆续推出，控制煤炭等化石能源的使用，光伏发电、风电和核电等新能源将继续填补能源消费缺口。

轨道交通等优势产业将获得更大的发展空间，国际化水平和层次进一步提升。中国高铁"走出去"的步伐越来越快，并有望实现技术和服务的整体输出。据不完全统计，2014年以来，中国北车和南车签订的涉外高铁、城轨等各类轨道交通项目总额接近300亿元，包括新加坡、南非、澳大利亚、阿根廷、菲律宾、埃塞俄比亚等诸多国家。轨道交通走向全球市场，表明"中国制造"开始从低端产品迈向高端技术装备。国家主席习近平在北京召开的亚太经合组织（APEC）工商领导人峰会上指出，预计未来10年中国对外投资将达1.25万亿美元，中国将出资400亿美元成立丝路基金，为"一带一路"沿线国家的基础设施、资源开发、产业和金融合作等与互联互通有关项目提供投融资支持。可以预见，2015年轨道交通、信息通信等优势产业将迎来一波较大的国际化发展机遇。

第二节 节能环保产业发展形势展望

一、政策红利将逐步释放节能环保产业的市场需求

节能环保产业属于典型的政策推动型产业，中央及地方出台的各类政策法规是节能环保产业市场拓展的重要推动力量。《环保法修订案》（即"新环保法"）将成为节能环保产业最大政策红利。"新环保法"已于2015年1月1日正式实行，对于排污企业采用"按日连续计罚"的方式进行管理，提高了企业的节能环保投入积极性，直接扩展了节能环保产业的市场空间。据预测，万亿级环保市场需求将由此产生，节能环保产业将在更强有力政策、法律保障上获得发展动力。考虑到政策效用发挥滞后性，及市场的调整周期，产业需求将有望在2015年得到进一步释放。水污染防治行动计划（即"水十条"）目前已经基本编制完成，成为市场最为关注的热点。据悉，"水十条"包括全面控制污染物排放，专项整治造纸、印染、化工等重点行业等内容，政策实施后产业整体投资需求将达2万亿元，主要集中在新建污水处理设施、既有污水处理厂提标改造和管网建设等领域。土壤及生态修复产业开始起步，未来市场空间巨大。《全国土壤污染状况调查公报》披露了全国土壤污染状况的调查结果，我国土壤环境状况总体不容乐观，成为节能环保产业未来重点的关注方向之一。随着政策与法规体系的完善，土壤修复

产业的市场需求将逐渐显露。据预测，2015 年我国土壤修复市场规模将达到 400 亿元。

二、系统化集成化服务将成为节能环保企业发展的重要方向

随着环境保护政策愈发严格，环境问题复杂性逐步提高，简单的设备供给或工程服务已经越来越难以满足市场的需求，提供一揽子解决方案成为行业趋势。例如，一家生产企业可能同时需要同时实现对能耗、化学需氧量、二氧化硫、固体废弃物、土壤、噪声等多方面控制，单一的产品或设备难以满足需求。需要有企业能针对这一系列问题进行综合考虑，提供综合的解决方案并进行优化，提出一揽子的综合解决方案，并提供整体服务方案，包括系统设计、设施建设、运行管理、配套服务等多方面内容。目前，这种服务或业务的市场需求已经逐步显露出来，将有望成为 2015 年行业中重要的增长点之一。这种市场需求的转变，对于装备节能环保企业而言，则面临着经营模式的转变，需要从单一的研发、制造、销售向多元化的经营模式转变。

三、新业态与新模式将进一步拓展节能环保产业的发展前景

互联网思维下探索新的业务与增值模式成为节能环保产业未来重要的升级途径。其中，移动互联网模式和 PPP 模式是 2015 年最受关注的两大发展方向。在移动互联网模式方面，环保产业正在努力探索网络化可以大规模推广新业态和新服务，"中国环保用剂"手机客户端已经于 2014 年正式上线，标志着我国环保行业迈入移动电子商务时代，是节能环保企业利用移动互联网开拓市场、提高资源技术共享、探索未来发展道路的重要一步。在 PPP 模式方面，国内很多地区开始试点示范与推广工作，并将节能环保类项目作为重点纳入其中。例如浙江省提出了《关于推广运用政府和社会资本合作模式的指导意见》，福建发改委推出 122 个 PPP 项目，江苏印发《关于发布 2014 年鼓励社会资本投资项目的通知》，安徽公布了全省第一批 42 个城市基础设施类 PPP 项目，均包含了环保、水利、生态等内容，都为 PPP 模式在 2015 年的节能环保产业中进一步推广应用提供了保障。不过，目前 PPP 模式目前无论在程序、规范等方面仍处于起步阶段，仍是由国有企业和政府部门为主进行推动。2015 年，如何规范管理和运行模式，提高民营企业参与的积极性，将成为 PPP 模式在节能环保领域深入开展的重要基础课题之一。

第三节　新一代信息技术产业发展形势展望

一、产业关键核心领域将实现突破性发展

我国集成电路市场经过 2014 年的频繁并购整合，形成了一批实力雄厚的大企业集团，在国内市场需求和良好政策环境带动下，有望在 2015 年带领行业迈入全球第一梯队。紫光收购展讯和锐迪科、获得英特尔入股，极大增强了行业影响力；长电科技联合国家集成电路基金、中芯国际子公司共同出资收购全球第四大封测企业——新加坡星科金朋，收购成功后，长电科技将进入全球封装产业前五名。核心技术攻关方面，中芯国际与高通合作成功制造出了 28 纳米的"骁龙410 处理器"，2015 年，中芯国际将可以大规模量产 28 纳米工艺芯片，这预示着中国集成电路制造工艺将进入世界主流水平。

二、跨界转型使得硬件整机向智能化方向发展

新一代信息技术与医疗、家电、汽车、家居等领域跨界融合，加速了硬件整机智能化发展的步伐。可穿戴设备领域，2015 年，苹果公司将正式推出智能手表 Apple Watch，这一产品有可能将成为可穿戴设备产业发展典范；国内智能手机厂商也积极布局可穿戴设备行业，小米已投资 25 家从事智能硬件的公司，这些公司业务涉及监控头、血压计等，有望复用小米庞大的用户群资源，进一步提升智能产品的增值服务；联想发布了首款智能手环，并且依托对所收购摩托罗拉的资产，摩托罗拉的可穿戴产品将进一步完善联想的可穿戴产品线；在 2015 年美国消费电子展上，中兴、华为也有望推出各自的可穿戴新品。智能家居和智能电视领域，湘鄂情已经与安徽广电合作，进入安徽省家庭数字电视云终端领域，海尔电视和阿里巴巴合作发布了海尔阿里智能电视，这些举措都将进一步推动智能家居和智能电视领域开展跨界合作。

三、软件业将进一步向互联网服务方向转型

国内软件龙头企业顺应互联网，特别是移动互联网普及的趋势，加速推出基于云计算的产品，推出面向互联网的产品和服务。用友公司推出了面向小微企业的云平台和企业管理云服务、工作圈，打造小微企业互联网软件服务应用生态圈；

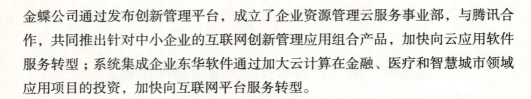

金蝶公司通过发布创新管理平台，成立了企业资源管理云服务事业部，与腾讯合作，共同推出针对中小企业的互联网创新管理应用组合产品，加快向云应用软件服务转型；系统集成企业东华软件通过加大云计算在金融、医疗和智慧城市领域应用项目的投资，加快向互联网平台服务转型。

四、宽带、泛在的网络基础设施将迈向新阶段

在"宽带中国"战略实施推广的大背景下，我国网络基础设施将进入更高的发展阶段。从宽带网络能力看，在国家推动新型城镇化建设环境下，将大规模实施网络光纤化改造，预计 2015 年，光纤到户用户数将有爆发式增长，光纤到户用户数占固定宽带用户的比重将达到 40% 左右，有望进入世界前五名。从网络性能看，随着网络保障水平的不断提升和新业务应用驱动，宽带速率将大幅提升，预计到 2015 年底，我国 8M 以上用户占固定宽带用户比将达到一半。从网络的区域普及看，随着国家加大对中西部和农村地区的宽带建设的支持，宽带网络建设将向区域均衡化发展，预计 2015 年底我国行政村宽带通的比例将提升至 95%。

第四节　生物产业发展形势展望

一、大数据、互联网等为生物产业的发展模式带来新变革

信息技术改变了生物产业的研发模式，也拓展了产业发展空间。一是生物大数据对生命科学相关疾病的有效分析，对传统医学研究的模式和效率都产生了巨大影响。很多国家纷纷将生物大数据纳入国家战略，谷歌、亚马逊、微软等企业也相继布局生物大数据计划，如谷歌利用自身的大数据优势，成立 Calico 公司进行人类衰老及其他疾病的研究，亚马逊免费开放其云平台托管的国际前人基因组计划数据库，微软也启动了医学大数据领域的研究项目，我国的阿里巴巴集团也进行了医药大数据的战略投资，发布了阿里健康云平台——数据服务。总体上看，我国生物大数据的研究和开发处于理论研究阶段，国家政策支持力度也在持续加大，如科技部设立"生物大数据开发与利用关键技术研究"项目，重点研究生物大数据在心血管等重大疾病中分应用。二是互联网技术与医疗健康产业相结合产生的数字健康服务业将成为医疗领域的巨大增长点。据估计，到 2017 年我国移动医疗市场规模将达到 125.3 亿元。数字健康服务业将信息技术引入医疗健康领

域，对诊断和治疗方式产生变革性影响，如大数据分析、数字医疗设备、移动医疗、个性化用药等。

二、多学科的研究与技术融合是为生物产业发展提供新契机

生物产业的发展不仅依赖于本领域科学和技术的发展，同时也得益于很多相关领域的技术进步，其他学科与生物科学的技术融合对药物开发、疾病监测等有巨大的推动作用。计算机科学技术成为新药研究中模拟药效和药物安全等方面的有效工具，利用计算机模拟与分子图像处理相结合的技术，将更容易设计具有特定功能特性的分子；3D 打印技术与生物技术的结合，将生物材料或活细胞定位装配到计算机三位模型中，打印生物医疗器械、植入支架、人体组织器官等，如3D 打印牙齿矫正模型已在国内规模化生产，已有很多 3D 打印技术置换骨盆、肩胛骨、膝关节、双肘关节等人体组织器官临床应用的成功案例；多个学科技术的使用使得人类基因组计划获得了成功，人类遗传信息的破译，成为生物制药研究的重要依据，对疾病的了解和治疗也有着重大的意义和深远的影响，未来新技术与新方法的使用，能够更快更直接地找到可以鉴定药物作用的靶，找到更多先进的新型先导物化学实体，为新药的发明节省巨大的开支成本，提高开发速度，同时也会创造新的更多机遇。

三、生物产业将继续保持快速发展的良好势头

我国生物产业已初步形成政府大力扶持、技术进步加速、企业快速成长、产业初具规模的良好局面，有望继续保持两位数的增速。据估计，到 2020 年广义生物医药市场规模将达到 4 万亿。一些生物产业细分领域市场发展潜力巨大，其中干细胞产业正以 50% 的年复合增长率快速发展起来，预计 2015 年产业收入达到 300 亿元；疫苗市场规模和技术日益壮大，禽流感疫苗达到国际先进水平；抗体药物研制和规模化生产潜力巨大，目前已能生产 10 个抗体药物，预计未来五年全球前十的单抗体药物可在我国实现规模化生产。此外，全球生物产业加速向中国转移，总体来看，发展中国家包揽了跨国生物医药巨头 40%—50% 的研发外包，其中，90% 以上的美国医药公司在中国寻求外包市场，极大地推动了我国的生物产业的快速发展。

第五节　高端装备制造业发展形势展望

一、智能制造装备将迎来重大发展契机

智能制造装备产业有望获得更多政策支持。近日，工信部提出将智能制造作为推进"两化"深度融合的主攻方向，并将大力发展智能产品和装备。继2014年发布《关于加大重大技术装备融资支持力度的若干意见》之后，工信部正进一步酝酿扶持智能装备产业发展的相关政策，并计划在2015年组织实施智能制造试点示范专项行动。各地也纷纷出台相关政策，支持智能装备产业发展，比如长沙市人民政府印发《工业机器人产业发展三年行动计划（2015—2017）》、湖北省经信委印发《加快全省智能制造装备产业发展行动方案》等。新政的陆续出台将为智能制造装备产业持续注入新活力，中国装备智能化的进程有望再度提速。

二、高端装备制造业加快"走出去"步伐

高端制造业全球布局的步伐越来越快。近日召开的国务院常务会议部署加快高铁、核电等中国高端装备"走出去"，推进国际产能合作。促进重大装备和优势产能"走出去"，已经成为我国提高对外开放水平，实现经济转型升级的重要举措。近日，中国与阿根廷签署了《关于在阿根廷合作建设压水堆核电站的协议》，中国自主三代核电技术首次成功"出海"。2014年数据显示，中国机械与运输装备出口约为6.5万亿元人民币，机械领域达3641亿美元，成为继核电、高铁之后，高端装备"走出去"的又一主力（核电、高铁也是机械）。从政策面看，国家不仅支持高端装备本身加快"走出去"的步伐，而且重点支持企业利用国内装备在境外建设上下游配套的生产线，实现产品、技术、标准和服务"走出去"，推动高端装备从单一产品出口向全产业链整合迈进。随着"一带一路"等国家重大战略的实施，也必将进一步加快高铁、核电、海工、工程机械等高端装备"走出去"的步伐。

三、关键零部件对高端装备产业发展的制约进一步凸显

基础薄弱问题已严重制约主机的发展。国内高端装备制造产业快速发展的同时，也存在主机配套产业严重滞后，关键零部件还大多主要依赖进口的尴尬局面。

数据显示，目前我国高端装备制造业中 80% 左右的发电设备用优质大型铸锻件、几乎全部的高铁轴承等，都依赖国外进口，导致主机和成套设备陷入"空壳化"困境。比如工程机械配套的 30 兆帕以上高压泵、阀和马达几乎全部进口，超过 70% 的利润都被国外企业拿走了；工业机器人中减速机、驱动及伺服电机、控制器等三大核心零部件成本占比达到 80%，基本依赖进口，严重制约了国内机器人产业的健康发展。随着我国不断加大高端装备产业的发展力度，核心关键零部件发展滞后对其制约作用将进一步凸显。

四、部分领域需警惕潜在发展风险

部分领域低层次重复建设、产能过剩等问题需引起关注。在一些重点发展领域，由于各类扶持政策密集发布，推动产业极速发展，再加上缺乏统一规划和布局，一些潜在风险正在逐步增加。比如，由于政策利好，不少地方政府和企业盲目进军机器人产业，导致机器人产业盲目发展的势头日益明显，据不完全统计，当前规划和上马建设机器人产业园的城市多达几十个，国内工业机器人企业超过 300 家，其中绝大多数为中小企业，基本上还停留在组装、仿制等低层次发展水平。海工装备也面临同样境遇，随着造船业的持续低迷，各地政府出台政策鼓励部分造船产能转向海洋工程装备产业，但是按照当前各地规划的海洋工程装备制造基地的发展势头，国内造船企业的平台生产能力将很快达到 120 座 / 年，超过全球海洋工程装备 110 座的年市场需求量，结构性产能过剩苗头已初步显现。高端产业低端化发展、低层次重复建设、产能过剩等一系列问题进一步显现。

第六节　新能源产业发展形势展望

一、新能源产业将在曲折中前行

能源安全和环境保护已成为全球性议题，气候变化将进一步成为国家博弈的重要筹码和棋子，发展新能源成为全球共识。我国是当前全球年度 CO_2 排放总量第一大国，既有巨大的能源需求，又面临严峻的能源安全形势，还存在能源结构不合理、能源利用效率不高的问题，治理大气雾霾等污染问题和国际气候变化谈判的压力与日俱增。2014 年结束的 APEC 领导人非正式会晤期间，中美签署有关应对气候变化和清洁能源合作的联合声明，这一方向性举措势必对中国能源结构乃至全球能源供需格局产生深远影响。尽管我国在发展新能源产业过程中面临着技术、经济、政策乃至体制机制等问题，且2015年国际石油价格持续下跌的走势不利于新能源产业的市场化，但我国政府对于加快发展新能源的总体战略方向没有改变，新能源产业总体上将在曲折中保持发展态势。

二、经济技术上可利用的能源形式将日趋多样

除了当前研究利用较多的太阳能、风能、核能、潮汐能等新能源外，可燃冰、页岩气、核聚变能等新能源的技术研发和产业化也日益受到重视，科学研究与产业化开发正在持续推进。一是可燃冰。目前，美、俄、荷、德、加、日、印等国探测可燃冰的目标和范围已覆盖了世界上几乎所有大洋陆缘的重要潜在远景地区以及高纬度极地永冻土地带和南极大陆陆缘地区，日本已初步掌握海底可燃冰开采和试生产技术。我国海域面积广阔，南海地区已探测到较丰富的可燃冰蕴藏，2015年相关勘探、开采和利用技术研究步伐将进一步加快。二是页岩气。我国的页岩气开采起步并不算晚，截至目前已经在四川省开展了两轮地块开采权招标。尽管面临一些工程手段和资金成本的问题，在经济及技术上尚有待于国家更为利好的政策出台，但我国政府对于页岩气一直高度重视，在经历短暂的调整期后，有可能在2015年加快开发步伐。三是核聚变能。相对于已经实现商业化、规模化利用的核裂变能，核聚变能是一种更为清洁、高效、安全的核能形式，不会产生大量的放射性核废料，发热效率更高，且维护运营的安全成本更低。包括我国在内的核大国均在大力推进核聚变能利用的技术研究，我国已经建成了第一套核聚变试验装备。预计2015年，相关实验将加快推进。

三、我国新能源利用方式日益多元

我国新能源的利用方式仍将以发电为主，供热为辅，并积极推动交通液体燃料发展。一是新能源发电。2015年，中央和地方政府将进一步突破体制机制和政策瓶颈，在具有较强经济竞争力和资源保障条件的水电、陆上风电等领域加快实现规模化应用。在近海风电、太阳能光伏发电、光热发电、核能发电等领域也将加快突破技术和成本瓶颈，同步推动政策配套机制改革。二是新能源供热。我国在地热能、太阳能供热等领域已实现广泛应用，具有明显成本优势和社会环境效益。2015年，在市场应用管理和政策制度方面将继续迎来突破，并在具备条件的地区进一步普及推广。在生物燃气和固体成型燃料、深层地热能利用等方面

也将实现技术突破。三是新能源交通液体燃料。交通液体燃料的发展是新能源直接替代化石能源的重要战场，如果能在技术性、经济性方面取得重大突破，就逐步替代化石能源在交通燃料领域的应用。2015年将以技术研发成果产业化为导向，推进具有产业化条件的非粮食作物生物液体燃料示范应用。

第七节　新材料产业发展形势展望

一、下游产业转型升级将拉动新材料产业快速发展

受下游应用产业升级影响，新材料领域将实现快速增长。如电子元器件产业的快速发展将带动硅材料等电子信息材料的大幅增长。氮化镓和碳化硅作为第三代半导体材料，具有抗电磁波冲击、适合高温工程和高压器件的生产，可以广泛满足现代航空、航天发展的需要；全球战机从三代向四代跃迁的过程中，将加大对隐身材料、高新能纤维材料、合金材料的需求量；高铁建设步伐加快带动与之相关的高性能减水剂和工程胶黏剂的顺势增长。在纺织服装领域，传统的化学纤维已经无法满足高端需求，诸如差别化纤维、生物质纤维等预计会继续发挥对传统化纤的替代作用，进而实现快速增长。在汽车领域，受市场对节能的要求，轻质铝合金材料大受青睐，预计2015年会有更多的纯铝合金零件和挂车等投入市场，也为铝合金发展带来机遇。在石墨烯领域，下游电容、防腐等领域需求的膨胀等，会带动石墨烯产业规模进一步扩大。

二、金融资本将积极为新材料发展提供助力

部分新材料的技术路线日渐明确，产业化步伐逐渐加快，金融资本正在加紧抢占高增值领域。例如高铁、环保经济、军工、核电等这些未来看好的领域，与其相关的金属结构材料、高分子材料、高性能复合材料等等，都受到了券商特别的关注和青睐。由于各地都在加快新能源汽车的应用试点示范，作为行业利好，与其相关的轻质合金材料、稀土材料等也得到了产业投资基金的关注。例如2014年12月28日康得新公司与北京汽车集团产业投资有限公司等多家公司合作，成立了一支面向新能源电动车轻量化、节能化和智能化等相关新材料产业为主要投资方向的产业投资基金，预期募集基金规模为20亿元，拟通过该产业投资基金，将碳纤维、新材料和新能源电动车等加以整合以分享新材料领域的高成长性，预

计2015年类似的投资还会进一步增加。除了上述需求放量的产业外，一些投融资机构也高度关注新材料领域的进口替代产品，特别是一些高端材料领域，由于目前国内自给率非常低，因此也意味着较好的市场前景。预计2015年，在上述领域，随着国家市场改革的深入，金融资本将加快进入新材料产业领域。

三、产学研结合将进一步深化

受发展阶段影响，我国新材料企业普遍存在规模小、创新资源积累薄弱的通病。面对新材料行业内的加快整合，如何快速提升创新资源集聚能力成为很多新材料企业必须面对和解决的问题。在上述背景下，迫切需要新材料企业加大与高校、科研院所以及科技中介机构之间的合作，形成产学研战略同盟，并提升战略同盟的凝聚力和投入产出效率，一些市场化的产学研载体将蓬勃发展。如2014年12月，中关村丰台园与英国布鲁内尔大学高级石墨烯工程中心建立了国际协作关系，成立了研发中心，将工程中心的研发成果快速转化应用，加快了中关村在石墨烯方面的产业应用速度。与之相类似2014年任丘鼎兴园区建设发展有限公司、任丘市人民政府与南京玻璃纤维研究设计院展开合作，拟共同打造全国领先的玻璃纤维及复合新材料产业园。2015年，中央和地方政府都会积极关注新材料领域，进一步发挥高等院校、科研院所在新材料领域的技术优势，加大与企业的结合，从而形成重点领域的率先突破，而工作的重点可能会放在产学研合作机制创新上。

第八节　新能源汽车产业发展形势展望

一、生产和出口规模将进一步扩大

在减免购置税和各地政府激励政策频出的背景下，2015年我国的新能源汽车生产将进入快速增长阶段，月产销过万辆将可能成为常态。2015年是不少车企新能源汽车业务发展规划的最后一年，预期企业将在规模扩大上发力。如东风汽车集团计划到2015年纯电动产业化规模达到5万辆，混合动力汽车达到5万辆；北汽集团在2015年前形成15万辆整车产能、20万套整车控制系统产能和15万套电驱系统产能；江淮汽车集团规划2015年实现年产10万辆的产能；浙江众泰计划到2015年末实现年产销9万辆的产业规模。同时，新能源汽车的出口规模也将有所扩大。如根据江淮汽车与美国合作伙伴签订的协议，2015 年将有多批、1900 辆和悦 iEV 纯电动汽车产品陆续出口美国，总数达到 2000 辆。随着美国市场的打开，国产新能源汽车向欠发达国家、新兴国家和地区以及欧美国家的出口规模将进一步扩大。

二、技术进步有望取得较大发展

基于各车企在追求技术进步上的持续努力，2015 年我国的新能源汽车技术将会继续取得重大突破。技术平台建设方面，科力远和吉利集团于 2014 年合资成立了国内混合动力系统总成的技术平台，在 2015 年及今后更长时期，将有望为我国汽车企业实现第三、第四、第五阶段平均燃料消耗量目标值提供技术解决方案。中、欧汽车产业界组建的新能源汽车核心零部件产业技术创新战略联盟，将能够整合国内整车企业、零部件企业、投资机构、科研院所等优势资源，推动新能源汽车核心零部件技术的创新。具体技术方面，中兴通讯跨界进入新能源汽车无线充电领域，利用其掌握的世界领先的无线充电技术，在今后与东风汽车的合作中，将有望解决在城市中心地区大量建设充电设施的问题。我国在燃料电池技术方面连获突破，额定容量 15Ah 的锂硫电池在中科院大连化物所研制成功，并形成了小批量制备能力；新型锂离子电池、金属空气电池、超级电容器，以及碳纤维车身、新型高效电机等技术的研发在 2015 年也将有望取得重大进展。另据悉，我国的新能源汽车"十三五"研发计划已经在规划中，这一计划以电机、电池、电控等"三电"为重点，并增加了轻量化、自动化、智能化等新内容，对新能源汽车的总体技术方向作出了规划。

三、公共领域推广应用预期有较大提高

国家以及各地方政府在 2014 年密集出台了一系列新能源汽车推广应用政策，这些政策的市场效应将在 2015 年集中体现出来。如国务院常务会议决定，对三类新能源汽车免征车辆购置税。《政府机关及公共机构购买新能源汽车实施方案》提出，2014 年至 2016 年中央国家机关、新能源汽车推广应用城市的政府机关和公共机构，购买新能源汽车的数量占当年配备更新总量的比例不低于 30%。发展改革委发布了电动汽车用电价格政策，要求电动汽车充电执行居民用电价格。《关于加快新能源汽车推广应用的实施意见（征求意见稿）》提出，公交都市创建城市新增或更新城市公交车、出租汽车和物流配送车辆中，新能源汽车比例不低于

30%，到 2020 年上述领域新能源汽车总量达到 30 万辆。地方政府方面，至 2014 年底，新能源汽车推广应用城市（群）中，已有 33 个城市（群）70 个城市出台了新能源汽车推广应用配套政策措施。预计 2015 年，政府机关、公共机构等领域的公务用车、城市公交车、出租车等新能源汽车的推广应用将有较大程度的提高。受免征购置税等政策影响，新能源汽车在私人市场的推广应用将有一定提高，但长期看仍将依赖于新能源汽车的技术质量、充电设施、配套服务等的进一步完善。

后 记

  《2014—2015 年中国战略性新兴产业发展蓝皮书》是在我国战略性新兴产业蓬勃发展并受到社会广泛关注的背景下，由中国电子信息产业发展研究院赛迪智库规划研究所编撰完成，旨在展现本年度我国战略性新兴产业发展的基本情况和未来发展趋势。

  本书由罗文担任主编，乔标担任副主编。具体编撰分工如下：前言（王厚芹、念沛豪）、第一章（李杨、张运智、侯彦全、程楠）、第二章（张洪国、侯雪）、第三章（乔标、栾群、贺石昊、程楠、孙虎）、第四章（邵立国）、第五章（成卓）、第六章（黎文娟）、第七章（张洪国）、第八章（刘明达）、第九章（孙虎）、第十章（谢振忠）、第十一章（谢振忠、姜斯韵）、第十二章（成卓、贺石昊）、第十三章（邵立国、黄玉洁、赵芸芸）、第十四章（贺石昊、徐鑫）、第十五章（姜斯韵、谢振忠）、第十六章（黄玉洁）、第十七章（黎文娟、乔标、谢振忠、赵芸芸）、第十八章（程楠）、第十九章（邵立国、成卓、黎文娟、张洪国、刘明达、孙虎、谢振忠、程楠）、后记（王厚芹、念沛豪）。

  此外，本书在编撰过程中，得到了工业和信息化部规划司各位领导以及相关行业协会、企业以及专家的悉心指导和鼎力支持，在此深表感谢！

  同时，希望本书的出版，能够为相关领域的政府主管部门、科研机构以及相关企业的研究和决策提供科学参考，从而促进我国战略性新兴产业的快速健康发展。

研究，还是研究
才使我们见微知著

信息化研究中心	工业化研究中心	规划研究所
电子信息产业研究所	工业经济研究所	产业政策研究所
软件与信息服务业研究所	工业科技研究所	财经研究所
信息安全研究所	装备工业研究所	中小企业研究所
无线电管理研究所	消费品工业研究所	政策法规研究所
互联网研究所	原材料工业研究所	世界工业研究所
军民结合研究所	工业节能与环保研究所	工业安全生产研究所

编 辑 部：赛迪工业和信息化研究院
通讯地址：北京市海淀区万寿路27号电子大厦4层
邮政编码：100846
联 系 人：刘颖 董凯
联系电话：010-68200552 13701304215
　　　　　010-68207922 18701325686
传　　真：010-68200534
网　　址：www.ccidthinktank.com
电子邮件：liuying@ccidthinktank.com

赛迪智库
面向政府 服务决策

思想，还是思想
才使我们与众不同

《赛迪专报》	《两化融合研究》	《装备工业研究》
《赛迪译丛》	《互联网研究》	《消费品工业研究》
《赛迪智库·软科学》	《信息安全研究》	《工业节能与环保研究》
《赛迪智库·国际观察》	《电子信息产业研究》	《工业安全生产研究》
《赛迪智库·前瞻》	《软件与信息服务研究》	《产业政策研究》
《赛迪智库·视点》	《工业和信息化研究》	《中小企业研究》
《赛迪智库·动向》	《工业经济研究》	《无线电管理研究》
《赛迪智库·案例》	《工业科技研究》	《财经研究》
《赛迪智库·数据》	《世界工业研究》	《政策法规研究》
《智说新论》	《原材料工业研究》	《军民结合研究》
《书说新语》		

编 辑 部：赛迪工业和信息化研究院
通讯地址：北京市海淀区万寿路27号电子大厦4层
邮政编码：100846
联 系 人：刘颖 董凯
联系电话：010-68200552 13701304215
　　　　　010-68207922 18701325686
传　　真：010-68200534
网　　址：www.ccidthinktank.com
电子邮件：liuying@ccidthinktank.com